동선기 역주 및 전고 연구

엄태식

도서출판 월인

이 저서는 2015년 대한민국 교육부와 한국연구재단의 지원을 받아 수행된 연구임(NRF-2015S1A5B5A01011216)

| 책을 펴내며 |

「동선기(洞仙記)」는 중국 송(宋)나라 정강(靖康) 연간을 시대적 배경으로 하고 있는 한문소설이다. 주지하듯이 중국은 이때에 일어난 '정강의 변'으로 인해 북송(北宋)이 멸망하고 남송(南宋) 시대로 접어드는데, 「동선기」는 이러한 어지러운 시대에 피어난, 동선과 서문적의 사랑 이야기다.

「동선기」는 현재 학계에서 17세기에 창작된 소설로 보고 있으나, 명확한 근거가 있는 것은 아니다. 「동선기」가 실려 있는 『화몽집(花夢集)』이 공개되기 전까지는 『화몽집』이 17세기에 필사된 소설집으로 알려져 「동선기」 역시 17세기 초에 창작된 작품으로 인식되었으나, 그렇지 않다는 사실이 밝혀졌다. 또 양식상으로 볼 때, 애정전기소설의 자장에서 벗어나는 면모를 보이므로 17세기 소설로 파악하기도 하지만, 이 역시 적실한 것은 아니다. 「동선기」는 대부분의 고전소설들처럼 작자 및 창작 시기 미상의 한문소설인 것이다. 「동선기」는 국문본도 존재하는데, 늦어도 19세기에는 필사본이 유통되었으며 20세기 초에 구활자본으로 간행되기도 하였다. 그러나 국문본은 한문본과는 내용상 큰 차이가 있다.

나는 석사 과정 때 「동선기」를 처음 접했다. 당시에 윤영옥 선생님의 「동선기의 국역과 해석」을 읽고 줄거리는 알게 되었으나, 번역본만으로는 이해되지 않는 부분이 많았다. 그래서 영인본을 구해 원문으로 읽어 보았지만 몇 장 넘기지도 못하고서 책을 덮고 말았다. 작품에 나와 있는 수많은 전고(典故)들을 제대로 이해할 수 없었고 원문에 오류도 있었기 때문이다. 얼마 후 장효현·윤재민·최용철·심재숙·지연숙 다섯 분이 연구한 『교감본 한국한문소설 전기소설』이 간행되어, 그제야 「동선기」를 제대로 읽어볼 수 있었다. 하지만 이 역시 정본(定本)은 아닌 데다 내용과 관련된 주(注)는 전혀 달려 있지 않았기에, 전고 관련 부분은 여전히 오리무중이었다. 이후 최웅권·마금과·손덕표 세 분의 『17세기 한문소설집 화몽집 교주』가 간행되었지만, 주석이 미비하여 역시 큰 도움이 되지는 않았다. 내가 「동선기」를 번역해 보아야겠다는 마음을 먹게 된 것은 이 무렵이었는데, 당시에는 시간을 내기가 어려웠다. 우선 박사학위논문을 제출해야 했으며, 학위를 취득한 뒤에는 강의와 논문에 시간과 정력을 쏟아야 했으므로, 「동선기」는 나에게서 멀리 떨어져 있었다. 그러다가 2015년에 '한국한문소설의 전고 연구-「동선기」를 중심으로'라는 연구 주제가 한국연구재단의 박사후과정 연구 지원 사업에 선정되어 2년 동안 지원을 받게 되었다. 이 책은 이 연구의 결과물이다.

연구 지원 사업에 선정되었을 때는 정말 뛸 듯이 기뻤지만, 본격적으로 작업에 들어가자마자 후회하고 말았다. 작품에 사용된 수많은 전고들이 나를 압박하였을 뿐만 아니라, 나의 한문 실력이 이런 일을 감당하기에는 턱없이 모자란다는 것을 뼈저리게 느꼈기 때문이다. 각종 공구서와 DB 및 인터넷을 검색하였고, 그래도 모르는 것은 선생님들께 여쭈어 보고 동학들과 토론하기도 하였다. 한 구절을 번역하고 각주 하나를 다는 데 며칠이 걸린 부분도 있다. 그럼에도 불구하고 명확하게 번역하지 못하고 주석을 제대로 달지 못한 곳이 너무도 많다. 하지만 어쩌겠는가? 나의 실력은 형편없고 돈은 이미 받아먹었으니, 부끄럽지만 이런 책을 세상에 내놓을 수밖에 없다. 한편 이 책을 집필하던 중 이대형·이미라·박상석·유춘동 네 분이 번역한 『화몽집』이 간행되었으므로, 거기에 들어 있는 「동선기」 번역을 참조할 수 있었다. 그러나 한문을 이해하는 데 있어 생각이 다른 부분도 있었다.

이 책은 「동선기」의 번역서이기도 하지만, 「동선기」에 사용된 전고를 밝힌 연구서이기도 하다. 원래의 계획은 작품에 사용된 모든 전고들의 출전을 밝히고 번역하려는 것이었으나, 그렇게 하면 분량이 지나치게 많아

지므로 주요 고사(故事)만을 따로 정리하여 번역할 수밖에 없었다. 그럼에도 불구하고 독자의 입장에서는 일반적인 번역서라면 굳이 달 필요가 없는, 전고 관련 각주들이 매우 많이 붙어 있다고 느낄 수 있다. 전고는 필자가 번역한 것인데, 번역본이 있는 경우는 기존 번역을 참조하여 오류를 줄이고자 하였다. 다만 해당 부분에 일일이 서지 사항을 밝히지는 못하였다. 이 점 양해를 구한다. 「동선기」의 작자는 소설을 창작하면서 자기가 알고 있는 지식들을 최대한 동원하였으며 이를 과시하고 싶었던 듯하다. 「동선기」의 본질은, 어쩌면 이야기보다는 전고에 있을 수도 있다.

이 책은 번역서로서 적지 않은 문제를 가지고 있다. 각주가 지나치게 많고 직역을 위주로 하였으므로, 독서에 지장을 초래할 수 있다. 각주를 줄이고 의역을 하면서 번역문만으로도 원문이 담고 있는 의미를 정확히 전달할 수 있다면 좋겠지만, 그것은 내가 미칠 수 없는 경지이기도 하거니와 이 책의 본래 목적에 부합하지도 않는다. 이 책이 「동선기」라는 한문소설을 원문으로 읽고자 하는 분들께 조금이나마 도움이 될 수 있다면, 그보다 큰 기쁨이 없겠다.

책을 간행하기까지 많은 분들의 도움을 받았다. 박사후과정 지도교수이신 임치균 선생님께서는 과제의 선정에서부터 마무리에 이르기까지 자상하게 지도해 주셨다. 한문 번역 과정에서 고전번역교육원 교수님들께 여쭈어 보아 문제를 해결한 부분이 많다. 이 책이 번역서로서의 가치가 있다면 이는 선생님들 덕분인데, 특히 박대현 선생님과 이상하 선생님께서 큰 가르침을 주셨다. 윤세순 선생님, 이규필 선생님께서는 번역과 관련하여 조언을 해 주셨으며, 신해진 선생님, 신상필 선생님, 한의숭 선생님께서는 자료 수집에 도움을 주셨다. 박사후과정을 마친 뒤 나는 조선대학교 국어국문학과에 자리를 잡았다. 국어국문학과 교수님들께서 연구에 전념할 수 있도록 배려해 주셨기에 본 연구를 제때에 마무리할 수 있었다. 한편 나의 아내 신연정 선생은 입력한 원문을 검토하고 번역문을 읽어 주었는데, 그 덕분에 수많은 오류들을 바로잡을 수 있었다. 이 자리를 빌려 선생님들께

감사의 말씀을 올린다.

이 책은 나의 두 번째 단독 저서인데, 이번에도 도서출판 월인의 도움을 받았다. 출간을 흔쾌히 허락해 주신 박성복 대표님, 책을 보기 좋게 만들어 주신 정영석 편집장님께 감사드린다.

2019년 6월

엄 태 식

| 일러두기 |

○ 이 책은 국립중앙도서관 소장 한문필사본 「동선기(洞仙記)」(한古朝48-205)를 저본으로 삼고, 국립중앙도서관 소장본(한古朝48-219), 경북대학교 도서관 소장본, 전남대학교 도서관 소장본, Harvard-Yenching Library 소장본, 김일성종합대학 소장본[화몽집본], 天理大學 소장본, 김기동 소장본 등 한문필사본들을 참조하여 교감(校勘)한 정본(定本)을 번역한 것이다.

○ 번역은 직역을 위주로 하되 경우에 따라 의역하였다.

○ 주석은 단어 풀이에 그치지 않고 전고(典故)까지 상세히 언급하였는데, 분량이 많아 각주에서 다루기 어려운 것들은 '「동선기」 전고'에 번역문과 원문을 제시하였다.

○ 한문 원문은, 고유명사에 밑줄을 그었고, 서명(書名)에는 『 』, 작품명에는 「 」, 대화에는 " ", 강조·생각에는 ' ', 생략에는 (…), 단어의 열거에는 、표시를 하였으며, 그 밖에 일반적인 표점 부호를 사용하였다.

| 차 례 |

「동선기(洞仙記)」 해제(解題)

「동선기(洞仙記)」에 대하여

1

동선기(洞仙記)」는 송(宋)나라 정강(靖康, 1126~1127) 연간을 시대적 배경으로 하여 이야기가 시작되는 한문소설이다. 이때에 중국은 이른바 '정강의 변'으로 인해 북송(北宋)이 멸망하고 남송(南宋) 시대로 접어드는데, 「동선기」는 이러한 격동의 시기에 피어난 동선과 서문적의 사랑 이야기다. 「동선기」는 15,160자가량의 중편 한문소설로, 그 경개는 다음과 같다.

북송(北宋) 정강 연간에 변경(汴京) 만세산(萬歲山) 아래에 서문적(西門勣)이란 사람이 있었는데, 그는 산동(山東) 유씨(劉氏)를 아내로 맞아들여 모친 최부인(崔夫人)을 모시고 살았다. 서문적은 얽매이기를 싫어하여 속세를 떠날 생각을 가졌으나, 어머니와 아내를 생각하여 과거 공부를 했다. 하지만 10년이 되도록 급제하지 못하자, 동지인 장만부(張萬夫)·최심(崔諗)과 함께 양주(楊州)·서주(徐州)·항주(杭州)를 구경하기로 하고 여행을 떠났다. 서문적은 양주에 이르러 기녀 설영(雪英)과 정을 나누고 다시 서주로 가서 기녀 경경(瓊瓊)을 만났다. 서문적이 경경에게 빠져 집에 돌아갈 생각을 하지 않자, 장만부와 최심이 설득하여 그곳을 떠났는데, 배를 타고 가던 중 서문적이 고집을 부려 마침내 항주로 갔다. 서문적이 항주를 돌아다니다가 한 곳에 이르니 악곡을 연주하는 소리가 나므로 이에 피리를 꺼내어 화답하고는 주모(主母)에게 청하여 그 딸을 만났다. 그녀가 악곡의 이름을 묻자 서문적은 억측으로 「동선사(洞仙詞)」라고 대답하였다. 여인은 「동선사」가 세상에 알려진 것이 아닌데도 이를 알고 있으니 이제 지기(知己)를 만났다고 말하고는 거문고를 가져다가 연주하였는데, 그녀는 20세의 기녀로서 이름은 초대(楚臺)였으며 「동선사」를 잘하였으므로 사람들이 동선(洞仙)이라는 자(字)를 지어 주었던 것이다. 그날 밤 서문적의 꿈에 누런 모자를 쓰고 푸른 옷을 입은 사람이 나타나 동선이 삼생(三生)의 인연이라고 말하였다. 서문적이 아침에 동선을 찾아가 꿈 이야기를 하니 동선 또한 같은 꿈을 꾸었던바, 둘은 마침내 사랑을 나누었다. 서문적이 한 해가 저물어가도록 떠나지 않으므로 장만부와 최심은 먼저 집으로 돌아갔다. 서문적은 동선의 강권에 못 이겨 억지로 집으로 돌아와 그간의 일을 모친과 아내에게 말하고는 동선을 다시 방문하기로 했다. 그런데 이때에 여진(女眞)이 침략하니, 황제는 몽진(蒙塵)하고 서문적은 가족을 이끌고 동명(東溟)의 섬으로 피난하였다. 한편 동선은 서문적의 생사를 몰라 애태우던 중 항주의 선무사(宣撫使)가 인재를 구한다는 말을 듣고는 동자(童子)로 변복(變服)하고 찾아가 서문적을 추천하였다. 이때 막하(幕下)의 부장(部將) 안기(安琦)가 남장(男裝)한 줄을 알고 눈여겨보았다. 서문적은 선무사가 보낸 병사들의 호위를 받아 항주에 도착해 안기와 함께 있게 되었는데, 동선이 자신을 추천했다는 사실을 알아차리고 밤중에 탈영하여 동선을 만나고 돌아왔다. 안기는 이를 눈치채고 시기하는 마음을 품었다. 선무사 일행이 황제가 잡혀 있는 청성(青城)으로 떠날 때, 동선이 동자로 변복하여 서문적에게 편지를 전하였고, 서문적 역시 일을 마치고 돌아와 동자를 불러 편지를 전해 주었다. 서문적이 청성에서 훌륭하게 임무를 수행하였으므로 선무사는 그를 상객(上客)으로 삼아 안기의 위에 두었다. 이로 인해 안기와 서문적이 불화(不和)하게 되었는데, 안기는 여진의 사자가 왔을 때 서문적이 화친을 배척하는 내용의 편지를 쓴 것처럼 위조하여 사자에게 넘겨주었다. 이에 서문적은 이전에 사로잡혔던 사람들과 함께 연경(燕京)의 옥(獄)에 갇혔다. 안기는 홀로 남아 권력을 쥐게 되자 동선을 차지하기 위해 회유하기도 하고 협박하기도 하였으나 동선은 전혀 허락하지 않았다. 한편 최부인과 유씨는 몇 년 동안 서문적의 소식이 없자 가동(家僮)을 동선에게 보내어 서문적이 연경에 있다는 사실을 알게 되었다. 안기는 동선에 대한 미련을 버리지 못해 계략을 꾸며 서문적이 옥에서 죽었다는 내용의 편지를 연경 옥에 갇혀 있는 사람이 쓴 것처럼 위조하고는 역졸(驛卒)을 나그네로 위장시켜 동명에 있는 서문적의 집에 전하게 했다. 이 일로 인해 최부인이 충격을 받아 죽으니, 유씨가 동선에게 편지를 보내 부고(訃告)하였다. 동선은 안기에게 말미를 얻어 유씨를 찾아가 최부인의 장례를 치른 뒤 항주로 돌아왔는데, 안기의 핍박이 심해지자 편지 한 통을 담 밑에 묻고는 식음을 전폐하다가 세상을 떠났다. 유씨는 친정의 계모 등으로부터 재가(再嫁)하라는 압박을 받자 여종 추은(秋恩)과 함께 탈출하여 동선을 찾아갔는데, 도착해 보니 동선은 이미 세상을 떠난 뒤였다. 그런데 그날 밤 관이 열리면서 동선이 환생하였으니, 그녀는 그동안 서문적을 찾아다녔으나 만나지 못하다가 서문적의 조상인 만세산신(萬歲山神)을 만나 서문적이 살아 있다는 말을 듣고는 연경 옥을 찾아가 서문적을 만나고 돌아온 것이었다. 서문적은 10여 년이 되도록 남쪽의 소식을 전혀 듣지 못하던 중, 꿈속에서 동선을 만나 거문고 연주를 들은 뒤 편지 한 통을 받고서 답장을 써 주었는데, 깨어 보니 자리에 동선의 편지가 있었다. 동선이 어느 날 담 밑에 묻었던 편지를 꺼내 보니 그것은 서문적의 답장이었던바, 이는 두 곳에서 혼몽(魂夢)으로 교감한 것이었다. 이때 금(金)나라에서는 악비(岳飛)가 군대를 훈련시킨다는 소식을 듣고는 크게 노하여 먼저 항주에 격문(檄文)을 보내고 전쟁을 일으켰다. 안기가 붙잡혀 가서 군영(軍營)이 텅 비게 되자, 동선과 유씨는 시비 소진(小眞)과 추은을 데리고 서문적을 찾아 길을 떠났다. 동선 일행은 40일째 되던 날에 우연히 장만부(張萬夫)를 만났는데, 그는 적의 비위를 잘 맞추었으므로 관직을 얻어 서하관(西河館)을 지키고 있었다. 장만부의 동료인 호손달희(胡孫㺚嬉)는 평소 장만부로부터 동선을 칭찬하는 말을 들었더니, 이때 동선이 왔다는 말을 듣고는 장만부에게 만나보고 싶다는 뜻을 전했다. 저녁에 장만부가 동선을 불러 술자리를 마련하자 중간에 호손달희가 끼어들었는데, 동선은 호손달희가 주는 술잔을 받지 않고 나가 버렸다. 이튿날 아침에 동선이 길을 떠나려고 하자, 장만부가 기병(騎兵)을 내어 호송할 터이니 기다리라고 하므로, 동선 일행은 하루를 더 묵게 되었다. 그런데 그날 밤에 호손달희가 갑자기 동선의 방으로 들어와 동선의 손을 붙잡고서 자신의 관사(館舍)로 끌고 갔다. 동선은 거기에 있는 도끼를 들어 자기의 손을 베어 호손달희의 이마에 내던졌는데, 그 손이 깊이 파고들어 떨어지지 않았다. 한 병졸이 긴 강물에 얼굴을 담가야 한다고 하자 호손달희는 마지못해 그 말을 따랐다. 장만부는 동선 일행에게 사죄하고 약을 구해 치료해 주려고 했는데, 병졸의 말을 따라 도끼를 달구어 물을 끓이고서 별현단(鱉莧丹)을 섞어 바르니 이튿날 동선의 상처가 나왔다. 동선 일행은 장만부의 도움을 받아 연경에 도착해 서문적의 옥바라지를 맡은 사람을 찾아 대신 옥바라지를 하겠다고 청해 승낙을 받았다. 서문적은 옥에 들어온 음식을 보고는 동선과 유씨가 와 있다는 사실을 알게 되었다. 얼마 후 금나라가 악비에게 대패하자 본진(本鎭)의 장졸들을 불러 병력을 증강하려 했는데, 본진이 텅 비게 되면 연경 옥에 갇힌 포로들이 반란을 일으킬까 두려워하여 모조리 죽여 버렸다. 동선과 유씨는 서문적의 시신을 찾지 못하자 투신하여 자살하려 했으나 소진과 추은이 감시하는 바람에 실행하지 못하였다. 그들이 냇가를 오르내리며 곡을 하다가 보니, 어떤 손이 상류(上流)에서 떠내려와 시신 무더기 속으로 파고들어 한 시신의 손을 꼭 붙잡는 것이었다. 동선이 자기의 잘린 팔목을 손에 가져다 대니 그 손이 팔목에 붙었고, 유씨와 시비가 힘을 합쳐 시신까지 안고 나오니 그 시신은 바로 서문적이었다. 서문적은 난리 통에 휩쓸려 쓰러졌을 뿐 죽은 것은 아니었기에 한나절만에 깨어났다. 서문적 등은 걸인(乞人) 수백 명을 모아 거느리고 부중(府中)으로 들어가 무기와 거마(車馬) 등을 탈취하였다. 그리고 항오(行伍)를 편성해 서주를 거쳐 항주로 가서 주모(主母)를 만났다. 서문적은 동선의 의견을 따라 바다 가운데에 있는 도죽산(桃竹山)으로 가기로 했는데, 바닷가에 이르니 수많은 배들이 떠내려 왔다. 동선 일행은 그 배를 타고 도죽산으로 들어가 살았다.

그동안 「동선기」는 두 차례의 번역과 세 차례의 교감이 이루어졌다. 최초의 번역은 윤영옥의 「동선기의 국역과 해석」인데,[1] 논문이라는 제한된 지면을 빌린 것이기에 각주가 전혀 달리지 않았으며 2종의 이본만을 대상으로 번역하였다. 오류가 없지는 않으나 이는 최초의 「동선기」 번역이라는 점에서 큰 의의가 있다. 이후 신상필은 4종의 이본을 교감해 정본을 제시하였고,[2] 장효현·윤재민·최용철·심재숙·지연숙은 6종의 한문필사본을 대상으로 하여 이본의 동이(同異)를 밝혔다.[3] 최웅권·마금과·손덕표는

1) 윤영옥, 「동선기의 국역과 해석」(『한국소설의 전개』, 문창사, 1998).
2) 신상필, 「동선기 연구」(성균관대학교 석사논문, 1998).
3) 장효현·윤재민·최용철·심재숙·지연숙, 『교감본 한국한문소설 전기소설』(고려대학교 민

『화몽집』을 교주하면서 내용과 관련된 각주를 달았으나, 작품을 충분히 이해하기에는 미진한 점이 없지 않다.[4] 「동선기」의 두 번째 번역은 이대형·이미라·박상석·유춘동의 『화몽집』 번역본에서 이루어졌는데,[5] 이는 화몽집본을 저본으로 삼아 번역한 것이다.

이 책은 8종의 한문필사본 「동선기」를 검토하여 재구(再構)한 정본(定本)을 번역한 것으로, 이상 선학들의 역주 및 교감 작업에서 큰 도움을 받았다.

2

현재까지 알려진 「동선기」 한문본은 모두 필사본인데, 그 현황은 다음과 같다.

① 국립중앙도서관 소장본(標題: 洞仙辭, 한古朝48-205).
② 국립중앙도서관 소장본(한古朝48-219).
③ 경북대학교 도서관 소장본(古 811.8 동53).
④ 전남대학교 도서관 소장본(OC 3Q2 동53).
⑤ 북한 김일성종합대학 소장본(『花夢集』 所載).
⑥ 미국 Harvard-Yenching Library 소장본(TK5973.5-3220).
⑦ 일본 天理大學 소장본.
⑧ 김기동 소장본(김기동 편, 『필사본고전소설전집』2, 아세아문화사, 1980).
⑨ 성암고서박물관 소장본.
⑩ 박현규 소장본.

족문화연구원, 2007).
4) 최웅권·마금과·손덕표 교주, 『17세기 한문소설집 화몽집 교주』(소명출판, 2009).
5) 이대형·이미라·박상석·유춘동 역, 『화몽집』(보고사, 2016).

이 책에서는 ①을 저본으로 삼고 ②~⑧을 참조하여 정본을 재구하였으며, ⑨⑩은 자료를 확보하지 못해 교감에 반영하지 못하였다.[6] ①은 선행 연구에서 선본(善本)으로 판단한 이본이었으므로 필자 역시 이를 저본으로 삼아 교감하였는데, 작업을 진행하다 보니 ①은 필사자의 주관적인 변개 및 개악(改惡)이 매우 심한 이본으로서 결코 선본이 아니라는 사실을 알게 되었다. ④는 필자가 처음 소개한 이본으로 아직까지 본격적인 검토는 이루어지지 않았다.[7]

「동선기」 한문본은 이본 간에 자구(字句)의 변개나 누락 정도만 확인될 뿐, 내용상의 차이는 거의 발견되지 않는다. 하지만 「동선기」 이본 연구가 무의미하다고 할 수는 없다. 「동선기」 한문본을 검토해 보면, 이본 간에 어조사의 출입 같은, 작품의 의미에 영향을 미치지 않는 동이(同異)만 발견되는 것이 아니기 때문이다.

> 삼재(三才)가 자리를 나눔에 실가(室家)의 도가 능히 융성해지고, 두 집안이 사귀어 즐거워함에 정렬(貞烈)의 기풍(氣風)이 이에 드러납니다. 고상한 정조(情操)를 떨쳐 홀로 빼어나니 노책(魯册)에서는 이에 영화(英華)의 명성(名聲)을 드날리고, 높은 절조(節操)를 굳게 지켜 외로이 우뚝하니 주편(周篇)에서는 이에 무성(茂盛)한 실제(實際)를 드높였습니다.[三才分位, 室家之道克隆, 二族交歡, 貞烈之風斯著. 振高情而獨秀, 魯册於是飛花, 挺峻節而孤標, 周篇於焉騰茂.]

인용문은 동선이 안기에게 보낸 편지의 한 구절인데, 『진서(晉書)』 「열녀전(列女傳)」 서두의 문장을 그대로 가져온 것이다. 여기서 '노책(魯册)'

6) 이본의 자세한 서지사항 및 박현규 소장본에 대해서는 박현규, 「동선기의 이본실태와 사상구조」(『순천향어문논집』6, 순천향어문학연구회, 2000) 참조. 그 밖에 양승민 소장본도 있는 것으로 알고 있으나, 역시 자료를 확보하지 못했다. 경북대본에 대해서는 한의숭, 「경북대본 동선기 해제 및 원문」(『동방학』25, 한서대학교 동양고전연구소, 2012)에서 상세히 논하였다.

7) 엄태식, 「국문필사본 동선기 연구」(『고전과 해석』25, 고전문학한문학연구학회, 2018).

은 『춘추(春秋)』로 곧 사서(史書)이며, ‘주편(周篇)’은 『시경(詩經)』으로 곧 전적(典籍)이다. ‘노책’은 대부분의 이본에 ‘노단(魯丹)’으로 되어 있고 ‘노염(魯苒)’으로 되어 있는 이본도 있으며, ‘주편’은 다수의 이본에 ‘주랑(周郎)’으로 되어 있다. 이는 이본의 필사자들이 자신의 지식수준에 맞추어 개악(改惡)한 데서 비롯된 오류인데, 필자가 확인한 이본 가운데 이 두 단어가 옳게 적힌 것은 경북대본뿐이었다. 결국 「동선기」의 전승 및 독해 과정에서 이 부분을 제대로 읽은 독자는 거의 없었던 것인데, 이는 작자가 매우 궁벽한 곳에 있는 전고를 가져다 쓴 것이라고 생각할 수밖에 없다. 기존의 번역과 주석에서도 역시 이 부분의 의미는 제대로 파악되지 못했다.

「동선기」 이본 연구는 이본 간의 차이를 밝히는 데서 그칠 게 아니라 원본에 근접한 정본을 제시하는 수준으로까지 나아갈 필요가 있으며, 이러한 기초 연구가 제대로 이루어져야 작품 연구의 수준을 끌어올릴 수 있다. 하지만 현재까지 이루어진 「동선기」 연구는 선본(善本)조차 제대로 파악하지 못하는 수준에 머물러 있다.

「동선기」 국문본은 구활자본과 필사본이 있다. 국문본은 한문본을 번역한 것이지만, 내용상 큰 차이가 있는 개작본이다. 선행 연구에 의하면, 구활자본 「동선기」는 1913년에 신구서림(新舊書林)에서 간행되었으며 총 24회의 장회체 소설이라고 한다.[8] 그런데 이 신구서림본은 그간 몇 차례 간행된 구활자본 소설 영인본 선집에 들어가지 않았으며 복사본도 구할 수가 없다. 구활자본 표지를 수록한 『한국의 딱지본』에는 ‘동션화(洞仙花)’라는 소설의 표지가 실려 있는데,[9] 이것이 구활자본 「동선기」의 표지로 추정된다. 그런데 이 책에서는 사진 아래에 ‘「동션화」 박문서관 1915’라고만 적었을 뿐 작품에 대한 어떤 설명도 붙어 있지 않다. 구활자본 「동선기」가 두 차례 간행되었던 정황이 포착되나, 현재 그 실물을 확인할 길이 없는 것이다.

---

8) 소재영, 「동선기 연구」(『고소설연구』2, 한국고소설학회, 1996).
9) 소재영·민병삼·김호근 편, 『한국의 딱지본』(범우사, 1996).

구활자본 「동선기」의 내용은 김기동·전규태가 '한국고전문학 100' 시리즈의 제1권으로 「배시황전」·「옥소기연」과 함께 묶어 1984년에 간행한 서문당본에서 볼 수 있다.[10] 그런데 서문당본은 원전을 그대로 보존하지 않고 현대어로 바꾸었으며, 「해설」에서조차도 저본이 무엇인지를 밝혀 놓지 않고 작품 끝에 '활판본'이라고만 적어 놓았다. 다만 「책머리에」에 "우리는 현존하는 모든 고전소설을 현대 철자법으로 개편하되 원문에 충실하여 학적(學的) 가치(價値)가 있도록 하였고"라는 말이 있고, 구활자본과 마찬가지로 24회의 장회체 소설이므로, 인위적인 내용상의 조작은 가해지지 않았으리라고 추측할 따름이다.

국문필사본 「동선기」는 필자가 학계에 소개한 것인데,[11] 이 자료는 국사편찬위원회에서 1990년대에 민간 자료를 조사하다가 입수한 것으로서, 현재 그 이미지만 확인할 수 있다. 청구기호는 'MF A지수275'이고 소장자는 '대전 동구 이종철'로 되어 있는데, 국사편찬위원회 담당자에게 문의해 보았지만 소장자와 관련된 정보를 아무것도 가지고 있지 않았다. 책의 크기 및 소장 경위 등도 전혀 알 길이 없다.

국문필사본은 완질본이 아니라 영본(零本)이다. 표지에 '共三'이라고 쓰여 있고 제1면에 '권지니'라고 되어 있으므로, 원래는 3권 3책이었음을 알 수 있다. 현재 남아 있는 것은 제2권 제2책인데, 이는 24회본인 구활자본의 제11회 중간부터 제18회 중간까지에 해당하는 내용이다. 그런데 구활자본은 장회체로 되어 있지만 국문필사본은 장회체가 아니며, 국문필사본의 권수(卷數) 구분은 구활자본의 장회 구분과는 무관하다. 한편 국문필사

10) 김기동·전규태 편, 『동선기·배시황전·옥소기연』(서문당, 1984). 「동선기」는 이 책의 11~140쪽에 실려 있다.

11) 엄태식, 「국문필사본 동선기 연구」(『고전과 해석』25, 고전문학한문학연구학회, 2018). 필자는 원광대 정명기(鄭明基) 선생을 모시고 국사편찬위원회를 찾아가 마이크로필름 형태로 소장되어 있는 국문필사본 「동선기」를 열람한 적이 있는데, 현재 이 자료는 국사편찬위원회 홈페이지 전자사료관에서 이미지 파일로 제공하고 있다. 선생께서는 국사편찬위원회에 국문필사본 「동선기」가 있다는 사실을 연구자 가운데 최초로 확인하고 자료를 확보해 두셨지만, 결국 연구 결과를 발표하지 못하고 세상을 떠나셨다.

본의 표지에는 '경인 오월'이라는 기록이 있는데, 이를 필사 연도로 볼 수 있다. 경인년(庚寅年)은 1890년으로 추정되는데, 이는 구활자본의 출간보다 앞선 시기이다.

구활자본과 국문필사본을 비교해 보면, 국문필사본이 구활자본에 비해 묘사가 자세하고 내용이 풍부한데, 둘의 가장 큰 차이점은 한문본의 호손달희에 해당하는 '달'이라는 인물의 존재 여부에 있다. 앞서 정리한 줄거리에 보이듯이, 한문본에는 호손달희가 동선의 손을 잡아끌고 나가자 동선이 도끼로 손을 베어 호손달희의 이마에 내던지는 장면이 있다. 이는 동선의 열녀로서의 면모를 부각시키기 위한 것이기도 하지만, 서사 전개의 측면에서 본다면 떨어진 손이 시신의 무더기 속에서 서문적의 손을 잡아 구해내는 장면을 위한 설정이기도 하다. 그런데 구활자본에서는 동선이 황성에 올라가 승문고를 두드려 상에게 글을 올리자 상이 안기와 한섭을 벌하고 서문적을 항주자사로 삼는 것으로 내용이 완전히 바뀌었다. 때문에 동선의 손이 잘리는 장면이 굳이 존재할 필요가 없는 것이다. 실제로 구활자본에는 호손달희가 등장하는 대목이 완전히 삭제되고 동선 일행이 며칠 머무르다가 떠나는 것으로 되어 있다. 그러나 구활자본과 달리 국문필사본에는 한문본의 호손달희에 해당하는 '달'이라는 인물이 등장하는데, 한문본과는 다른 방향으로 개작이 이루어졌다.

> 닛ᄶᅵ에 강도 션을 겁취ᄒᆞ여다가 달의에 방즁에 엿코 각각 헛터져던니이라 ᄎᆞ쇼위 우물에 든 고기오 함정의 든 범니라 달의 희불ᄌᆞ승ᄒᆞ여 촉을 발키고 ᄌᆞ셔니 본니 혼절ᄒᆞ여써날 달희 ᄃᆡ경ᄒᆞ여 회ᄉᆡᆼ산을 써 쥬물르니 반향 후 정신을 ᄎᆞ여 살펴보니 벽상에 ᄌᆞᆼ금이 걸여써날 그제야 이러나 검 밋ᄐᆡ 나가 안즈며 노목이 등등ᄒᆞ거날 달의 황망이 가로ᄃᆡ ᄂᆡ 평ᄉᆡᆼ 당ᄃᆡ절렴을 사모ᄒᆞ든니 우연니 그ᄃᆡ 옥안화ᄐᆡ을 잠간 ᄃᆡᄒᆞᄆᆡ ᄌᆞᆼ부에 풍정을 참지 못ᄒᆞ게 ᄒᆞ기로 반야삼경에 그ᄃᆡ을 겁췌하니 이은 광봉낭접이 투향함 갓튼지라 바라건ᄃᆡ 낭ᄌᆞ은 날노 ᄒᆞ여곰 곳싸온 향기을 한번 쏘니게 ᄒᆞ오면 ᄉᆡᆼ즉동규ᄒᆞ고 ᄉᆞ즉동혈ᄒᆞ

> 여 화당금누에 ᄇᆡᆨ연히로ᄒᆞ런니 웃지 쇽졀읍슨 셔ᄉᆡᆼ을 위ᄒᆞ여 말이 흠노에 분쥬ᄒᆞ며 홍안취미 일노 죠쳐 늘그리오 ᄉᆡᆼ에 광ᄑᆡᆨᄒᆞᆫ 죄을 용셔ᄒᆞ고 금일 당당니 원앙에 졍을 ᄆᆡ즐이라 ᄒᆞ고 다려드려 션에 옥슈을 잡고 친합고져 ᄒᆞ거날 션이 얼쀠 ᄌᆞᆼ금을 취ᄒᆞ여 잡은 손을 찍은이 달의 놀나 노코 물너 안진니 션이 칼을 드러 바로 달의을 찍으려 달여드니 달의 혼비ᄇᆡᆨ산ᄒᆞ여 달어나거날 션이 칼을 들고 박게 나간니 인적은 고요ᄒᆞᆫᄃᆡ 츈운 효진니 울며 오난지라 션니 반겨 무로이 양 시ᄋᆡ 희힝ᄒᆞ여 붓들고 ᄉᆞ쳐로 도라와 부인에 놀나물 위로코져 방즁에 들러간니 뉴씨 혼졀ᄒᆞ여 눕고 이지 못ᄒᆞ여 불승인ᄉᆞ에 쥭은 듯한지라 삼인니 붓들러 분쥬할 ᄲᅮᆫ 안니라 창망구호ᄒᆞ여 언미필에 션낭에 팔니 뉴혈리 낭ᄌᆞᄒᆞ거날 양 시비 크게 놀나 살펴본니 칼노 팔을 찍어 만니 상한지라 깁을 찌져 ᄊᆞᄆᆡ고 부인을 구ᄒᆞ든니 뉴씨 반향 후에 인ᄉᆞ을 ᄎᆞ려 살펴본니 삼인니 안져거날 급피 니러나 붓들고 곡져을 무르니 션니 탄식ᄃᆡ왈 달의에 무상불츤ᄒᆞ물 일일니 고ᄒᆞ고 팔리 즁니 상ᄒᆞ여 슈이 가지 못하리니 ᄯᅩ 강포을 다시 만나면 연국에 득달치 못ᄒᆞ고 노즁에서 쥭을가 ᄒᆞ난니다 뉴씨 놀나 상쳐을 본니 과연 즁이 상하여써날 더옥 상감ᄒᆞ물 니기지 못ᄒᆞ여 분한졀치ᄒᆞ니

이처럼 국문필사본에서는 동선이 달에게 붙잡힌 자신의 팔을 찍기는 하나 한문본에서처럼 손이 잘리지는 않는다. 뿐만 아니라 동선이 칼을 들고 달에게 달려들기도 하는데, 한문본과 비교했을 때 참으로 뜻밖의 변개라 하지 않을 수 없다. 이 대목은 흥미롭기는 하나 서사 전개상 굳이 들어가지 않아도 무방한 것인바, 구활자본 간행 시 삭제되었을 가능성이 있다.

3

「동선기」에 대하여 최초로 언급한 이는 김태준인데, 그는 「동선기」의 작자를 김만중(金萬重)으로 추정하였다.

「남정기」라는 명칭은 작자 미상한 「동선기(洞仙記)」의 '기(記)'와도 같다. 「동선기」는 서문적(西門勣)과 동선(洞仙)과의 정사(情事)를 기록한 것으로 내용에 두 사람의 왕복서신이 많고 이 작자가 병모(病母)를 위로코자 하룻밤에 지었다고 전하는 말도 있는 것도 보아 또한 서포의 작이 아닌가 의심한다.[12)]

김태준이 말한 바 「동선기」 작자 관련 정보가 어디에서 나온 것인지 현재로서는 알 수 없다. 따라서 「동선기」는 확실한 근거가 나올 때까지는 작자 미상의 작품으로 놓아둘 수밖에 없다.

김춘택은 『화몽집』을 17세기에 엮인 소설집으로 보고 『화몽집』에 수록된 「동선의 노래」, 곧 「동선기」를 17세기에 창작된 작품으로 보았다.

이 작품은 수사본으로 전해 오는 『화몽집』에 실려 있는 한문소설이다. 이 수사본에는 「주생전」·「운영전」·「영영전」·「몽유달천록」·「원생몽유록」 등 모두 9편의 소설들이 실려 있는데 이 책의 앞머리에 '천계 6년(1626)'에 작품들을 '약거'한다는 기록이 있는 것으로 보나, 그리고 여기에 실린 소설들이 16세기 말부터 17세기에 걸쳐 창작된 것이라는 점을 염두에 둘 때 소설 「동선의 노래」는 17세기에 창작된 것으로 볼 수 있다.[13)]

김춘택이 말한 바 '천계 6년' 운운한 부분의 원문은 '略擧其槩時天啓元[六]'인데, 이 부분은 다름이 아니라 「최척전」의 마지막 문장이라는 사실이 소인호에 의해 밝혀졌다.[14)] 즉 이 『화몽집』에는 원래 앞부분에 「최척전」이 실려 있었는데, 무슨 이유에서인지 떨어져 나가고 공교롭게도 저 마지막 부분의 몇 글자만 남아 오해를 불러일으켰던 것이다. 따라서 『화몽집』이 17세기에 묶인 소설집이라는 말은 근거가 없는 것이 되었고, 이에

---

12) 김태준(박희병 교주), 『증보조선소설사』(한길사, 1990), 125쪽.
13) 김춘택, 『우리나라 고전소설사』(한길사, 1993), 239~240쪽.
14) 소인호, 『한국 전기소설사 연구』(집문당, 2005), 208~210쪽.

따라 「동선기」 역시 17세기에 창작된 소설이라는 근거도 없어진 것이다. 필자가 「동선기」를 교감한 결과, 화몽집본 「동선기」는 원본(原本)과는 거리가 있는 후대본일 가능성이 높았다.

이상과 같은 연구 결과에도 불구하고 여전히 『화몽집』을 17세기에 묶인 소설집으로 보기도 하나,[15] 이 문제는 더 이상 논할 필요가 없다. 다만 「동선기」에 대해서만큼은 여전히 17세기에 창작된 소설로 보는 경향이 지배적인데, 17세기에 창작된 소설들과 유사한 면모가 보인다는 점, 애정전기소설의 자장에서 벗어나면서 재자가인소설의 경향을 지니고 있다는 점, 통속적 성향을 띠고 있다는 점, 작품의 시대적 배경이 17세기 조선의 전란을 반영하고 있는 것으로 보인다는 점 등이 그 주된 이유다.[16] 요컨대 여러 가지 정황으로 보아 「동선기」를 17세기 소설로 이해하는 것이 소설사적 관점에서 보았을 때 가장 합리적이라는 것이다.[17] 선행 연구들에서 언급한 내용들은 경청할 만한 가치가 충분하지만, 보다 확실한 증거가 나올 때까지 「동선기」의 창작 시기는 미상으로 놓아두는 것이 옳다고 생각한다.

4

「동선기」에 대한 선행 연구는 작품의 구성적 특징과 인물 형상, 주제 및 배경 사상, 양식적 특징과 소설사적 의의 등의 측면에서 이루어져 왔는데, 다양한 논의 가운데에서도 연구자들의 관심이 집중된 부분은 「동선기」의

---

15) 최웅권·마금과·손덕표 교주, 『17세기 한문소설집 화몽집 교주』(소명출판, 2009).

16) 소재영, 「동선기를 통해 본 17세기 소설의 변모양상」(『어문논집』35, 고려대학교 국어국문학연구회, 1996); 신상필, 「동선기 연구」(성균관대학교 석사논문, 1998); 권도경, 「동선기 연구」(『이화어문논집』18, 이화어문학회, 2000); 정환국, 「동선기의 지향과 소설사적 의미」(『대동한문학』14, 대동한문학회, 2001); 양승민, 「동선기의 작품세계와 소설사적 위상」(『고소설연구』2, 한국고소설학회, 2001); 김정숙, 『조선후기 재자가인소설과 통속적 한문소설』(보고사, 2006); 윤재민, 「동선기의 장르적 성격」(『민족문화연구』44, 고려대학교 민족문화연구원, 2006).

17) 문범두, 「동선기 연구」(영남대학교 석사논문, 1987)에서는 18세기 초로 보기도 했다.

소설사적 의의였다. 즉 「동선기」를 17세기 중반 이후의 작품으로 가정한 뒤, 『금오신화』·「주생전」·「운영전」 같은 이전 시기 애정전기소설과 비교하여 어떤 변화의 양상을 보이는지 살펴보고 「구운몽」 등 17세기 후반에 창작된 소설들과의 관련성을 따져 보아 「동선기」의 소설사적 위상을 가늠해 보는 것이었는데, 이는 작자 및 창작 연대를 정확히 알 수 없는 현실에서 이루어질 수밖에 없는 당연한 귀결이 아니었나 생각한다. 「동선기」는 17세기 소설사의 맥락에서, 그리고 기녀 관련 소설 연구에서 다루어지기도 하였다.[18)]

이상의 연구들은 기본적으로 「동선기」의 '서사'에 주목한 것인데, 필자에게 「동선기」는 좀 다른 의미로 다가왔다. 필자가 「동선기」를 읽고 번역하면서 가장 큰 어려움을 느낀 부분은 「동선기」에 인용된 수많은 '전고(典故)'들을 찾아내는 것이었다. 물론 「동선기」에 인용된 전고를 다 알지는 못해도 작품의 내용을 파악하는 데는 별 지장이 없다. 그래서인지는 모르겠으나, 지금까지 이루어진 「동선기」 연구는 대개 서사 중심으로 이루어져 왔고, 이는 한국 고전소설 연구의 일반적인 연구 성향과도 궤를 같이하는 것이었다.

그렇다면 「동선기」의 작자는 작품 속에 왜 그렇게도 많은 전고를 인용했을까? 「동선기」를 읽었던 조선 시대 한문소설 독자들 역시 현대의 우리처럼 「동선기」에 인용된 전고를 무시한 채 줄거리만 파악했을까? 필자는 「동선기」의 무게중심이 서사보다는 전고에 있을 수도 있다고 생각한다.[19)] 물론 전고의 인용은 한문 글쓰기의 일반적인 성향이고, 한문소설 가운데

18) 최재신, 「고대소설에 나타난 기녀 유형 연구」(전북대학교 석사논문, 1991); 서혜은, 「고전소설에 나타난 기녀의 정절실현 양상과 그 사회적 의미」(『문학과 언어』25, 문학과언어학회, 2003); 한의숭, 「17세기 전기소설의 낭만성과 현실성, 통속성에 대한 논의와 작품의 실제」(『인문연구』51, 영남대학교 인문과학연구소, 2006); 김정숙, 「운영전과 동선기 속 악인 탄생의 의미」(『한문고전연구』21, 한국한문고전학회, 2010); 장경남, 「17세기 열녀 담론과 소설적 대응」(『민족문학사연구』47, 민족문학사학회, 2011).

19) 「동선기」의 전고에 대해서는 엄태식, 「동선기 전고 연구」(『동방한문학』76, 동방한문학회, 2018)에서 자세히 논하였다.

특히 전기소설에 많이 나타나기에, 애정전기소설의 영향을 받았다고 여겨지는 「동선기」에 전고가 사용되었다는 것 자체가 특이한 현상은 아니다. 하지만 「동선기」의 전고 사용 방식은 동시기 소설들과 비교하였을 때 이채로운 면이 있다.

「동선기」를 읽어 보았을 때 눈에 띄는 점은 작품에 삽입된 편지가 무척 많다는 사실인데, 「동선기」에는 무려 10통의 편지가 들어 있다. 이 중에 안기(安琦)가 동선에게 거짓으로 보낸 편지 및 유씨(劉氏)와 동선이 주고받은 2통의 편지는 서사 전개를 위한 기능적인 것이다. 「동선기」의 삽입 문예물은 작품 앞부분에 있는 한시를 제외하면 모두 편지인데, 이 한시 역시 이후 진행될 이야기의 복선으로서의 역할이 강하다. 결국 「동선기」의 삽입 문예 양식은 사실상 편지뿐이라 할 수 있는바, 이는 17세기 이전의 한문소설에서는 보기 어려운 현상이다.

「동선기」에 삽입된 편지 가운데 가장 긴 것은 동선이 안기에게 보낸 편지인데, 자수는 1천 자가 넘는다.[20] 여기에는 사서삼경(四書三經)의 구절들을 비롯하여 「열녀전」에 등장하는 수많은 열녀(烈女)들의 고사가 인용되고 있다. 물론 이러한 전고의 인용은 비단 「동선기」에만 보이는 것은 아니다. 열녀 고사는 고전소설 전반에 두루 나타나며, 『시경(詩經)』의 시들을 집구(集句)한 예는 『기재기이(企齋記異)』의 「하생기우전(何生奇遇傳)」에도 보인다. 하지만 「동선기」 같은 중편 한문소설에서 이렇게 많은 분량의 전고를 집중적으로 사용한 예는 17세기 한문소설에서 찾아보기 어렵다. 「동선기」에 삽입된 편지의 글자 수는 작품 전체 분량의 약 1/5을 차지하고 있는데, 나머지 편지에서도 수많은 전고들이 인용되고 있다.

그런데 「동선기」의 전고는 편지에서만 인용되고 있는 것이 아니다. 「동선기」에는 등장인물들의 발화 속에도 전고들이 인용되어 있어 사실상 편지와 다름없는 기능을 하고 있다. 그 대표적인 예가 서문적이 장만부(張萬

---

20) 번역문은 이 책의 번역을 참조하기 바란다.

夫)와 최심(崔諶)에게 자신의 뜻을 이야기하는 대목인데, 이 부분에는 『서경(書經)』 주서(周書) 「홍범(洪範)」, 『장자(莊子)』 잡편(雜篇) 「도척(盜跖)」, 『논어(論語)』 「태백(泰伯)」, 『시경』 국풍(國風), 『포박자(抱朴子)』 등에서 인용한 구절 및 제갈량(諸葛亮)·한신(韓信)·반초(班超)·진평(陳平)·가의(賈誼)·동중서(董仲舒)·장량(張良)·상산사호(商山四皓)·장창(張敞) 등의 고사가 장황하게 열거되어 있다.

이처럼 「동선기」에는 편지와 발화 속에 수많은 전고들이 인용되어 있는데, 이는 작품 전체 분량의 약 1/3을 차지한다. 문제는 「동선기」에 인용된 전고가 동시기 소설들과 비교할 수 없을 정도로 과도하며,[21] 편지와 발화는 의사 전달이라는 본래적 목적보다도 오히려 전고의 인용과 수사(修辭)를 위한 장(場)으로서의 성격이 훨씬 강하다는 점이다. 물론 글자 수를 계산하면 전고와 무관한 부분이 더 많은 게 사실이다. 하지만 이는 산술적으로 따진 것일 뿐, 서사가 진행되는 부분과 전고가 인용된 부분의 밀도는 동일할 수 없다. 서사의 전개를 위해 쓰인 서술문이나 발화는 한문의 문법대로 읽어 내려가기만 하면 되지만, 전고와 관련된 부분은 축자적(逐字的) 해석만으로는 정확한 의미를 파악할 수 없으며 독해 과정에서 다른 부분에 비해 몇 배의 공력이 들어간다. 작품 속에 인용된 전고들을 하나도 놓치지 않고 꼼꼼하게 작품을 읽었을 때, 독자의 뇌리에는 작품의 내용보다도 오히려 전고나 수사와 관련된 부분이 더 강하게 각인될 것이다.

「동선기」의 작자가 작품 속에 전고를 인용한 이유는 여러 가지가 있을 수 있겠지만, 그중 하나는 지식의 과시에 대한 욕망이다. 즉 작자는 소설 속에 편지와 발화라는 전고와 수사의 장을 마련하여 독자들과 일종의 지적 유희를 펼치고 있는 것이다.

> 유한한 인생으로 부질없이 무익한 맹세를 지켰다는 것을 필경 알게 될 것이니 비록 후회한들 무슨 소용이 있겠나? 청춘은 덧없이 지나가고 백일은 잠

21) 「동선기」가 17세기 후반에 창작되었다고 가정한다면 이렇게 볼 수 있다.

깐일 뿐이며, 강물은 서쪽으로 돌아갈 조짐이 없고 꽃은 열흘 동안 붉은 것이 없으니, 번화한 곳은 어느 곳이며 즐거움은 어디에 있는가? 홀로 청총만 남아 부질없이 달밤의 혼으로 돌아올 것이요, 초왕과 말도 함께 하지 않고 그저 꽃을 보고 흐르는 눈물만 젖을 것이다.[夫以有限之生, 謾守無益之盟, 畢竟有知, 雖悔曷追? 靑春荏苒, 白日斯須, 水無西歸之漸, 花無十日之紅, 繁華何處? 行樂誰邊? 獨留靑塚, 空歸月夜之魂, 不共楚王, 只沾看花之淚.]

안기가 동선을 회유하기 위해 보낸 편지의 끝부분이다. 여기에서 청총(靑塚)은 왕소군의 무덤으로 흉노에서 살다가 죽은 그녀의 무덤에 풀이 나지 않았기 때문에 붙은 이름이며, 초왕과 말도 하지 않았다는 것은 『춘추좌씨전(春秋左氏傳)』「장공(莊公)」 10년과 14년 조에 보이는 식부인(息夫人)의 고사를 말한 것이다. 그런데 작자가 여기서 의도한 것은 『서경잡기(西京雜記)』나 『춘추좌씨전』에 나오는 두 여인의 고사가 아니다. 그보다 중요한 것은 "부질없이 달밤의 혼으로 돌아올 것이다.[空歸月夜之魂]"라는 말과 "그저 꽃을 보고 흐르는 눈물만 젖을 것이다.[只沾看花之淚]"라는 말인데, 이는 두보(杜甫)의 「영회고적(詠懷古跡)」과 왕유(王維)의 「식부인(息夫人)」에서 끌어온 것으로, 이 두 편의 한시를 모른다면 도저히 이해할 수 없는 구절이다.[22] 작자는 짧은 문장 속에 왕소군과 식부인의 고사뿐만 아니라 두보와 왕유의 시에 대한 지식까지 담아두었던바, 독자들에게 한시(漢詩)에 대한 일정 수준의 교양과 지식을 요구하고 있는 것이다.

안기가 편지에서 저와 같은 말을 한 이유는, 부질없이 서문적을 위해 수절해 보았자 결국 쓸쓸한 무덤만 남을 뿐이며 헛되이 청춘을 보내면서 눈물만 흘릴 것이라는 뜻을 전하기 위해서이다. 그런데 독자의 입장에서는 이 대목에서 소설의 주인공인 동선의 처지를 고사의 주인공인 왕소군·식부인의 그것과 비교하지 않을 수 없게 된다. 『서경잡기』에 의하면, 왕소군

22) 이 책 번역의 각주 참조.

은 화공들에게 뇌물을 주지 않아 원제(元帝)의 총애를 받지 못했고 이로 인하여 흉노의 연지(閼氏)가 되어 이역(異域)에서 삶을 마쳤다. 청총만 남아 부질없이 달밤의 혼으로 돌아온 이유는 흉노에 갔기 때문이고, 흉노에 간 이유는 화공에게 뇌물을 주지 않았기 때문이다. 즉 왕소군은 다른 궁녀들과는 달리 고집을 부리다가 비극적인 삶을 살게 되었던 것인데, 안기는 동선에게 고집을 부려 보았자 비참한 말로만 있으리라는 뜻으로 왕소군의 고사를 인용하였을 뿐, 동선과 왕소군의 처지가 정확히 대응하지는 않는 것이다. 한편 『춘추좌씨전』에 의하면, 식부인은 식후(息侯)와 채후(蔡侯)의 갈등으로 인해 식나라가 멸망한 뒤 초(楚) 문왕(文王)의 부인이 되어 도오(堵敖)와 성왕(成王)을 낳았는데, 두 지아비를 섬겼다는 이유로 말을 하지 않았다. 그녀가 눈물을 흘린 이유는 두 남편을 섬겼다는 부끄러움과 전 남편인 식후에 대한 미안함, 그리고 자신의 기박한 신세에 대한 한탄 때문일 것이다. 식부인의 고사를 「동선기」의 내용과 대비해 보면, '식부인 : 동선', '식후 : 서문적', '문왕 : 안기'의 대응 관계가 성립할 수밖에 없는데, 안기의 입장에서 보자면 식부인의 고사를 언급하는 것은 동선에게 두 지아비를 따르면 안 된다는 메시지를 전하게 되어 오히려 역효과를 불러온다. 그렇다면 작자는 전고의 원래 맥락이나 의미는 고려하지 않고 왕유의 시를 단장취의(斷章取義)하여 '여인의 기박한 신세'라는 뜻으로만 사용한 셈이다. 이러한 전고 인용은, 전고가 가지고 있는 본래의 맥락과 의미를 살리면서 적소에 배치한 「최치원(崔致遠)」 같은 작품과 비교해 볼 때, 수사(修辭)에만 지나치게 치중한 결과가 아닌가 하는 생각이 든다.[23)]

「동선기」에 인용된 전고는 등장인물의 사상이나 감정을 전달하는 데 기여하고 있기도 하지만, 문제는 그러한 전고의 뭉치가 너무도 길게 또 많이 등장한다는 점이다. 여타 애정전기소설이나 재자가인소설이었다면 등장인물의 심경을 표현하는 시(詩)나 사(詞)가 삽입될 법한 부분에서조차도

23) 「최치원」에 인용된 전고에 기능과 역할에 대해서는 엄태식, 「최치원의 창작 배경과 서사적 특징」(『고소설연구』30, 한국고소설학회, 2010) 참조.

「동선기」의 작자는 서정 양식은 전혀 택하지 않고 오로지 전고를 인용한 수사에만 집중하고 있다. 이에 편지와 발화라는 형식을 빌린 전고 지식의 뭉치들은 서사 전개와 긴밀하게 조응하기보다는 오히려 서사에의 몰입을 방해하고 서사와의 단절을 초래하는 면이 없지 않다.

5

이상으로 「동선기」의 줄거리, 이본의 존재 양상, 창작 시기, 연구 경향, 작품의 특징 등에 대하여 간략히 살펴보았다. 「동선기」는 고전소설 전체를 놓고 보자면, 연구가 어느 정도는 이루어진 작품이라고 할 수 있으나 실상은 작품의 토대가 되는 기초 작업들조차 제대로 이루어지지 않았다. 또 지금까지의 「동선기」 연구는 작품의 구성적 특징, 주제 및 사상, 양식적 특징, 소설사적 의의 등을 중심으로 이루어져 왔으나, 그보다 더 중요한 것은 텍스트에 대한 정밀한 독해이다. 이 책이 「동선기」 연구에 조금이나마 도움이 되기를 바란다.

「동선기(洞仙記)」 역주(譯註)

동선기(洞仙記)

동선(洞仙)의 유향(遺響)은 오래되었다. 당(唐)나라 때에 서주(徐州)[1]와 항주(杭州)[2] 사람이 사(詞)에 능하였는지라 후세에 전수하였으나 그 깊은 뜻을 다하지는 못하였더니, 항주의 한 기녀(妓女)가 이를 잘 이해하여 성하(星河)와 월장(月帳)의 진향(眞響)[3]을 모두 깨달았다. 수십 년 후에 도죽산(桃竹山)으로 거두어 들어갔는데, 그 산은 바다 남쪽 수천 리 되는 곳에 있다. 세상에는 그녀가 어디에서 삶을 마쳤는지 아는 이가 없다. 그 자세한 이야기는 다음과 같다.

정강(靖康)[4] 연간에 서문생(西門生)이라는 사람이 있었는데, 그의 이름은 적(勣)으로, 옛 항주자사(杭州刺史) 서문감(西門闞)의 후손이었다. 어려서 자모(慈母)의 가르침을 받아, 일찍부터 명예(名譽)와 재주를 자부(自負)하였으며, 뜻이 크고 기개가 있어 얽매이지 않았다. 그의 집안은 대대로 변경(汴京)[5] 만세산(萬歲山) 아래에서 살았다.

서문적은 일찍이 산동(山東) 유씨(劉氏)의 딸을 아내로 맞아들였는데, 그녀의 집안 역시 잠영거족(簪纓巨族)[6]이었다. 서문생은 혼인하여 가정을 이루었지만 가계(家計)를 돌보지 않았고, 피리 불기를 몹시 좋아하여 훌쩍 멀리 떠나 속세를 버릴 마음을 가지고 있었다. 모친 최부인(崔夫人)이 근심하여 말했다.

"장부(丈夫)가 세상에 태어남에, 위로는 부모[7]가 있고 아래로는 처자

1) 서주(徐州): 중국 강소성(江蘇省)에 있는 도시.
2) 항주(杭州): 중국 절강성(浙江省)에 있는 도시.
3) 성하(星河)와~진향(眞響): 미상. '성하'는 은하수(銀河水)이다. '월장'은 달빛 휘장으로, 이본에는 '월전(月殿)'으로 되어 있기도 하다.
4) 정강(靖康): 송(宋) 흠종(欽宗)의 연호(年號). 1126~1127년.
5) 변경(汴京): 중국 하남성(河南省) 개봉(開封). 북송(北宋)의 도읍지(都邑地).
6) 잠영거족(簪纓巨族): 대대로 높은 벼슬을 하여 온 집안.
7) 부모[怙恃]: '호시(怙恃)'는 의지하고 믿는다는 뜻으로, 부모(父母)를 뜻한다. 『시경(詩經)』 소아(小雅) 「육아(蓼莪)」에서 "작은 병의 텅 빔, 큰 병의 부끄러움이로다. 곤궁한

(妻子)가 있어, 입신양명(立身揚名)하여 부모를 드러내고 양육(養育)하여 처자를 편하게 하며, 과거에 좋은 성적으로 급제하고 훌륭한 덕을 행하여 부친께 효도하고 나라[8]에 충성하는 것이 바로 그 직분(職分)이다. 그런데 지금 너는 방광(放曠)[9]함을 자임(自任)하여 낙락(落落)[10]히 태연자약(泰然自若)하니, 장차 무엇을 하려는 게냐? 용백고(龍伯高)의 돈후(敦厚)함은 사람이 소홀히 하기 쉬운 바요, 두계량(杜季良)의 호협(豪俠)은 내 정말로 원하지 않는 것이다[11]. 용을 잡아 죽이고 범을 쳐 죽이는 것은 비록 그런 일을 할 때가 있기는 하나[12], 옥당금마(玉堂金馬)[13]는 마땅히 사람에게 달려 있는 것이다. 광릉(廣陵)에서 꽃구경하는 복[14]은 하늘이

백성의 삶, 죽음만도 못한 지 오래되었네. 아버지 없으면 누구를 의지하며, 어머니 없으면 누구를 믿을까? 나가면 근심을 머금고, 들어오면 이를 곳 없네.[缾之罄矣, 維罍之恥. 鮮民之生, 不如死之久矣. 無父何怙? 無母何恃? 出則銜恤, 入則靡至.]"라고 하였다.

8) 나라[國]: 이본에 '임금[君]'으로 되어 있기도 하다.

9) 방광(放曠): 방탕(放蕩)하고 활달(豁達)함.

10) 낙락(落落): 작은 일에 얽매이지 않고 대범함.

11) 용백고(龍伯高)의~것이다: 용백고는 이름이 술(述)이고, 두계량은 이름이 보(保)인데, 모두 경조(京兆) 사람이다. 용백고와 두계량의 일은 후한(後漢) 마원(馬援)의 「계형자엄돈서(誡兄子嚴敦書)」에 보이는데, 이 글은 『후한서(後漢書)』 「마원전(馬援傳)」 및 『소학(小學)』 「가언(嘉言)」 등에 실려 있다. 전고 (1).

12) 용을~하나[屠龍椎虎 雖有其時]: 『장자(莊子)』 잡편(雜篇) 「열어구(列禦寇)」에서 "주팽만이 지리익에게 용을 잡아 죽이는 기술을 배웠는데, 천금의 가산을 다 써서 3년 만에 기술이 완성되었으나 그 기교를 쓸 데가 없었다.[朱泙漫, 學屠龍於支離益, 單千金之家, 三年技成, 而無所用其巧.]"라고 하였는데, 용은 상상의 동물이므로 용을 잡아 죽이는 기술은 쓸데없는 재주이다. 한편 『논어(論語)』 「술이(述而)」에서 공자(孔子)가 자로(子路)에게 "범을 맨손으로 때려잡고 하수를 맨발로 건너, 죽어도 후회하지 않는 이와는 내 함께하지 않는다.[暴虎馮河, 死而無悔者, 吾不與也.]"라고 하였고, 『사기(史記)』 「장의열전(張儀列傳)」에는 범을 찔러 죽인 변장자(卞莊子) 이야기가 있으며, 『맹자(孟子)』 「진심(盡心)」 하(下)에는 범을 때려잡은 풍부(馮婦) 이야기가 있다. 그런데 여기서는 용과 범을 함께 언급하고 용과 범을 잡는 일이 때가 있다고 한 것으로 보아, 『서경잡기(西京雜記)』 「녹술제사어호(籙術制蛇御虎)」의 동해(東海) 사람 황공(黃公)의 이야기인 듯도 하다. 황공은 젊었을 때 환술을 부려 용과 범을 제어할 수 있었지만, 노쇠해지자 기력이 약해져 환술을 행할 수 없었다. 진말(秦末)에 동해에 백호(白虎)가 나타나자 적도(赤刀)를 가지고 가서 제압하려 했으나 도리어 죽임을 당했다. 이본에는 '용(龍)'이 '뱀[蛇]'으로 되어 있기도 하다. 전고 (2)·(3)·(4).

13) 옥당금마(玉堂金馬): 한(漢)나라의 옥당전(玉堂殿)과 금마문(金馬門). 후세에는 한림원(翰林院)을 일컬었다. 한림원은 문학(文學)을 하는 선비가 출사(出仕)하는 곳이다.

14) 광릉에서~복[廣陵看花之福]: 미상. 광릉은 중국 강소성(江蘇省) 양주(揚州)이다. 수(隋) 양제(煬帝)가 대운하(大運河)를 건설한 뒤 경화(瓊花)를 보기 위해 자주 양주로 순행하였

주신 재능을 다한 게 아니요, 위가(魏家)에서 홰나무를 심은 일[15]은 실로 후손에게 명망을 남긴 것이다. 네가 일찍이 이렇게 하지 않고서 네 가풍(家風)을 하찮게 여기니, 고려(高閭)[16]와 대문(大門)은 장차 무릎을 용납할 수도 없을 것이며[17] 곽전(郭田)[18]과 시장(市庄)은 장차 송곳조차 세울 수 없을 것이다[19]. 그런데도 깊이 생각하지 않을 수 있겠느냐? 끝내 어디로 가려느냐?"

서문생이 스스로 생각해 보니, 비록 모친의 가르침에 부응하지는 못할 듯했으나, 일단 명을 따르기로 마음을 먹고서 10여 년을 문묵(文墨)에 종사하였지만 계속 과거를 보아도 급제하지 못하였다. 이에 서문생은 개연(慨然)히 몹시 한탄하였다.

"부귀공명(富貴功名)이 오든지 오지 않든지 간에 머리털은 세려 하니, 내 장차 무슨 일을 잡아 중년(中年)에 이를까?"

유씨 또한 단정하고 아름다운 사람으로, 늘 권면(勸勉)하면서 남다른 명성을 내걸기를 기대하였다. 서문생은 한결같은 뜻을 두었으나 끝내 펼치지 못하였다.

는데, 혹 이를 가리켜 한 말인지 모르겠다. 당(唐) 허혼(許渾)의 「변하정(汴河亭)」에서 "광릉에 꽃 만발하자 수 양제 동으로 유람하는데, 먼저 곤륜의 한 지류를 텄네.[廣陵花盛帝東遊, 先劈崑崙一派流.]"라고 하였다.

15) 위가(魏家)에서~일: 송(宋)의 왕호(王祜)가 마당에 홰나무 세 그루를 심으면서 후세에 삼공(三公)이 나올 것이라고 하였는데, 그의 아들 왕단(王旦)이 과연 재상이 되었고 사후에 위국공(魏國公)에 봉해졌다. 송(宋) 소식(蘇軾)의 「삼괴당명(三槐堂銘)」에 보인다. 전고 (5).

16) 고려(高閭): 고문(高門).

17) 무릎을~것이며[不得容膝]: 방이나 장소가 비좁아 겨우 무릎이나 움직일 수 있음을 뜻한다. 『열녀전(列女傳)』 현명전(賢明傳) 「초오릉처(楚於陵妻)」에 보인다. 전고 (6).

18) 곽전(郭田): 성곽 밖의 밭. 근교(近郊)의 기름진 논밭. 『사기(史記)』 「소진열전(蘇秦列傳)」에 보인다. 소진(蘇秦)이 육국(六國)의 합종(合從)을 이루어내고 조(趙)나라로 가는 길에 낙양을 들렀다. 전에 자신을 무시하던 형수가 감히 똑바로 쳐다보지도 못하자, 소진은 "만일 내가 낙양에 성곽을 등지고 있는 밭 두 이랑을 가지고 있었다면, 내 어찌 육국의 재상 인수(印綬)를 찰 수 있었겠는가?[且使我有雒陽負郭田二頃, 吾豈能佩六國相印乎?]"라고 말했다.

19) 송곳조차~것이다[不得置錐]: '치추(置錐)'는 송곳 하나를 세울 만한 좁은 땅이란 뜻으로, 매우 좁아 조금의 여유도 없음을 말한다. 『장자(莊子)』 잡편(雜篇) 「도척(盜跖)」에서 도척(盜跖)이 공자(孔子)에게 한 말 가운데 나온다. 전고 (7).

그의 동지 가운데 장만부(張萬夫)와 최심(崔諶)이라는 이가 있었는데, 서로 뜻이 매우 잘 맞았다. 하루는 서문생이 술자리를 마련해 그들을 맞이하였다. 술이 세 순배(巡杯)가 돌자 서문생이 그제야 이렇게 말했다.

"남아(男兒)가 세상에 이름을 떨치려면, 도대체 무슨 일을 잡아 명성을 이루어야 할까[20]? 그대들은 각자 숨기지 말고 말해 보게[21]."

장만부가 대뜸 이렇게 말했다.

"덕을 세우거나 훌륭한 말을 세우는 것[22]은 명성을 세움만 못하고, 명성을 세우는 것은 또 때를 만나 기운을 토해냄만 못하지. 이제 북마(北馬)가 남쪽으로 내려와 길러지는데[23] 진(秦)나라의 공갈(恐喝)은 그치지 않고[24], 여우가 탑전(榻前)[25]에 오르는데 한(漢)나라의 칭송(稱頌)은 끊어지지 않으니[26], 대장부(大丈夫)[27]가 뜻을 이룰 때로다. 허리에는 청평검(淸萍劍)[28]을 차고 손에는 백우전(白羽箭)[29]을 들며, 여덟 마리 날랜 말

---

20) 도대체~할까[竟何執而成名乎]: 『논어(論語)』「자한(子罕)」에서 "달항 고을 사람들이 말했다. '위대하구나, 공자여! 널리 배웠으나 이름을 이룬 바가 없구나.' 공자가 이를 듣고 문하의 제자들에게 말했다. '내 무엇을 잡을까? 말 모는 일을 잡을까? 활 쏘는 일을 잡을까? 내 말 모는 일을 잡겠다.'[達巷黨人曰: '大哉, 孔子! 博學而無所成名.' 子聞之, 謂門弟子曰: '吾何執? 執御乎? 執射乎? 吾執御矣.']"라고 하였다.

21) 그대들은~보게[諸君其各自言無隱]: 서문적이 장만부와 최심에게 그들이 가지고 있는 생각을 이야기하게 한 뒤 자신의 생각을 말하는 이 부분은, 『논어(論語)』「공야장(公冶長)」에서 공자가 안연(顏淵)과 자로(子路)에게 "어찌 각자 너희들의 뜻을 말해 보지 않느냐? [盍各言爾志?]"라고 말하는 대목, 그리고 『논어』「선진(先進)」에서 공자가 제자들에게 자신을 알아주는 사람이 있으면 어떻게 하겠느냐고 묻자, 자로·염유(冉有)·공서화(公西華)·증점(曾點)이 각각 자신의 포부를 이야기하는 장면과 연관이 있다. 전고 (8)·(9).

22) 덕을~것[立德立言]: 입덕(立德)·입공(立功)·입언(立言)을 '삼불후(三不朽)'라고 한다. 『춘추좌씨전(春秋左氏傳)』「양공(襄公)」 24년 조에 보인다. 전고 (10).

23) 북마가~길러지는데[北馬南牧]: 북방의 오랑캐가 중국을 침략하는 것을 비유한 말이다.

24) 진(秦)나라의~않고: 미상. 진나라 소양왕(昭襄王)이 조(趙)나라 수도인 한단(邯鄲)을 포위하고는 위(魏)나라에 사자를 보내 조나라를 돕지 말도록 협박한 일을 가리키는 듯하다. 『사기(史記)』「위공자열전(魏公子列傳)」에 보인다. 전고 (11).

25) 탑전(榻前): 왕의 자리 앞.

26) 한(漢)나라의~않으니: 미상.

27) 대장부(大丈夫): 건장하고 씩씩한 사내. 뜻이 큰 남자를 이르는 말. 『맹자(孟子)』「등문공(滕文公)」하(下)에 보인다. 전고 (12).

28) 청평검(淸萍劍): 고대(古代)의 명검(名劍). 진림(陳琳)의 「답동아왕전(答東阿王牋)」에서 "군후는 세상에 높은 재주를 몸에 지녔고 청평·간장 같은 기물을 지니고 있으니, 종을 쳐도 소리가 나지 않으며 기회에 응하여 바로 결단합니다.[君侯體高世之才, 秉靑萍、干將

이 끄는 수레를 타고 천지사방(天地四方)의 먼지를 헤치고서, 옥장(玉帳)[30]에서 웅풍(雄風)을 울리고 금문(金門)[31]에서 누린내를 쓸어버려, 몸이 염파(廉頗)와 이목(李牧)[32]의 위에 있고 공이 이성(李晟)과 혼감(渾瑊)[33]보다 높아진다면, 첫째는 조상의 영광이요 둘째는 자손의 복일세."

최심이 뒤를 이어 말했다.

"명성(名聲)이 세상을 덮고 공로가 후세에 전해지는 것은, 사람마다 각기 그렇게 되고 싶어 하는 마음을 가지고 있지만 또한 기필(期必)할 수 있는 것은 아니네. 더군다나 명성이 세워지면 훼방(毁謗)이 일어나고 공이 이루어지면 주륙(誅戮)[34]이 뒤따라, 단지 훗날의 손뼉 칠 웃음거리가 될 따름이니 다시 무슨 이익이 있겠나? 공자(孔子)와 맹자(孟子)[35]가 전수한 도통(道統)과 주돈이(周敦頤)와 정자(程子)가 일으킨 문(文)[36]은 삼대(三代)[37] 시서(詩書)[38]의 가르침을 담고 있으며 만고(萬古) 도덕(道德)의 물결을 내뿜고 있으니, 넉넉히 위대하여[39] 미칠 수가 없네. 강가에

之器, 拂鍾無聲, 應機立斷.]"라고 하였다.

29) 백우전(白羽箭): 새의 흰 깃으로 깃을 단 화살.

30) 옥장(玉帳): 옥으로 장식한 장막. 장수가 거처하는 장막.

31) 금문(金門): 궁궐의 문.

32) 염파(廉頗)와 이목(李牧): 모두 전국시대(戰國時代) 조(趙)나라의 명장(名將)이다.

33) 이성(李晟)과 혼감(渾瑊): 모두 당(唐)나라의 명장인데, 함께 주자(朱泚)의 난을 평정하였다.

34) 주륙(誅戮): 죄인을 죽임.

35) 공자와 맹자[鄒魯]: '추(鄒)'는 맹자(孟子)가 태어난 곳이고, '노(魯)'는 공자(孔子)가 태어난 곳이다.

36) 주돈이와~문[濂洛興起之文]: '염락(濂洛)'은 송대(宋代)의 유학자인 주돈이(周敦頤)와 정자(程子)를 말한다. 주돈이는 염계(濂溪)에 살았고, 정호(程顥)·정이(程頤)는 낙양(洛陽)에 살았다. '문(文)'은 도(道)이다. 『논어(論語)』 「자한(子罕)」에서 "공자가 광 땅에서 경계심을 품고 있었다. 공자가 말했다. '문왕이 이미 돌아가셨으니, 문이 여기에 있지 않은가? 하늘이 장차 이 문을 버리겠다면 나중에 죽을 자가 이 문에 참여하지 못했을 것이거니와 하늘이 아직 이 문을 버리지 않았으니 광 땅 사람들이 나를 어찌하겠는가?' [子畏於匡, 曰: '文王旣沒, 文不在玆乎? 天之將喪斯文也, 後死者, 不得與於斯文也, 天之未喪斯文也, 匡人其如予何?']"라고 하였다.

37) 삼대(三代): 고내 중국의 세 왕조인 하(夏)·은(殷)·주(周).

38) 시서(詩書): 『시경(詩經)』과 『서경(書經)』.

39) 넉넉히 위대하여[優優大哉]: 『중용(中庸)』 제27장에서 "위대하구나, 성인의 도여! 양양하게 만물을 발육하여 높음이 하늘에 지극하였다. 넉넉히 위대하구나! 예의 3백 가지와 위의

서 한 가닥 낚싯줄 드리운 기풍으로 말하자면 구정(九鼎)의 무거움을 부지(扶持)할 수 있고[40], 창 아래 거문고 하나로 말하자면 육경(六經)의 뜻을 펼 수 있지[41]. 발자취가 어부·나무꾼 사이에 섞이고 마음이 길짐승·날짐승과 맞아, 강산(江山)의 도움을 얻어 풍월(風月)을 밑천으로 삼고 갑을(甲乙)이 집에 들어오는 것을 바라보면서 시주(詩酒)로 세월을 보내, 흥망성쇠(興亡盛衰)의 조짐도 전혀 알지 못하는데, 또 어찌 늙음이 장차 이를 줄을 알겠는가[42]? 옛사람이 속세를 벗어나 얽매임이 없었던 것은 한결같이 여기에서 얻었으니, 나는 그대와 함께 이에서 삶을 마치고자 하네."

서문생이 이 말을 듣고는 한숨을 쉬며 다시 한 마디 말도 꺼내지 않았다. 장만부와 최심이 말했다.

"주인의 생각을 들어보고 싶네[43]."

서문생이 말했다.

"그대들이 가지고 있는 생각과는 퍽 다르니[44], 어찌 성급히 거론하겠는가?"

3천 가지로다. 그 사람을 기다린 후에 행해진다.[大哉, 聖人之道! 洋洋乎發育萬物, 峻極于天. 優優大哉! 禮儀三百, 威儀三千. 待其人而後行.]"라고 하였다.

40) 강가에서~있고: 후한(後漢)의 은사(隱士) 엄광(嚴光)의 공이 나라를 부지할 만큼 컸다는 뜻이다. 여기서의 '강가'는 동강(桐江) 가로, 엄광이 은거하면서 낚시질한 곳이다. 구정(九鼎)은 하(夏)나라 우왕(禹王) 때에 구주(九州)에서 쇠를 거두어서 만든 아홉 개의 솥으로, 이후 천자(天子)에게 전해졌다. 『고금원류지론(古今源流至論)』「기절(氣節)」에 보인다. 전고 (13).

41) 창~있지: 미상. 육경(六經)은 『시경(詩經)』·『서경(書經)』·『역경(易經)』·『예기(禮記)』·『춘추(春秋)』·『악기(樂記)』이다. 당(唐) 요합(姚合)의 「송진사전탁입화산(送進士田卓入華山)」에서 "무슨 물건 지니고 가는가? 육경과 거문고 하나.[何物隨身去? 六經與一琴.]"라고 하였다.

42) 어찌~알겠는가[安知老之將至乎]: 『논어(論語)』「술이(述而)」에서 "섭공이 자로에게 공자에 대해 물었는데, 자로가 대답하지 않았다. 공자가 말했다. '너는 어찌하여 그 사람됨이 얻지 못하면 분발하여 먹는 것도 잊으며 얻고 나면 즐거워하여 근심을 잊어 늙음이 장차 이를 줄도 모른다고 말하지 않았느냐?'[葉公問孔子於子路, 子路不對. 子曰: '女奚不曰: 其爲人也, 發憤忘食, 樂以忘憂, 不知老之將至云爾?']"라고 하였다.

43) 주인의~싶네[願聞主人之志]: 『논어(論語)』「공야장(公冶長)」에서 자로가 공자에게 "선생님의 생각을 들어보고 싶습니다.[願聞子之志.]"라고 하였다. 전고 (8).

44) 그대들이~다르니[殊異乎衆選]: 『논어(論語)』「선진(先進)」에서 공자가 증점에게 어떤 생각을 가지고 있느냐고 묻자, 증점은 비파를 내려놓고서 "세 사람들이 가지고 있는 생각과는 다릅니다.[異乎三子者之撰.]"라고 말했다. 전고 (9).

마침내 술잔에 술을 가득 따라 마시고는 갓의 먼지를 털면서 말했다. "대장부가 뜻을 말하는데, 어찌 먼저 노래를 하여 이끌지 않겠는가?" 이에 옥적(玉笛)[45]을 불고 낭랑히 읊었다.

萬歲山高幾千丈　만세산 높이 몇 천 장이던가?
孕出男兒壯氣魄　남아의 굳센 기백 잉태해 내었네.
不計身後名　사후 명성 생각지 않고,
適取眼前樂　눈앞의 즐거움만 취한다오.

却傍琴臺聞絶響　금대(琴臺) 가에서 절향(絶響)[46]을 들으며,
提抱美人共笑語　미인을 끌어안고 함께 담소하네.
曲終携手去　곡이 끝나자 손잡고 떠나가니,
人間竟何許　인간 세상 끝내 어드메오?

그리고 마침내 이렇게 말했다.

"장군과 최군의 뜻은 요컨대 사후의 명성에 있거니와, 나처럼 변변치 못한 사람은 눈앞의 즐거움만 취하고자 하니, 이는 어째서인가? 양의(兩儀)[47]가 처음 갈라짐에 사람이 그 가운데에 있고, 홍범구주(洪範九疇)의 오복(五福)[48] 중에 '수(壽)'가 가장 앞에 있네. 상수(上壽)는 백 세요 중수(中壽)는 칠십이요 하수(下壽)는 사오십에 불과한데[49] 그 하수를 얻는

45) 옥적(玉笛): 옥으로 만든 취악기(吹樂器).
46) 절향(絶響): 끊어진 거문고 소리. 진(晉)나라의 혜강(嵇康)이 사형을 당할 때 거문고로 「광릉산(廣陵散)」을 연주하면서, 이제 이 곡이 끊어질 것이라고 했다. 『세설신어(世說新語)』 「아량(雅量)」에 보인다. 전고 (14).
47) 양의(兩儀): 음양(陰陽). 천지(天地).
48) 오복(五福): 기자(箕子)의 홍범구주(洪範九疇) 가운데 아홉 번째로 나오는 다섯 가지의 복. 『서경(書經)』 주서(周書) 「홍범(洪範)」에서 "아홉째, 오복(五福)은 첫째는 수(壽)요 둘째는 부(富)요 셋째는 강녕(康寧)이요 넷째는 유호덕(攸好德)이요 다섯째는 고종명(考終命)이다.[九五福, 一曰壽, 二曰富, 三曰康寧, 四曰攸好德, 五曰考終命.]"라고 하였다.
49) 상수(上壽)는~불과한데: 『장자(莊子)』 잡편(雜篇) 「도척(盜跖)」에서 도척이 공자에게 한 말 가운데 보이는데, 수(數)가 조금 다르게 되어 있다. 전고 (7).

자가 자못 많이 있지. 그러므로 중수도 기약할 수 없거든, 하물며 그 최상의 것이겠는가? 참으로 이른바 '순월(旬月) 사이에 입을 벌리고 웃을 수 있는 것은 네댓새에 불과하다[50].'라는 것이라네. 그대들의 손안에 있는 술잔이 참말로 손안에 있는 것은 다만 오늘만이 있을 뿐이니, 오늘 이후로 이런 날이 다시는 하루도 없다면 결국 이는 누구의 일월(日月)인가? 남양(南陽)에서 밭 갈던 쟁기를 놓아두고[51] 적벽(赤壁)에서 전함을 연결하여[52] 계책은 사람을 놀라게 하고 공리(功利)는 세상을 덮었던 자, 참으로 한때의 영웅이로다. 그러나 혜릉(惠陵)[53]의 소나무·오동나무[54] 소슬(蕭瑟)하고 촉산(蜀山)의 비바람 어두컴컴하여, 요성(妖星)[55]에 한 맺히고 사철나무에 눈물 젖는구나. 조대(釣臺)를 떠나 낚싯대 내던지고[56] 장단(將壇)에 올라 부월(斧鉞)을 쥐고서[57] 백만대군(百萬大軍)을 거느려 한(漢)나라 4백 년 기틀을 개창(開創)한 자, 어찌 진정한 남자가 아니겠나? 그런데도 만 명을 대적할 장수로서 운몽(雲夢)의 순수(巡狩)에 굴복하였고[58] 천금(千金)의 자질로서 아녀자의 손에 목숨을 맡겼으니[59], 크게 공

50) 순월(旬月)~불과하다: '순월'은 열흘이나 달포가량이다. 『장자(莊子)』 잡편(雜篇) 「도척(盜跖)」에서 도척이 공자에게 한 말 가운데 보인다. 전고 (7).

51) 남양(南陽)에서~놓아두고: 제갈량(諸葛亮)이 남양에서 농사짓고 있을 때 유비(劉備)가 삼고초려(三顧草廬)한 일을 가리킨다. 제갈량의 「출사표(出師表)」에 보인다. 전고 (15).

52) 적벽(赤壁)에서~연결하여: 『삼국지연의(三國志演義)』에 나오는 내용이다. 적벽대전(赤壁大戰)에서 방통(龐統)이 조조(曹操)로 하여금 배를 묶어 놓게 하는 연환계(連環計)를 사용하였는데, 이때 제갈량이 서북풍을 동남풍으로 바꾸어 화공(火攻)을 가할 수 있었다.

53) 혜릉(惠陵): 유비(劉備)의 능. 사천성(四川省) 성도(成都)의 무후사(武侯祠)에 제갈량의 사당과 함께 있다.

54) 소나무·오동나무[松楸]: 묘 주위에 심는 나무이므로 '묘'를 뜻한다.

55) 요성(妖星): 불길한 징조를 나타내는 별.

56) 조대(釣臺)를~내던지고: '조대'는 낚시터이다. 한신(韓信)이 평민이었을 때 성 아래에서 낚시를 하다가 빨래하던 아낙네에게 밥을 얻어먹은 일이 있다. 『사기(史記)』 「회음후열전(淮陰侯列傳)」에 보인다. 전고 (16).

57) 장단(將壇)에~쥐고서: 장단(將壇)은 대장(大將)이 지휘(指揮)할 때 올라서는 단(壇)이다. 유방(劉邦)이 한신을 대장으로 임명할 때, 소하(蕭何)가 단장(壇場)을 마련하여 예를 갖추라고 권하였다. 『사기(史記)』 「회음후열전(淮陰侯列傳)」에 보인다. 전고 (16).

58) 운몽(雲夢)의~굴복하였고: 한(漢) 6년에 어떤 사람이 한신이 모반한다고 밀고하자, 한고조(高祖) 유방이 진평(陳平)의 계책을 사용하여 천자가 운몽(雲夢)으로 순수한다고 하면서 진(陳)으로 제후들을 모이게 한 뒤에 한신을 사로잡았다. 『사기(史記)』 「회음후열전(淮陰侯列傳)」에 보인다. 전고 (16).

은 있으나 심히 명예는 없도다. 연함호두(燕頷虎頭)에 만리후(萬里侯)로 봉해진 이[60]와 관옥(冠玉) 같은 얼굴에 육출기계(六出奇計)의 재주를 지닌 이[61]는 건목(乾木)의 앞에서는 왕성하였으나 색태(塞兌)의 뒤에서는 쇠퇴하였지[62]. 가부(賈傅)는 1년 만에 초천(超遷)하였고[63] 동생(董生)은 3년 동안 학문에 몰두하였지만[64] 상소(章疏)일 뿐이요 죽백(竹帛)일 뿐이었다네[65]. 양한(兩漢)[66]의 인재가 이보다 성하였고[67] 삼국시대(三

---

59) 아녀자의~맡겼으니: 한신이 모반을 꾀할 때 여후(呂后)의 계략에 넘어가 죽임을 당하였다. 『사기(史記)』「회음후열전(淮陰侯列傳)」에 보인다. 전고 (16).

60) 연함호두에~이[燕頷萬里之侯]: 제비 같은 턱에 범 같은 머리로, 먼 나라에서 제후가 될 상을 뜻한다. 후한(後漢)의 반초(班超)가 어려서부터 이역에 출정하여 공을 세우려고 했다. 관상가가 반초를 보고 '연함호경(燕頷虎頸)'으로 만리후(萬里侯)에 봉해질 상이라고 했는데, 훗날 서역의 정벌의 공으로 정원후(征遠侯)에 봉해졌다. 『후한서(後漢書)』「반초전(班超傳)」에 보인다. 전고 (17).

61) 관옥(冠玉)~이: '관옥'은 관의 앞을 꾸미는 옥인데, 진평(陳平)이 관옥처럼 아름다웠기에 이르는 말이다. '육출기계'는 진평이 유방(劉邦)을 도와 여섯 번 기묘한 계책을 낸 일을 말하는데, 황금(黃金)을 내어 초(楚)나라에 반간(反間)을 행한 것, 나쁜 음식을 초나라 사신에게 낸 것, 밤에 여자 2천 명을 내보내어 형양(滎陽)의 포위를 푼 것, 유방의 발을 밟아 노함을 드러내지 말게 하고 한신(韓信)을 제왕(齊王)에 봉하게 한 것, 거짓으로 운몽(雲夢)에 노닐게 하여 한신을 사로잡은 것, 연지(閼氏)에게 뇌물을 주어 백등산(白登山)의 포위를 풀게 한 것이다. 『사기(史記)』「진승상세가(陳丞相世家)」에 보인다. 전고 (18).

62) 건목(乾木)의~쇠퇴하였지[旺相於乾木之前 而休囚於塞兌之後]: 계절에 따라 목(木)·화(火)·토(土)·금(金)·수(水) 오행(五行)이 왕성하고 쇠퇴하는 것을 왕(旺)·상(相)·휴(休)·수(囚)·사(死)로 설명한다. 경북대본 「동선기」에서 '건목'을 '동방(東方)'으로 '색태(塞兌)'를 '서방(西方)'으로 주석하였다.

63) 가부(賈傅)는~초천(超遷)하였고: 전한(前漢)의 가의(賈誼)는 문제(文帝)의 총애를 받아 약관의 나이로 최연소 박사가 되었고, 1년 만에 태중대부(太中大夫)로 초천(超遷)하였다. 가의는 당시 고관들의 시기를 받아 장사왕(長沙王)의 태부(太傅)로 좌천되었는데, 이 때문에 '가부' 혹은 '가태부(賈太傅)'라고 한다. 『사기(史記)』「굴원가생열전(屈原賈生列傳)」에 보인다. 전고 (19).

64) 동생(董生)은~몰두하였지만: 전한(前漢)의 동중서(董仲舒)가 공부를 좋아하여 3년 동안 집안의 뜰을 쳐다보지 않았다. 『한서(漢書)』「동중서전(董仲舒傳)」에 보인다. 전고 (20).

65) 장소(章疏)일~뿐이었다네: '장소'는 신하가 임금에게 올리는 글이고, '죽백(竹帛)'은 사서(史書)이다. 가의는 문제에게 누차 상소하였고, 동중서는 『춘추번로(春秋繁露)』 등을 지었다. 전고 (19)·(20).

66) 양한(兩漢): 전한(前漢)과 후한(後漢).

67) 이보다 성하였고[於斯爲盛]: 『논어(論語)』「태백(泰伯)」에서 "공자가 말했다. '인재 얻기가 어렵다고 하니 그러하지 않은가? 당우의 즈음만이 이보다 성하였으나 부인이 있었기에 아홉 사람일 뿐이다.'[孔子曰: 才難, 不其然乎? 唐、虞之際, 於斯爲盛, 有婦人焉, 九人而已.]"라고 하였는데, '이[斯]'는 공자 당대인 '주(周)나라'이다. 따라서 본문의 '이'는 곧 서문적의 당대인 '송(宋)나라'를 뜻한다.

國時代)의 호걸들이 이에 비해[68] 수가 많았는데, 지모와 기예는 사람들이 미치기 어려웠지만 공로와 덕망은 백성들이 일컫지 못했지. 간혹 벽곡(辟穀)을 하고서 멀리 떠난 자, 적송자(赤松子)를 따라 유유자적(悠悠自適)하기도 했고[69], 저황(儲皇)을 돕고서 하직하여 돌아간 자, 「자지가(紫芝歌)」를 부르며 속세를 영영 떠나기도 했으니[70], 비록 용철(庸鐵)[71]하다 이를 만하나 이 또한 부질없었다오. 당(唐)나라의 방현령(房玄齡)·두여회(杜如晦)·요숭(姚崇)·송경(宋璟)[72]과 송(宋)나라의 조보(趙普)·위인포(魏仁浦)·한기(韓琦)·부필(富弼)[73]이 세상에 명성을 떨친 것이 매우 많지만[74] 끝내는 똑같이 부서짐으로 돌아가고 말았으니, 또한 편작(扁鵲)[75]이 스스로 병이 들었다는 것이로구나. 오늘 숯동이 앞에서 말할 수 있는 바가 아니다. 아! 세상에 만년천자(萬年天子)는 없고 관직에 오일경

68) 이에 비해: 지금 송나라에 비해.

69) 벽곡(辟穀)을~했고: '벽곡'은 곡식을 먹지 않고 솔잎·대추·밤 등만 날로 조금씩 먹는 것이다. '적송자'는 고대의 신선으로 『열선전(列仙傳)』에 보인다. 장량(張良)이 공을 이룬 후에 인간 세상을 버리고 적송자를 따라 노닐고 싶다고 말하며 벽곡을 하였다. 『사기(史記)』「유후세가(留侯世家)」에 보인다. 전고 (21).

70) 저황(儲皇)을~했으니: 상산사호(商山四皓)인 동원공(東園公)·하황공(夏黃公)·녹리선생(甪里先生)·기리계(綺里季)가 진말(秦末)의 난을 피해 남전산(藍田山)에 은거하면서 「자지가」를 불렀다. '저황'은 태자(太子)이다. 한(漢) 고조(高祖) 유방(劉邦)이 말년에 맏아들 유영(劉盈)을 폐하고 척부인(戚夫人) 소생인 조왕(趙王) 유여의(劉如意)를 태자로 삼으려고 하였다. 이에 여후(呂后)가 장량(張良)에게 부탁하였고, 장량은 평소 유방이 존경하였던 상산사호를 초빙하여 태자를 보필하게 하였다. 상산사호가 태자를 보필하는 모습을 본 고조는 태자를 바꾸려는 계획을 그만두었다. 『사기(史記)』「유후세가(留侯世家)」에 보인다. 전고 (21).

71) 용철(庸鐵): 미상. 이본에는 '용철(庸鉄)'·'교쟁(佼錚)' 등으로 되어 있기도 하다.

72) 방현령(房玄齡)·두여회(杜如晦)·요숭(姚崇)·송경(宋璟): 모두 당(唐)나라의 재상이다.

73) 조보(趙普)·위인포(魏仁浦)·한기(韓琦)·부필(富弼): 모두 송(宋)나라의 재상이다.

74) 매우 많지만[不一而足]: 『춘추(春秋)』「문공(文公)」 9년 조에서 "겨울에 초자가 초를 보내어 내빙하였다.[冬, 楚子使椒來聘.]"라고 하였는데, 『춘추공양전(春秋公羊傳)』에서 "초란 누구인가? 초나라 대부이다. 초나라에는 대부가 없는데, 여기에 어찌하여 썼는가? 처음 대부를 둔 것이다. 처음 대부를 두었다면 어찌하여 씨를 쓰지 않았는가? 이적에게 허여한 것은 단번에 만족하게 들어주지 않는 것이다.[椒者何? 楚大夫也. 楚無大夫, 此何以書? 始有大夫也. 始有大夫, 則何以不氏? 許夷狄者, 不一而足也.]"라고 하였다. 후세에는 '불일이족(不一而足)'을 매우 많다는 뜻으로 사용하였다.

75) 편작(扁鵲): 전국시대(戰國時代)의 명의(名醫). 발해군(渤海郡) 막(鄚) 사람으로 성은 진(秦)이고 이름은 월인(越人)이다.

조(五日京兆)[76]는 있지. 눈앞의 즐거움만을 취하여 그 고유(固有)한 것[77]을 보존한다는 것은 거의 듣지 못했으니 고인(古人)을 위해 애석해 한다네. 더구나 지금 철기(鐵騎)는 가을에 울고 조두(刁斗)[78]는 밤에 경계하는바, 땅에 떨어진[79] 인생이 장차 벌레와 학[80]이 될 터이니, 마음에 맞는 대로 노닐면서 자연(自然)에 스스로 내맡거[81] 하고 싶은 것을 따르면서 마음을 넓힘만 못하지. 말이 이에 미치니 마음이 후련해지네. 우주 안에 몸을 붙이고서도[82] 천지(天地)의 거대함을 깨닫지 못하고, 물외(物外)에 정신이 노닐면서도 산천(山川)의 넓음을 보지 못하는구나. 방촌(方寸)[83] 사이에 있는 광대한 뜻을 말에 멍에 메우고 노닐면서 쏟아내는 게[84] 좋으리라! 듣자 하니 성(城) 머리의 극포(極浦)[85]에서 서쪽으로 양

---

76) 오일경조(五日京兆): 닷새 동안 경조윤(京兆尹)을 한다는 뜻으로, 관직에서 오래 있지 못함을 말한다. 『한서(漢書)』「장창전(張敞傳)」에 보인다. 전고 (22).

77) 고유(固有)한 것: 사람이 본래부터 가지고 있는 것을 말한다. 『맹자(孟子)』「고자(告子)」 상(上)에서 "인·의·예·지는 밖에서 나에게 녹아드는 게 아니라 내가 본디 가지고 있는 것이지만 생각하지 못할 따름이다.[仁、義、禮、智, 非由外鑠我也, 我固有之也, 弗思耳矣.]"라고 하였다.

78) 조두(刁斗): 군에서 냄비와 징의 겸용으로 쓰던 기구. 낮에는 이것으로 취사를 하고 밤에는 경계를 위하여 두드렸다.

79) 땅에 떨어진[落地]: 사람이 세상에 태어남을 뜻한다.

80) 벌레와 학[蟲鶴]: '충학(蟲鶴)'은 '충사원학(蟲沙猿鶴)'이라고도 하며 '전사한 장졸'을 뜻한다. 『예문유취(藝文類聚)』 조부(鳥部) 상(上) 「학(鶴)」에서 "『포박자(抱朴子)』에서 '주 목왕이 남정할 적에 일군이 다 화하여 군자는 원숭이가 되고 학이 되었으며 소인은 벌레가 되고 모래가 되었다.'라고 하였다.[『抱朴子』曰: '周穆王南征, 一軍盡化, 君子爲猿爲鶴, 小人爲蟲爲沙.']"라고 하였는데, 『포박자』 내편(內篇) 「석체(釋滯)」에는 "삼군의 무리들이 하루아침에 다 화하여 군자는 학이 되고 소인은 모래가 되었다.[三軍之衆, 一朝盡化, 君子爲鶴, 小人成沙.]"라고 되어 있다.

81) 자연에~내맡겨[自任天放]: '천방(天方)'은 '자연(自然) 그대로의 것'을 뜻한다. 『장자(莊子)』 외편(外篇) 「마제(馬蹄)」에서 "저 백성들에게는 상성이 있는데, 길쌈하여 옷을 입고 밭 갈아 먹으니 이를 '동덕'이라 하고 한결같아 편당하지 않으니 이름하여 '천방'이라 한다.[彼民有常性, 織而衣, 耕而食, 是謂同德. 一而不黨, 命曰天放.]"라고 하였다.

82) 우주~붙이고서도[寓形宇內]: 동진(東晉) 도잠(陶潛)의 「귀거래사(歸去來辭)」에서 "그만두자! 우주 안에 몸을 붙이는 것이 다시 얼마나 되겠는가?[已矣乎! 寓形宇內復幾時?]"라고 하였다.

83) 방촌(方寸): 사방 한 치. 사람의 마음은 가슴 속 한 치 넓이에 있다고 한다.

84) 말에~게[駕言而寫之]: 『시경(詩經)』 패풍(邶風) 「천수(泉水)」와 위풍(衛風) 「죽간(竹竿)」에서 "말에 멍에 메우고 나가 노닐면서, 이내 근심 쏟아볼까?[駕言出遊, 以寫我憂?]"라고 하였다.

85) 극포(極浦): 멀리 있는 포구. 굴원(屈原)의 구가(九歌) 「상군(湘君)」에서 "극포에서 잠양

자강(楊子江)[86]에 닿아 3백여 리를 이동해 가서 양주(楊州)에서 서주(徐州)에 이르면 한 조류(潮流)가 선회한다네[87]. 이에 서주·항주(杭州) 등에 도착하면 귀로는 여태껏 듣지 못했던 소리를 실컷 들을 수 있고 눈으로는 여태껏 보지 못했던 광경을 즐길 수 있을 것이네. 그대들은 따르겠는가, 말겠는가?"

장만부와 최심은 이 말을 듣고는 마음이 이미 움직인 터라 마침내 그렇게 하겠다고 약속을 하였다. 서문생은 부인께 연유를 말씀드리고 몇 달의 말미를 청하였다. 세 사람이 저마다 가벼운 보배를 차고서 주악(酒樂)을 갖추고는 좋은 날을 기다려 닻줄을 풀고 떠났는데, 변경에서 양주에 이르기까지 배 위의 관현악(管絃樂)이 천기(天機)를 온통 진동하니, 이야기하는 자들이 그들을 가리켜 '수중선(水中仙)'이라 하였다. 서문생이 양자강 어귀로 나아가 버드나무 뿌리에 닻줄을 고정시키고는 장만부와 최심을 돌아보며 말했다.

"여기에 응당 양자서당(楊子書堂)[88]이 있을 텐데, 정확히 어디에 있는지는 모르겠네."

이에 토착민(土着民)들에게 물어보았으나, 모두 알지 못하였다. 그런데 바라보니, 흰 깃발과 푸른 주기(酒旗)[89]가 강가와 수풀의 누대(樓臺) 속에 보일 듯 말 듯 한데 수십 명의 여자들이 기약도 없이 찾아오니 오(吳)의 비단옷과 촉(蜀)의 패물(貝物)이 서로 어울려 빛이 났다. 이에 이들을 이끌어 잔치를 열고서 밤새도록 즐겼다. 이튿날 아침에 한 미인이 와서 물었다.

을 보니, 대강을 가로질러 광령(光靈)을 드날리네.[望涔陽兮極浦, 橫大江兮揚靈.]"라고 하였다.

86) 양자강(楊子江): 중국 대륙 중앙부를 횡단하는 강으로, 장강(長江)이라고도 한다.

87) 듣자~선회한다네: 이 부분은 경북대본 「동선기」의 현토(懸吐)를 참조하여 번역하였다. 경북대본 「동선기」에는 "窃聞城頭極浦ㅣ 西達于楊子江하야 轉出三百餘里하야 自楊至徐에 一潮交滙라"라고 되어 있다.

88) 양자서당(楊子書堂): 양자(楊子)는 한(漢)나라의 양웅(楊雄)이며, 양자서당은 양웅이 책을 읽은 곳이다.

89) 주기(酒旗): 술집임을 표시하기 위해 내거는 깃발.

"군자들께서는 변경 분들이시라는데 이곳과 매우 멀리 떨어졌음에도 불구하고 양자서당을 제일의 화제(話題)로 삼으셨으니, 서당이 있는 줄을 어떻게 아셨습니까?"

서문생이 말했다.

"시에서 '양자가 경(經)을 담론한 곳에, 회왕이 술을 가지고 들렀네[90].'라고 하지 않았던가? 이곳이 양자강이니, 그렇다면 응당 이 서당이 있겠지."

미인이 말했다.

"과연 있으니, 여기서 물길로 1리쯤 떨어진 석벽(石壁)입니다. 지금 양자의 시대와의 거리가 수천여 년인데 서당만 우뚝 서 있어 단지 수객(水客)[91]들만 가는 곳이 되었을 뿐, 사람들은 그곳이 양자서당인 줄을 모른답니다. 군자께서는 이미 시사(時事)를 목격하신 데다 또 고적(古蹟)까지 탐방하시니, 본디 널리 통달한 분이 아니라면 도달하기가 쉽지 않았을 겁니다."

서문생은 그녀가 사리를 잘 아는 것에 탄복하고 또 그 미색이 마음에 들어 작은 술자리를 마련해 머무르게 하며 말했다.

"태어난 것은 어느 해이며, 명자(名字)는 무어라 하는가?"

미인이 대답했다.

"나이는 이제 열여섯이고 이름은 설영(雪英)입니다. 비록 지식은 없지만 악부(樂府)[92]의 옛 가사를 통해 전사(前事)를 대략 알 뿐입니다."

---

90) 양자가~들렀네[楊子談經處 淮王載酒過]: 당(唐) 왕유(王維)의 「종기왕과양씨별업응교(從岐王過楊氏別業應敎)」에 나오는 시구(詩句)이다. '양자(楊子)'는 양웅(楊雄)으로 양씨(楊氏)를 비유한 것이고, '회왕(淮王)'은 회남왕(淮南王) 유안(劉安)으로 기왕(岐王)을 비유한 것이다. 시에서 "양자가 경을 담론한 곳에, 회왕이 술을 가지고 들렀네. 흥이 다하자 지저귀는 새도 바뀌고, 자리가 오래되자 떨어진 꽃도 많다. 길은 구불구불한데 은촉이 휘돌고, 수풀은 트였는데 옥가가 흩어지네. 삼엄한 성에는 아직 문 열리지 않았는데, 앞길에는 피리와 노래 울리도다.[楊子談經所, 淮王載酒過. 興闌啼鳥換, 坐久落花多. 逕轉迴銀燭, 林開散玉珂. 嚴城時未啓, 前路擁笙歌.]"라고 하였다.

91) 수객(水客): 뱃사공 혹은 뱃놀이를 하는 사람.

92) 악부(樂府): 악부시(樂府詩). 민간의 풍속 등을 읊은 한시.

저녁이 되자 서문생은 그녀의 마음이 어디에 있는지를 알고 물러가지 못하게 하였다. 봄꿈에 취하고 나자 새벽 꾀꼬리가 재촉하며 지저귀었는데, 더욱 정을 나누는 사이에 해가 이미 높이 떴다. 이에 설영 및 장만부와 최심을 이끌고 곧장 양자서당으로 가서 따로 잔치를 벌였다. 서당은 백 길이나 되는 낭떠러지 위에 있었는데, 몸을 구부려 소리를 들어보면 감도는 파도가 부딪치고 꺾여 늘 옥이 부서지는 듯한 소리가 났고, 고개를 들어 바라보면 키 큰 소나무와 늙은 잣나무가 서로 어우러져 용이 서린 듯한 모습을 드러내니, 참으로 광경(光景)을 연마(鍊磨)한 곳이었다. 설영이 거문고를 안고 난간에 기대니, 그림자는 수면에 있고 음향은 구름 낀 하늘까지 닿았다. 서문생이 휘파람을 길게 불고 피리를 불면서 밤으로 낮을 이으니[93] 이미 십여 일이 지나갔다. 어느 날 서문생이 장만부와 최심에게 말했다.

"접때 이 일을 벌인 것은 본디 명승지를 두루 유람하려는 것이었으니, 여기서부터 다시 시작하여 숙원(夙願)을 풀어보세."

이에 설영에게 말했다.

"낭자는 잘 계시게. 이제 서주와 항주로 가서 두루 구경하고 돌아와 응당 그대와 해로(偕老)하겠네."

설영이 눈물을 머금고 사례하면서 말했다.

"한 번 돌아보고서 곧 버리시더라도 감히 원망하지 않을 텐데, 다시 찾아주시겠다는 뜻을 베풀어 주시고 해로하자는 말씀까지 해 주시니, 너무나 감격스러워 견디지 못하겠습니다. 응당 외로운 등불을 지키고 있겠습니다."

마침내 강으로 내려가 노를 저어 떠나는데, 전송하러 나온 기녀들이 물가를 가득 메우고서 모두들 이렇게 말했다.

---

93) 밤으로~이으니[夜以繼日]: 『맹자(孟子)』「이루(離婁)」하(下)에서 "주공은 삼왕을 겸할 것을 생각하여 네 가지 일을 시행하되 부합하지 않는 것이 있거든 우러러 생각하여 밤으로 낮을 이어 다행히 터득하거든 앉아서 날 새기를 기다렸다.[周公, 思兼三王, 以施四事, 其有不合者, 仰而思之, 夜以繼日, 幸而得之, 坐以待旦.]"라고 하였다.

"오래 머무르지 마시고 어서 돌아오세요!"

배가 해대(海岱)를 지나 회수(淮水) 가운데로 들어가니 바로 서주 지경이었다[94]. 곧장 성시(城市)로 가니, 지대(池臺)[95]와 누각(樓閣)이 몹시도 화려하고 통창(通敞)하며 푸른 옷깃과 붉은 치마가 서로 은은히 비쳐 관현악(管絃樂)과 가무(歌舞)가 가는 곳마다 볼 만하였다. 시문생은 두 사람과 함께 당도하자마자 이렇게 선언했다.

"변성(汴城)의 호사(豪士)가 유람하다 이곳에 이르렀으니, 혹 초연(初筵)[96]의 말석(末席)을 허락해 주신다면 마땅히 잔을 올리는 예를 집행하겠습니다."

사람들이 다 기뻐하며 맞아들여 좌우에 머무르도록 하니, 얼굴에 화장을 한 세 줄의 기녀들이 일시에 돌아보았다. 술잔이 돌고 풍악이 울리자 취흥(醉興)이 이미 무르익었다. 서문생이 기녀들의 반열(班列)로 눈길을 돌려 마음에 드는 여인을 두루 찾으니 그 가운데 경경(瓊瓊)이라는 이가 요염함이 무리 중에서 뛰어났고 음률이 기녀들 중에 빼어났으며 행동거지와 모습이 사랑스럽지 않은 게 없었다. 이에 그 여인에게 생각이 빠지고 주의가 기울어 끝내 놓아버릴 수 없었다. 이윽고 영수(領首)[97]가 자리를 뜨며 말했다.

"이곳에는 예로부터 내려오는 풍습이 있는데 말하기가 온당하지 않으니 어찌할꼬?"

서문생이 말했다.

"손님과 주인이 한 자리에서 술을 마시며 함께 즐거워하는데 무슨 온당

---

94) 배가~지경이었다[舟過海岱 轉入淮中 乃徐境也]: '해(海)'는 바다, 곧 발해(渤海)이다. '대(岱)'는 태산(泰山)으로, 지금의 산동성(山東省) 지역이다. 여기서는 구주(九州)의 하나인 서주(徐州)를 염두에 두고 한 말이다. 『서경(書經)』 하서(夏書) 「우공(禹公)」에서 "바다와 대산 및 회수에 서주가 있다.[海、岱及淮, 惟徐州.]"라고 하였다.

95) 지대(池臺): 못과 대.

96) 초연(初筵): 처음 잔치하는 자리. 『시경(詩經)』 소아(小雅) 「빈지초연(賓之初筵)」에서 "빈객이 처음 잔치하는 자리에 나갈 때에는, 좌우가 질서정연하다.[賓之初筵, 左右秩秩.]"라고 하였다.

97) 영수(領首): 기녀들의 우두머리.

하지 못할 게 있는가? 그저 말이나 해보게."

영수가 말했다.

"손님께서는 초연(初筵)에 마땅히 스스로 별도의 자리를 마련하셔야 하니, 그렇게 하신다면 눈길을 주시는 데에 따라 곧 잠자리를 모시게 합니다."

서문생이 말했다.

"알았네."

이에 세 사람이 각각 갖추어 영수의 집으로 옮겨가 잔치를 벌여 밤새도록 실컷 즐겼다. 서문생이 말했다.

"밤은 깊어 가고 졸음은 몰려오는데, 이른바 '예로부터 내려오는 풍습'이란 게 그 뜻이 어디 있는가?"

영수가 황송해하며 말했다.

"술에 취해 일의 근본을 살피지 못했으니 첩의 실수입니다. 군자들께서는 이들 가운데에서 보고 취하시기만 하면 됩니다."

서문생이 서둘러 경경을 가리키며 말했다.

"경랑(瓊娘)이 아니라면 이 좋은 밤을 보낼 수가 없소."

경경이 일어나 사례하며 말했다.

"보잘것없는 첩이 외람되이 지극한 말씀을 들었으니 참으로 감당하지 못하겠습니다. 사양하겠습니다."

마침내 몸을 이끌어 나가려고 하자, 영수가 말했다.

"온 서주의 풍습이 너로 인해 흥하기도 하고 쇠하기도 하는데, 너는 어찌 이리 경솔하게 굴어 끝내 그 짧은 시간에 인색하단 말이냐?"

좌우에서 번갈아 말을 하며 강권(强勸)하니, 경경이 떠날 수가 없었다. 잠시 후 장만부와 최심이 각각 제 짝을 데리고 침소로 가니, 영수가 이어서 나갔다. 서문생이 경경에게 조용히 말했다.

"빼어남과 호걸스러움은 내가 그 말단을 얻었고 아름다움과 고움은 경랑이 그 온전함을 얻었소. 지금 만남을 갖게 된 것은 하늘이 그 기회를 주신 것이니, 어찌 그리 고수(固守)하여 좋은 밤을 헛되이 보내야겠소?"

경경이 말했다.

"호걸스러운 선비와 아름다운 손님 중에 낭군만한 이가 드무니, 천첩의 입장에서 어찌 낭군을 향한 마음이 없겠습니까? 삼가 생각해보니 당신께서는 뜻이 활달하고 마음이 여유로운 데다 아름다운 풍모(風貌)와 보기 드문 멋까지 겸하셨으니, 지나는 곳마다 깁 휘장과 비단 자리였을 것이요 보는 것마다 화장한 여인과 홍안(紅顔)[98]의 미인이었을 겁니다. 어제의 즐거움도 오히려 오늘밤에 보장하지 못하는데, 오늘밤의 즐거움을 또 어찌 내일 보장하겠습니까? 이번 여행길에 응당 양주를 지나셨을 텐데 양주의 설영은 한 시대의 독보적인 존재이니, 비록 사사로운 일이 없고자 한들 될 일이었겠습니까? 첩은 비록 낭군을 얻지 못하는 한이 있더라도 맹세코 설영이 되지는 않겠습니다. 듣자 하니 군자들께서는 장차 항주로 가신다더군요. 항주의 물색(物色)은 비록 절세의 미인은 없으나, 가는 곳에 따라 마음이 바뀌는 것은 본디 으레 있는 일이지요. 기필코 항주에 가실 생각이시라면, 감히 명을 따르지 못하겠습니다."

서문생이 말했다.

"항주를 가리켜 말했던 것은 그저 두루 다니면서 구경이나 하려고 한 것이었지 다른 생각이 있었던 게 아니오. 저 항주에 오래 머무르고 싶지는 않소."

경경이 말했다.

"오래 머무르든 오래 머무르지 않든 간에 기필코 항주에 가실 생각이라면 그 의도를 알 만합니다. 양주에 도착하셨던 날, 서주에 오게 하지 않았다면 설영이 곧 지금의 저였을 것이고, 지금 서주에서 또 항주로 가신다면 이는 제가 설영이 되는 것입니다. 비록 외람되이 제게 말씀해 주시더라도 결단코 듣지 않겠습니다."

---

98) 홍안(紅顔): 붉은 얼굴. 젊어서 혈색이 좋은 얼굴을 가진 미인.

그러자 서문생은, 항주가 서주보다 반드시 낫다는 보장이 없다면 여기를 버리고 저기로 갔다가 제초(齊楚)의 득실(得失)[99]을 보게 될까 걱정이라는 생각이 들었다. 그래서 굳은 맹세의 말을 하면서 저쪽에 뜻이 없음을 보여주었다. 그러자 경경은 사례하고 그제야 운우(雲雨)[100]의 약속을 지켰다. 그렇게 하루 또 하루가 지나가니 이미 돌아갈 생각을 잊어버렸다. 어느 날 저녁, 장만부와 최심이 모여서 술을 마시다가 이런 말을 했다.

"즐거운 마음과 좋은 일이 어디서 끝날지 모르겠지만, 부모님을 생각하고 고향을 그리워하는 마음을 어떻게 해야 한단 말인가? 손가락을 꼽아 헤아려 보니 달은 세 번이나 둥글어졌고 주머니는 텅 비었는지라 이제 배를 돌릴 만하니, 만약 못다 한 뜻이 있거든 훗날 다시 찾아오는 게 어떠한가?"

서문생이 처연(悽然)히 느끼고 깨달아 마침내 돌아갈 생각을 정하니, 경경이 크게 전별(餞別)의 자리를 마련해 눈물을 흘리며 전송하였다.

"다시 왕림(枉臨)하실 때가 응당 언제일지? 부디 몸 조심히 가셨다가 좋이 어서 돌아오시어 단선(團扇)으로 하여금 끝내 가을바람의 원망을 끼치도록 하지 마세요[101]."

---

99) 제초(齊楚)의 득실(得失): 양쪽 모두 잘못이 있다는 말인데, 여기서는 서주도 잃고 항주도 잃는다는 뜻으로 쓰였다. 『사기(史記)』「사마상여열전(司馬相如列傳)」에 실려 있는 사마상여(司馬相如)의 「자허부(子虛賦)」에 다음과 같은 이야기가 있다. 초나라에서 자허(子虛)를 제나라에 사신으로 보냈는데, 제나라 왕이 자허와 함께 사냥을 하였다. 오유선생(烏有先生)이 자허에게 오늘 사냥이 왜 즐거웠느냐고 묻자, 자허가 제나라 왕이 거기(車騎)의 많음을 자랑할 때 자신은 운몽(雲夢)의 일을 가지고 대답한 게 즐거웠다면서 제나라 왕에게 초나라의 운몽에 대해 자랑한 이야기를 했다. 그러자 오유선생이 자허가 한 행동은 초나라 왕의 악을 드러내고 그 자신의 신의를 해치는 일이라고 꾸짖었다. 이에 무시공(無是公)이 웃으면서 "초나라는 잘못했거니와 제나라 또한 옳다고 할 수는 없다.[楚則失矣, 齊亦未爲得也.]"라고 하였다.

100) 운우(雲雨): 남녀의 정교(情交). 『문선(文選)』에 실린 송옥(宋玉)의 「고당부(高唐賦)」에 보인다. 전고 (23).

101) 단선(團扇)으로~마세요: '단선'은 둥글부채. 반첩여(班婕妤)는 전한(前漢) 성제(成帝)의 총애를 받았는데 조비연(趙飛燕)이 들어오자 총애를 잃었고, 이후 장신궁(長信宮)으로 물러나 태후(太后)를 모셨다. 반첩여는 「원가행(怨歌行)」을 지어, 자신의 처지를 가을에 버려지는 둥근 합환선(合歡扇)에 비유하였다. 「원가행」에서 "새로 제나라 깁 끊어 내니, 곱고 조촐함 서리와 눈 같네. 마름질하여 합환선을 만드니, 둥글기가 밝은 달 같네. 임의 품과 소매에 드나들어, 부치자 가는 바람 일어나네. 언제나 두려운 것은 가을철이 이르러, 서늘한 바람이 불꽃 더위를 빼앗는 것이라네. 상자 가운데 버려 두고, 은정이 중도에 끊어

서문생이 소매를 흔들어 작별하고서 회사(淮泗)[102]로 나오니 물길에 세 갈래로 나뉜 곳이 있었다. 어부에게 물어보니 어부가 이렇게 대답하였다.

"발원(發源)한 곳은 양주 쪽인데, 동쪽은 형주(荊州)이고 남쪽은 항주(杭州)입니다."

서문생은 문득 경경의 말이 떠오르면서 '굳이 항주에 가기를 바라지 않았던 게 아무 의도가 없었던 것일 수 있겠는가? 어쩌면 자기보다 나은 이가 있어서가 아닐까?'라는 생각이 들어, 마침내 장만부와 최심에게 이렇게 말했다.

"이번 여행은 사방 경계를 모두 구경하려는 것이었으니, 여기에서 돌아간다면 예전에 세운 계책을 몹시 그르치는 것이네. 장부의 일은 중도에 그만둘 수 없는 법이니, 지금 남쪽 길을 잡아 열흘 정도 다녀오는 게 어떠한가?"

두 사람이 안 된다고 했으나, 서문생이 그들을 억지로 이끌어 마침내 함께 항주에 들어가니, 성곽이 두루 펼쳐지고 강호(江湖)가 띠처럼 둘렀으며 동우(棟宇)[103]가 연결되고 여염집들이 빗살처럼 늘어섰는데, 호화롭게 장식한 배[104]는 물가에서 흔들거렸고 화려하게 꾸민 거마(車馬)[105]는 다리 위에 이어졌다. 연꽃은 십 리에 피었는데 「채련곡(採蓮曲)」[106]은 끊어졌다 이어졌다 하고, 방초(芳草)는 사면을 둘렀는데 한바탕 술자리를 벌여 놓았으며, 연지와 분을 바른 여인들이 행렬을 이루니 길거리의 꽃떨기는 난만(爛漫)[107]하고, 현악기와 관악기가 모두 울리니 바위 사이의 시냇

지리라.[新裂齊紈素, 皎潔如霜雪. 裁爲合歡扇, 團團似明月. 出入君懷袖, 動搖微風發. 常恐秋節至, 涼風奪炎熱. 棄捐篋笥中, 恩情中道絶.]"라고 하였다.

102) 회사(淮泗): 회수(淮水)와 사수(泗水).

103) 동우(棟宇): 마룻대와 지붕.

104) 호화롭게~배[彩纜錦帆]: '채란금범(彩纜錦帆)'은 '채색한 닻줄'과 '비단으로 만든 돛'이다.

105) 화려하게~거마[玉蹄金軸]: '옥제금축(玉蹄金軸)'은 '옥으로 된 발굽'과 '금으로 된 굴대'이다.

106) 채련곡(採蓮曲): 연밥 따는 노래. 악부(樂府) 청상곡사(淸商曲辭) 중의 하나이다.

물은 졸졸 소리 내며 흘러갔다. 이때 잔 구름이 문득 일어나고 저녁 해가 넘어가려 하는지라, 이에 단교(斷橋) 옆에 있는 한 객점(客店)으로 들어가 장만부와 최심을 불러 이야기했다.

"지금의 물색(物色)은 우리가 거쳐 온 곳들과 비교해 보면 만 배나 차이가 나네. 다만 행장(行裝)에 남은 것이 거의 없으니, 이 아름다운 곳에서 무엇으로 즐길까?"

그리고 주인을 불러 전대를 기울여 털어 주며 말했다.

"우리들이 명승지를 찾으러 돌아다니다가 이에 이르렀는데, 시일이 흘러 돈이 이미 바닥났으니, 주인의 은혜를 입어 좀 돌아다녀 보았으면 합니다."

주인이 말했다.

"지금 여러분들을 보니 보통 손님들이 아닌데 어찌 재물이 없음을 걱정하십니까? 무릇 이곳의 땅에 가득 차 있는 집이 만여 호입니다. 저희 집에서 시작해서 날마다 갈마들어 몸을 부치면 반백 년을 보낼 수 있으니, 항주의 풍속이 이와 같습니다."

서문생이 이 말을 듣고는 다행으로 여겨 그 말대로 갈마들어 몸을 부쳤는데, 일주(一周)하는 데 마음이 급하여 늘 몇 집을 겸하여 들르니, 열흘 남짓에 수천 호가 되었다. 아리따운 자태는 머무를수록 더욱 고왔으니 전날 보던 바에 비할 게 아니었다. 마음이 녹고 생각이 미혹되어 어디로 가야 할지 알 수 없었으며, 아침엔 동쪽으로 저녁엔 서쪽으로 다녔으나 두루 보지 못하였으니, 그들은 마치 향기를 탐하는 벌과 나비, 둥지를 가리는 새들 같았다. 그러다 마침내 어떤 곳에 이르니, 우거진 대나무는 숲을 이루고 연꽃은 못에 가득했다. 연못 귀퉁이에는 푸른 발을 드리운 작은 누각 하나가 있었다. 발 안에서 악곡을 연주하는 소리가 낭랑하게 밖으로 들려왔는데, 그 소리는 맑았으며 그 가사는 아름다웠다. 이에 귀를 기울여 가

107) 난만(爛漫): 꽃이 활짝 핀 모양.

만히 들어보니 대숲 속에서 나오는 듯하거늘, 대숲으로 나아가 살펴보니 마치 연꽃 사이에 있는 듯하였으며, 또 이어서 다시 들으니 여운이 가냘프게 울리면서 온통 허공의 구름 속에 있었다. 서문생이 소매 속의 옥적(玉笛)을 꺼내어 화답하고는 주모(主母)에게 이렇게 청하였다.

"내 비록 바다를 구경함[108]은 없으나 좌정관천(坐井觀天)[109]은 아니라오. 지금 이 악곡을 들어보니 세상에 있는 악곡이 아닌 듯하오. 한번 낭자를 만나보고서 마음과 귀를 깨끗이 씻어보고 싶소."

주모가 말했다.

"제 딸은 손님 접대를 좋아하지 않으니, 번거로운 행동은 하지 마셨으면 합니다."

이에 작은 누각으로 가서 손님의 뜻을 전하며 타이르니, 여인이 이렇게 말했다.

"남녀 간에는 분별이 있으니, 평소에 교분이 있었던 사이가 아니라면 상대해서는 안 됩니다."

주모가 나와서 이 말을 전하자, 서문생이 곧장 발 바깥으로 와서 온화한 목소리로 말했다.

"사해(四海)가 형제가 되기도 하고[110] 한집안이 호(胡)·월(越)이 되기

---

108) 바다를 구경함[海觀]: 견문(見聞)이 넓음을 뜻한다. 『맹자(孟子)』「진심(盡心)」상(上)에서 "맹자가 말했다. '공자께서는 동산에 올라가 노나라를 작게 여기셨고 태산에 올라 천하를 작게 여기셨다. 그러므로 바다를 구경한 자에게는 물이 되기 어렵고 성인의 문하에서 종유한 자에게는 말이 되기 어려운 것이다.'[孟子曰: '孔子, 登東山而小魯, 登太山而小天下. 故觀於海者, 難爲水, 遊於聖人之門者, 難爲言.']"라고 하였다.

109) 좌정관천(坐井觀天): 견문이 좁음을 뜻한다. 『장자(莊子)』외편(外篇)「추수(秋水)」에서 "북해약이 말했다. '우물 속 개구리에게 바다에 대해 이야기해 줄 수 없는 것은 자기의 거처에 국한되어 있기 때문이다.[北海若曰: '井鼃, 不可以語於海者, 拘於虛也.']"라고 하였고, 한유(韓愈)의 「원도(原道)」에서 "노자가 인의를 하찮게 여긴 것은 인의를 헐뜯은 게 아니라 그 본 것이 작았기 때문이다. 우물 속에 앉아 하늘을 보면서 하늘이 작다고 말하는 경우는 하늘이 작은 게 아니다. 저이는 작은 은혜를 인이라 여겼고 자잘한 행동을 의라 여겼으니, 그 하찮게 여김은 당연한 일이다.[老子之小仁義, 非毁之也, 其見者小也. 坐井而觀天曰天小者, 非天小也. 彼以煦煦爲仁, 孑孑爲義, 其小之也則宜.]"라고 하였다.

110) 사해가~하고[四海兄弟]: 온 세상 사람들이 형체처럼 친하다는 뜻이다. 『논어(論語)』「안연(顔淵)」에서 "사마우가 걱정하면서 말했다. '사람들은 모두 형제가 있거늘 나만 홀로 없구나.' 자하가 말했다. '나 상(商)은 사생(死生)은 명(命)에 달려 있고 부귀는 하늘에

도 하니[111], 어찌 다 평소의 교분이라는 예의가 필요하겠소? 다만 음률이 뛰어나므로 흠복(欽服)하는 마음을 가누지 못하여 그 모습을 보고자 하는 것이니, 이미 병풍 뒤에서 노래를 불렀다면[112] 어찌 거울 속의 모습을 아끼시오?"

여인이 방 안에서 응답했다.

"첩은 창기(娼妓)이고 당신은 귀족이시니 존비(尊卑)는 자리가 정해져 있고 내외(內外)에는 분별이 있습니다. 감히 뵙지 못할 뿐만이 아니라 청해서도 안 되는 것이니, 다시는 왕림(枉臨)하지 마십시오."

서문생이 청화(淸和)하고 아름다운 그녀의 목소리를 들으니, 해당화(海棠花) 아래에서 꾀꼬리 소리를 듣는 듯하고 왕도(王導)·사안(謝安)의 당(堂) 앞에서 제비의 조잘거림을 듣는 듯하여[113] 마음이 치닫고 기운이 솟구쳐 막 달려 들어가고 싶었지만, 이내 미움을 살까 염려되어 이렇게 말했다.

달려 있다는 말을 들었다. 군자가 공경하여 잃음이 없으며 남을 대함에 공경하여 예가 있으면 사해 안이 다 형제이니, 군자가 어찌 형제가 없음을 걱정하겠는가?'[司馬牛憂曰: '人皆有兄弟, 我獨亡.' 子夏曰: '商聞之矣: 死生有命, 富貴在天. 君子敬而無失, 與人恭而有禮, 四海之內, 皆兄弟也. 君子何患乎無兄弟也?]"라고 하였다.

111) 한집안이~하니[一家胡越]: 한 가족처럼 친했던 사이가 소원해진다는 뜻이다. '호(胡)'는 북방에 있고 '월(越)'은 남방에 있으므로 멀리 떨어져 있는 사이를 비유한다. 반면에 '호월일가(胡越一家)'라고 하면, 서로 멀리 떨어져 있던 사람이 한 곳에 모임을 뜻한다. 『자치통감(資治通鑑)』「당기(唐紀)」 당태종(唐太宗) 정관(貞觀) 7년 조에서 "상황이 돌궐 힐리가한에게 일어서서 춤을 추라고 명하고 또 남만 추장 풍지대에게 시를 읊으라고 명하였다. 이윽고 웃으면서 말했다. '호와 월이 한집안이 된 것은 예로부터 있었던 적이 없다.'[上皇命突厥頡利可汗起舞, 又命南蠻酋長馮智戴詠詩, 旣而笑曰: '胡、越一家, 自古未有也.']"라고 하였다.

112) 이미~불렀다면[旣發障後之歌]: 영왕(寧王)에게 악기(樂妓) 총저(寵姐)가 있었는데, 영왕은 아무에게도 그녀의 모습을 보여주지 않았다. 어느 날 이백(李白)이 술에 취해 영왕에게 왜 보여주지 않느냐고 묻자, 영왕이 총저를 불러 칠보화장(七寶花障) 뒤에서 노래하게 했다. 『개원천보유사(開元天寶遺事)』 천보(天寶) 하(下) 「격장가(隔障歌)」에 보인다. 전고 (24).

113) 왕도(王導)·사안(謝安)의~듯하여: 동진(東晉) 때 왕도·사안 같은 명망 있는 집안의 사람들이 오의항(烏衣巷)에 살았다. 당(唐) 유우석(劉禹錫)의 「오의항」에서 "주작교 근처에는 들풀이 꽃피었고, 오의항 어귀에는 석양이 비꼈네. 옛날 왕도·사안의 당 앞 제비, 평범한 백성들 집으로 날아드네.[朱雀橋邊野草花, 烏衣巷口夕陽斜. 舊時王謝堂前燕, 飛入尋常百姓家.]"라고 하였다.

"소학사(蘇學士)와 왕진경(王晉卿)이 어찌 사람을 접할 때 공손히 하는 예(禮)를 배우지 않았겠으며, 금조(琴操)와 춘앵(春鶯)이 어찌 차분하고 조용한 태도를 몰랐겠소[114]? 비록 그러하나 한 연석(筵席)에서 서로 만나 곧 서로 좋은 사이가 되었소. 그리고 두난향(杜蘭香)이 장석(張碩)에 대하여[115], 탁문군(卓文君)이 사마장경(司馬長卿)에 대하여는[116] 애초에 기쁘고 흐뭇한 말만 있었지 끝내 꺼리고 물리치는 소리는 없었다오. 그런데 이제 낭자의 말을 들으니 엄숙하여 중매를 놓을 수 없고 늠름하여 범하기 어렵소. 장차 원객(遠客)으로 하여금 원한을 머금고 헛되이 돌아가게 할 것이니, 옛사람의 너그럽고 온화한 덕과는 거리가 멀 것이오."

여인이 이 말을 듣고 말을 하지 않다가 잠시 후에 물었다.

"당신 또한 피리를 잘 부시니 첩을 만나보고자 하시는 것은 다른 뜻이 있는 게 아니라 그 성운(聲韻)이 있기 때문일 것입니다. 그렇다면 무릇 이른바 '음률(音律)'이란 것을 잘 이해하고 계십니까?"

서문생이 대답했다.

"그야 여사(餘事)일 따름이오."

여인이 말했다.

"종전에 연주했던 악곡의 음을 들으셨습니까?"

---

114) 소학사(蘇學士)와~몰랐겠소: 소학사는 북송(北宋)의 문인이자 관리인 소식(蘇軾)이고, 왕진경(王晉卿)은 북송의 화가이자 관리인 왕선(王詵)이다. 금조(琴操)는 전당(錢塘)의 가기(歌妓)로서 소식과 교유했으며, 춘앵(春鶯)은 곧 전춘앵(囀春鶯)으로서 왕진경의 가희(歌姬)이다. 소식과 금조의 고사는 『염이편(艶異編)』 기녀부(妓女部)2 「금조(琴操)」에, 왕선과 전춘앵의 고사는 『언주시화(彦周詩話)』에 보인다. 전고 (25)·(26).

115) 두난향(杜蘭香)이~대하여: 두난향은 선녀인데, 장석에게 선술(仙術)을 가르쳤다. 두광정(杜光庭)의 『용성집선록(墉城集仙錄)』에서 "두난향은 한 어부가 상강 가에서 발견하여 데려갔다. 10여 세가 되자 신령스런 얼굴이 예쁘고 맑았다. 문득 청동이 내려와 그녀를 데리고 갔다. 그 후에 동정 포산의 장석 집으로 내려왔다.[杜蘭香者, 有漁父于湘江之岸, 見而擧之. 十餘歲, 靈顔姝瑩. 忽有青童下, 携女去. 其後降于洞庭包山張碩家.]"라고 하였다. 두난향과 장석의 일은 『수신기(搜神記)』에 자세하다. 전고 (27).

116) 탁문군(卓文君)이~대하여는: 탁문군은 선한(前漢) 촉군(蜀郡) 임공(臨邛) 사람으로 탁왕손(卓王孫)의 딸이다. 사마장경은 사마상여(司馬相如)로 장경은 그의 자이다. 탁문군이 거문고를 타는 사마상여를 보고 흠모하여 밤에 함께 달아났다는 이야기가 『사기(史記)』 「사마상여열전(司馬相如列傳)」에 있다. 전고 (28).

서문생이 말했다.

"들었소."

"그렇다면 그 악곡의 이름과 가사의 의미를 아시겠습니까?"

서문생이 악곡의 이름에 대해서는 알 수 없었지만 할 말이 없다는 게 싫어 일단 억측으로 이렇게 대답하였다.

"처음 들었을 때 그 소리가 낭랑하게 중심에 있었는데 어느새 팔방으로부터 와서 모이는 듯하였고 마지막에는 위로 흰 구름에 닿아 여운(餘韻)이 맴돌며 공중에서 끊어졌다 이어졌다 하였으니, 선창하는 것은 신선을 부르는 소리 같았고 화답하는 것은 손님을 전송하는 말 같았소. 정말이지 수선(水仙)[117]이 와서 춤을 추거나 여동빈(呂洞賓)[118]이 노닐며 노래하는 게 아니라면, 반드시 이와 같지는 않을 거야. 그 의미는 비록 잘 모르겠으나 그 이름은 응당 「동선사(洞仙詞)」일 거요."

그러자 여인이 문득 지게를 열어 서문생을 맞아들이고는 일어나 절을 하고서 말했다.

"고명(高明)께서 생각하시는 바는 보통 사람이 미칠 수 없는 것입니다. 아! 사곡(詞曲)이 끊어진 지가 오래되었는지라, 이 한 곡 「동선사」는 더욱 세상에 익숙한 게 아니로되, 첩은 여덟 살 때부터 악장(樂章)을 터득해 그 뜻을 궁구(窮究)하여 그 묘리(妙理)에 통달하고 나서야 그 이름을 깨달았으니, 이는 더할 나위 없이 훌륭한 악곡입니다. 하지만 세상에 사광(師曠)[119]이 없으니, 누가 이를 알 수 있겠습니까? 이제 지음(知音)[120]을

---

117) 수선(水仙): 물속에 사는 신선.

118) 여동빈(呂洞賓): 당(唐)나라 경조(京兆) 사람. 이름은 암(巖). 호는 순양자(純陽子). 종리권(鍾離權)·장과로(張果老)·이철괴(李鐵拐)·한상자(韓湘子)·조국구(曹國舅)·남채화(藍采和)·하선고(何仙姑)와 더불어 팔선(八仙) 중의 한 사람이다.

119) 사광(師曠): 춘추시대(春秋時代) 진(晉)나라의 악사(樂師). 자는 자야(子野). 음률을 판별하는 데 능하였다. 『맹자(孟子)』「이루(離婁)」상(上)에서 "맹자가 말했다. '이루의 눈 밝음과 공수자의 공교함으로도 걸음쇠와 곱자를 쓰지 않으면 네모와 동그라미를 만들 수 없고, 사광의 귀 밝음으로도 육률을 쓰지 않으면 오음을 바룰 수 없고, 요순의 도로도 인정을 쓰지 않으면 천하를 평화롭게 다스릴 수 없다.'[孟子曰: '離婁之明、公輸子之巧, 不以規矩, 不能成方員. 師曠之聰, 不以六律, 不能正五音. 堯、舜之道, 不以仁政, 不能平治天下.']"라고 하였다.

만났으니, 「백설곡(白雪曲)」과 「양춘곡(陽春曲)」[121]도 따라서 알 수 있을 것입니다. 존군(尊君)께서는 부디 똑똑히 들어주세요. 제가 한번 연주해 보겠어요."

그리고 거문고를 가져다가 연주하였다. 서문생이 들으니 그 소리가 더없이 뛰어나 참으로 신선의 음악이었다. 서문생이 그녀의 미색(美色)을 보고 나자 생각이 소리에 있지 않아 줄곧 눈길을 주며 그 태도를 자세히 살펴보니, 잔 구름 흔적도 없는 하늘에 밝은 달이 막 떠오르고 상서로운 노을이 바야흐로 짙게 낀 가운데에 붉은 연꽃이 막 피어난 듯하였다. 먼 산의 푸른 안개는 드리운 귀밑머리 언저리에 자욱하고 은빛 바다의 가을 물결은 두 눈썹 사이에 맑았다. 따뜻한 바람 같고 포근한 눈 같고 보드라운 버들 같고 요염한 매화 같아 온갖 교태(嬌態)가 아리땁고 고운 것이 참으로 이른바 '국색천향(國色天香)[122]'이었다. 서문생은 '대장부가 이런 미인을 얻지 못한다면 태어나지 않음만 못하다[123].'라고 생각하면서 이에 이렇게 물었다.

"이미 한 번 얼굴을 마주하였는데도 이름과 나이를 몰라서야 되겠소?"

여인이 뎅그렁하며 거문고를 내려놓고 대답하였다[124].

"나이는 스물이고 이름은 초대(楚臺)라 합니다. 첩이 「동선사」를 잘하

---

120) 지음(知音): 음악의 곡조를 잘 앎. 마음이 통하는 벗. 종자기(鍾子期)는 백아(伯牙)의 거문고 소리를 듣고 그 의미를 잘 이해했다. 종자기가 죽자 백아는 자기의 음악을 알아주는 이가 없음을 한탄하여 거문고 줄을 끊었다. 『열자(列子)』 「탕문(湯問)」 및 『여씨춘추(呂氏春秋)』 「효행람(孝行覽)」에 보인다. 전고 (29)·(30).

121) 백설곡(白雪曲)과 양춘곡(陽春曲): 전국시대(戰國時代)의 가곡(歌曲) 이름으로, 고상한 곡(曲)을 뜻한다. 『문선(文選)』에 실린 송옥(宋玉)의 「대초왕문(對楚王問)」에 보인다. 전고 (31).

122) 국색천향(國色天香): 향기와 빛깔이 뛰어난 꽃으로, '모란'을 뜻한다. 여기서는 천하에서 가장 뛰어난 미인을 비유한 말이다.

123) 태어나지~못하다[不如無生]: 『시경(詩經)』 소아(小雅) 「초지화(苕之華)」에서 "능초(陵苕) 꽃이여! 그 잎이 푸르르구나. 내 이럴 줄 알았다면, 태어나지 않음만 못하구나.[苕之華, 其葉青青. 知我如此, 不如無生.]"라고 하였다.

124) 뎅그렁하며~대답하였나[鏗爾舍琴而對曰]: 『논어(論語)』 「선진(先進)」에서 "공자가 말했다. '점아! 너는 어떠하냐?' 증석이 비파를 타기를 천천히 하더니 뎅그렁하며 비파를 내려놓고 일어나 대답하였다. '세 사람들이 가지고 있는 생각과는 다릅니다.'['點! 爾何如?' 鼓瑟希, 鏗爾舍瑟而作, 對曰: '異乎三子者之撰.']"라고 하였다. 전고 (9).

기 때문에 사람들이 동선(洞仙)이라는 자(字)를 지어 주었습니다."

저녁이 되어 서문생에게 객사(客舍)로 가라고 하니, 서문생이 머뭇머뭇 하며 떠나지 못했다. 동선이 말했다.

"첩이 손님을 만난 것은 예에 어긋남이 없을 것입니다[125]. 모름지기 그 마음을 삼가서 스스로 부끄러움을 취하지 마십시오."

서문생이 마지못해 밖으로 나와서 주모에게 말했다.

"동선을 얻지 못하면 이 집 귀신이 될 것이니, 제발 나를 위해 잘 말해 주시오[126]."

그러자 주모가 밤에 여인의 처소에 가서 이렇게 이야기했다.

"너는 열다섯 살 때부터 다른 사람과 즐거움을 나누어 홀로 잠자리에 든 적이 없었는데, 근년 이래로 하늘이 짝을 점지해 주지 않으시어 청춘을 헛되이 보내고 있으니, 내 그윽이 슬퍼하고 있다. 지금 저 낭군은 풍채(風采)가 빼어나고 재사(才思)[127]가 고매(高邁)하니 이른바 '남자중진남자(男子中眞男子)'요 너로 말하자면 '미인중진미인(美人中眞美人)'이니 서로 늦게 만난 것이 한스럽구나. 천풍(天風)이 돛단배를 보내고 하백(河伯)[128]이 노를 돌리는 것은 인력(人力)으로 이룰 수 있는 일이 아니니 너는 잘 생각해 보거라."

동선이 말했다.

"아! 일개(一箇) 정사(情事)는 사람마다 지니고 있으니, 저라 하여 어찌 목석(木石) 같겠습니까? 그윽이 생각해보니 이전에 만나 본 이들이 이미 여럿이었는데, 하늘이 좋은 기회를 주지 않고 일에도 마(魔)가 끼어, 만나

---

125) 예에~것입니다[禮莫愆矣]: 『시경(詩經)』 소아(小雅) 「초자(楚茨)」에서 "내 매우 근력(筋力)이 다하였으나, 예에 어긋남이 없다.[我孔熯矣, 式禮莫愆.]"라고 하였다.

126) 나를~주시오[善爲我說辭]: 『논어(論語)』 「옹야(雍也)」에서 "계씨가 민자건을 비읍(費邑)의 읍재(邑宰)로 삼으려고 했다. 그러자 민자건이 말했다. '나를 위해 잘 말해 주시오. 만일 다시 나를 부르러 온다면, 나는 필시 문수(汶水) 가에 있을 것이오.'[季氏使閔子騫爲費宰. 閔子騫曰: '善爲我辭焉. 如有復我者, 則吾必在汶上矣.']"라고 하였다.

127) 재사(才思): 재치 있는 생각.

128) 하백(河伯): 물을 맡아 다스리는 신.

는 대로 헤어져 백년해로(百年偕老)하지 못하였으니, 이미 몸을 허락한 우(愚)를 범한 데다 끝내 서제막급(噬臍莫及)[129]의 후회에까지 이르렀습니다. 이왕의 허물을 지금에 와서 한스러워하고 한스러워하는 것으로 부족해 연이여 슬퍼하며 탄식하니, 어찌 끝내 혼미하여 돌아오지 못해[130] 다시 전철(前轍)[131]을 밟아서야 되겠습니까? 몸은 천한 노예가 되었고 운명마저 기박(奇薄)한데도 오히려 뉘우치고 깨닫지 못해 다시 다른 사람과 즐거움을 나눈다면, 이미 천한 몸은 이로 말미암아 더욱 천해지고 이미 낮은 절개는 이로 말미암아 더욱 낮아질 것입니다. 아! 장신궁(長信宮) 안에 봄풀은 부질없이 푸르고[132] 연자루(燕子樓) 머리에 새벽달은 헛되이 비추고 있으니[133], 홍안박명(紅顔薄命)[134]은 예로부터 있어 왔고 차가운 베개에 외로운 잠은 유독 저만이 아닙니다. 창밖의 매화나무에는 붉은 꽃이 피니 봄인 줄을 알고, 섬돌에는 단풍잎이 날리니 가을인 줄을 깨닫습니

---

129) 서제막급(噬臍莫及): 사향노루가 사람에게 잡힌 뒤 향내가 나는 배꼽을 물어뜯었다고 한다. 이미 저지른 잘못은 후회하여도 소용이 없다는 뜻이다. 『춘추좌씨전(春秋左氏傳)』 「장공(莊公)」 6년 조에 보인다. 전고 (32).

130) 끝내~못해[終迷不復]: 『주역(周易)』 「복(復)」에서 "상륙은 돌아옴에 혼미하므로 흉하다. 재생이 있어 군대를 동원하는 데에 쓰면 끝내 대패하고, 나라를 다스리는 데에 쓰면 군주가 흉하여 10년에 이르도록 능히 가지 못할 것이다.[上六, 迷復凶. 有災眚, 用行師, 終有大敗, 以其國, 君凶, 至于十年, 不克征.]"라고 하였다. 이에 대하여 정이(程頤)는 "음유로 복괘의 마지막에 거하니, 끝내 혼미하여 돌아오지 못하는 자이다. 혼미하여 돌아오지 못한다면 그 흉함을 알 만하다.[以陰柔居復之終, 終迷不復者也. 迷而不復, 其凶可知.]"라고 하였다.

131) 전철(前轍): 앞에 지나간 수레바퀴의 자국. 이전의 잘못.

132) 장신궁(長信宮)~푸르고: '장신궁'은 전한(前漢) 성제(成帝)의 후궁이었던 반첩여(班婕妤)가 조비연(趙飛燕)에게 총애를 빼앗긴 후 물러나 거처하였던 궁이다. 당(唐) 최국보(崔國輔)의 「장신초(長信草)」에서 "장신궁 안의 풀, 해마다 근심이 어린 곳에 나네. 때로 주리의 발자취를 침범하여, 옥계로 다니지 못하게 하네.[長信宮中草, 年年愁處生. 時侵珠履跡, 不使玉階行.]"라고 하였다.

133) 연자루(燕子樓)~있으니: '연자루'는 중국 강소성(江蘇省) 서주(徐州)에 있는 누대로, 당(唐) 장음(張愔)이 애첩(愛妾)인 기녀(妓女) 관반반(關盼盼)을 위해 지어준 것이다. 백거이(白居易)의 「연자루삼수(燕子樓三首)」에서 "창 가득히 밝은 달 비치고 주렴에는 서리 가득, 이불은 싸늘하고 등불은 가물가물한데 침상을 터네. 연자루에 서리 내린 달밤, 가을에 단지 한 사람에게만 기네.[滿窓明月滿簾霜, 被冷燈殘拂臥床. 燕子樓中霜月夜, 秋來只爲一人長.]"라고 하였다. 관반반의 고사는 「연자루삼수」 서(序)에 보인다. 전고 (33).

134) 홍안박명(紅顔薄命): 얼굴이 예쁜 여자는 팔자가 사나움.

다. 고요히 닫힌 빈 당(堂)에서 암암리에 시름이 생겨나면 무릎 위의 거문고에 그윽한 정취를 내맡겨 풀어버리고, 깜빡이는 외로운 등불 아래에서 근심스레 잠 못 이루면 책상 위의 시장(詩章)을 모두 읊조리지요. 세상 물정 다 잊어버리고 인사(人事)를 길이 사절하였으니, 고요한 가운데 풍류(風流)를 즐기는 것 또한 하나의 즐거움입니다. 어머니께서 제 마음을 몰라주시어[135] 비록 이런 말씀을 하시게 되었으나, 어리석은 저의 소견은 이와 같은 것에 불과합니다."

동선은 말을 마치자 이불을 덮고 누워버렸다. 서문생은 몰래 창문 아래로 다가갔으므로 이미 그 말을 다 알게 되었다. 그래서 밖으로 나오고 나니 마음을 가눌 길이 없었다. 한밤중이 되어 팔을 굽혀 베고 누워 자고 있는데, 문득 누런 모자를 쓰고 푸른 옷을 입은 사람이 서문생을 부르며 이렇게 말했다.

"동빈(洞賓)아, 동빈아! 네가 동선을 만났으니, 삼생(三生)[136]의 좋은 인연이라 할 만하다."

서문생이 잠에서 깨어난 뒤 마음속으로 기이하게 여겨 앉아서 아침을 기다리다가[137] 곧장 동선에게 가서 말했다.

"이러이러한 꿈을 꾸었는데, 삼생의 좋은 인연은 비록 그렇다 해도, 나를 동빈이라고 부른 것은 그 뜻을 알 수가 없소. 낭자가 한번 풀이해 보시오."

동선이 이 말을 듣자마자 깜짝 놀라 감탄하며 말했다.

---

135) 어머니께서~몰라주시어[天只不諒]: '천지(天只)'는 '하늘 같은 어머니'라는 뜻이며 '지(只)'는 어조사이다. 『시경(詩經)』 용풍(鄘風) 「백주(柏舟)」에서 "두둥실 저 잣나무 배, 저 하수 가운데에 있네. 두 갈래 머리 드리운 저 분, 실로 나의 배필이니, 죽음에 이를지언정, 맹세코 다른 데 가지 않으리. 어머니는 하늘이시니, 사람 마음 몰라주시나?[汎彼柏舟, 在彼中河. 髧彼兩髦, 實維我儀. 之死, 矢靡他. 母也天只, 不諒人只?]"라고 하였다.

136) 삼생(三生): 전생(前生)·현생(現生)·내생(來生).

137) 앉아서~기다리다가[坐而待朝]: 『맹자(孟子)』 「이루(離婁)」 하(下)에서 "주공은 세 왕을 겸할 것을 생각하여 네 가지 일을 베푸시되 부합하지 않는 것이 있거든 우러러 생각하여 밤으로 낮을 이어 다행히 터득하면 앉아서 아침을 기다렸다.[周公, 思兼三王, 以施四事, 其有不合者, 仰而思之, 夜以繼日, 幸而得之, 坐以待旦.]"라고 하였다.

"저 또한 이런 꿈을 꾸었으니, 과연 누런 관을 쓰고 푸른 옷을 입은 사람이 첩에게 '서문씨(西門氏)를 모르겠느냐? 옥동(玉洞)[138] 여선(呂仙)의 영(靈)이 만세산(萬歲山)으로 옮겨가 의탁하여 서문적(西門勣)을 잉태해 냈으니, 바로 동빈이다. 너는 본디 환공(桓公)[139]의 딸이자 옥동의 선녀로, 상(床)에 기대어 통소를 불다가 별곡(別曲)을 그르쳐 바다 가운데로 적강(謫降)하였는데 이제 수백 기(紀)[140]가 되었다. 기적(妓籍)에 강생(降生)한 것은 특별히 고초를 겪도록 하여 이전의 허물을 속죄토록 한 것이다. 십여 년 뒤에 응당 복지(福地)[141]에 들어갈 것이니, 서문씨를 버리지 말라.'라고 하였습니다. 진실로 이와 같다면, 좋은 인연이 아니겠습니까? 이제 와 생각해 보니, 사람들이 저에게 동선이라는 자를 지어준 것은 아마 하늘의 뜻인가 봅니다."

서문생이 이 말을 듣고는 만세산이 잉태해 냈다는 이야기가 이상하여 급히 행장(行裝)의 작은 상자를 뒤져 전에 읊었던 시를 찾아 보여주니, 동선이 더욱 기이하게 여겨 말했다.

"'만세산 높이 몇천 장이던가?[萬歲山高幾千丈?]'라는 데부터 '미인을 끌어안고 함께 담소하네.[提抱美人共笑語.]'라는 데까지는 시사(時事)와 부합하는 것이고, 낙구(落句)에서 '곡이 끝나자 손잡고 떠나가니, 인간 세상 끝내 어드메오?[曲終携手去, 人間竟何許?]'라고 한 것은, 이 또한 이른바 '응당 복지에 들어갈 것'의 조짐입니다. 다만 기적에 강생하여 10년 동안 고초를 겪는다고 한 것을 보면, 그 사이에 응당 환난(患難)과 분산(分散)의 고통이 있을 것입니다. 비록 그러하나 천신(天神)과 지기(地祇)가 묵묵히 도와주시고 아름다운 상서(祥瑞)가 이미 거듭되었습니다.[142] 이

138) 옥동(玉洞): 암혈(巖穴). 여기서는 신선이 사는 곳을 뜻한다.
139) 환공(桓公): 미상.
140) 기(紀): 12년.
141) 복지(福地): 신선이 사는 곳. 행복하게 살 수 있는 곳.
142) 아름다운~거듭되었으니[休祥旣襲]: 『서경(書經)』 주서(周書) 「태서(泰誓)」중(中)에서 주(周) 무왕(武王)이 "짐의 꿈이 짐의 점과 합치하여 아름다운 상서가 거듭되니 상나라를 쳐서 반드시 이길 것이다.[朕夢協朕卜, 襲于休祥, 戎商必克.]"라고 하였다.

제부터는 당신과 하나가 될 것이니, 저를 추하게 여기지 마세요[143]."

이렇게 날이 저물도록 논란을 하니 저도 모르게 기쁘고 흐뭇하였으며, 밤이 되어 동침하니 그 기쁨을 손으로 움켜쥘 듯하였다. 날이 밝자 도리화(桃李花) 같은 새벽 단장을 새로 하고 연꽃 같은 새벽 옷차림을 가다듬으며 향렴(香奩)[144]을 열어 화장을 하고 화병(畫屛)에 기대어 단정히 두 손을 모으니, 거울 면에는 맑은 물결이 이는데 꽃 그림자 가냘프고 요대(瑤臺)에는 오색구름 어리는데 달빛은 둥글둥글하여, 꽃다운 자태는 요염함을 더하고 부드러운 모습은 새로움을 더하였으며, 「화란(和鸞)」[145] 한 곡조에 떨어진 매화가 봄빛을 되찾고 「회진(會眞)」[146] 삼장(三章)에 채작(彩鵲)이 날아왔다. 서문생은 취한 듯도 하고 미친 듯도 하여 마음 가는 대로 실컷 즐기면서 이렇게 농담을 하였다.

"동빈이 아니라면 어찌 동선을 얻을 수 있겠는가?"

그러자 동선이 대답했다.

"동선이 아니라면 어떻게 동빈을 부를 수 있겠는가?"

시비(侍婢) 소진(小眞)에게 명하여 음식을 마련하도록 하였는데, 곧 보니 하엽반(荷葉盤)에는 금귤(金橘)과 옥순(玉筍)이요 계화준(桂花樽)에는 경액(瓊液)과 향료(香醪)[147]였던바, 함께 그 즐거움을 다하였다. 서문생은 취기(醉氣)가 돌자 매우 즐거워하여 옥적(玉笛)으로 거문고 줄을 튕기며 동선에게 말했다.

"구름 끼고 비 내리는 고당(高唐)에서의 만남[148]은 내가 얻었고, 가희

143) 저를~마세요[無我醜兮]: 『시경(詩經)』 정풍(鄭風) 「준대로(遵大路)」에서 "큰길 따라가며, 그대 손을 잡았네. 저를 추하게 여기지 마세요. 정 둔 사람 단번에 끊어서는 안 되지요. [遵大路兮, 摻執子之手兮. 無我魗兮, 不寁好也.]"라고 하였다.

144) 향렴(香奩): 화장대.

145) 화란(和鸞): 미상. 악곡의 이름인 듯하다. '화(和)'와 '난(鸞)'은 모두 방울인데, '화'는 식(軾)에 있는 것이고 '난'은 재갈에 있는 것이다. 『시경(詩經)』 소아(小雅) 「육소(蓼蕭)」에서 "화와 난의 소리가 조화로우니, 만복이 모이는 바로다.[和鸞雝雝, 萬福攸同.]"라고 하였다.

146) 회진(會眞): 미상. 시의 이름인 듯하다. '회진'은 신선을 만난다는 뜻이다. 당(唐) 원진(元稹)의 「앵앵전(鶯鶯傳)」에 「회진시(會眞詩)」 30운(韻)이 있다.

147) 경액(瓊液)과 향료(香醪): 모두 좋은 술을 가리킨다.

(歌姬) 옥소(玉簫)의 인연[149]은 낭자가 이었구려. 월하노인(月下老人)의 아름다운 맹약을 찾고[150] 소상(瀟湘)에서의 오래된 약속을 지킴[151]은 낭자가 나만 못할 것이며, 육몽(六夢)[152]의 아름다운 징조에 감응하고 삼생(三生)의 좋은 만남을 허락함은 내가 낭자만 못할 것이오. 두 아름다움

148) 구름~만남: 초(楚) 회왕(懷王)이 고당(高唐)에서 무산신녀(巫山神女)를 만난 일을 말한다. 『문선(文選)』에 실린 송옥(宋玉)의 「고당부(高唐賦)」에 보인다. 전고 (23).

149) 가희(歌姬)~인연: 위고(韋皐)가 강사군(姜使君)의 집에 머물러 있을 적에 그의 아들인 강형보(姜荊寶)의 여종 옥소(玉簫)와 사랑하였는데 헤어질 때 옥지환을 주면서 늦어도 7년이면 데려가겠다고 하였다. 그러나 약속한 기한이 되어도 위고가 오지 않자, 옥소는 곡기를 끊어 세상을 떠났다. 이후 위고는 조산인(祖山人)의 술법에 힘입어 죽은 옥소를 만났는데, 그때 옥소는 13년 뒤에 다시 만날 것이라 하였다. 훗날 그의 생일에 노팔좌(盧八座)가 가희를 보내왔는데, 그녀는 옥소가 환생한 여인으로 이름도 옥소였으며 손가락에는 반지 자국이 남아 있었다. 『태평광기(太平廣記)』 정감(情感) 「위고(韋皐)」에 보인다. 전고 (34).

150) 월하노인(月下老人)의~찾고: '월하노인'은 남녀의 혼인을 주관하는 노인이다. 월하노인의 이야기는 『속현괴록(續玄怪錄)』 「정혼점(定婚店)」에 보이는데, 그 내용은 다음과 같다. 두릉(杜陵)의 위고(韋固)는 어려서 고아가 되었기에 다방면으로 구혼하였으나 뜻을 이루지 못했다. 원화(元化) 2년에 청하(淸河)로 유람을 갔다가 송성(宋城) 남점(南店)에서 묵었는데, 어떤 객(客)이 청하 사마(司馬) 반방(潘昉)의 딸을 중매하겠다며 용흥사(龍興寺)의 문에서 만나자고 했다. 위고가 간절한 마음으로 새벽에 가니, 달이 아직 떠 있는데 한 노인이 베자루에 기대어 계단에 앉아 책을 보고 있었다. 위고가 무슨 책이냐고 묻자, 그 노인은 저승의 책이라고 답하였고 또 자신은 천하의 혼인 문서를 담당하고 있다고 했다. 그 노인의 말에 따르면, 위고의 아내는 이제 3살이 되었는데 17살이 되면 위고의 집으로 들어올 것이며, 또 그는 자루에 있는 붉은 실로 부부의 발을 묶는데 여기에 한번 묶이면 도망갈 수 없다는 것이다. 이에 위고가 자신의 아내를 보러 채소 시장으로 가니, 애꾸인 부인이 3살짜리 아이를 업고 있는 것이었다. 이를 본 위고는 화가 나서 하인에게 칼을 주어 찔러 죽이게 하였는데, 가슴을 찌르지 못하고 눈썹 사이를 찔렀다. 이후 위고는 14년 동안 결혼하지 못했고, 부친의 공으로 인해 상주(相州)의 참군(參軍)이 되었다. 상주자사(相州刺史) 왕태(王泰)가 일을 시켜 보고는 능력이 있다고 하여 16~17세가량 되는 미모의 딸을 아내로 삼게 하였다. 그녀는 늘 미간(眉間)에 화자(花子)를 붙이고 다녔으므로, 위고는 그 이유에 대해 물었다. 이에 대답을 들으니, 그녀는 다름이 아니라 전에 칼을 맞았던 그 아이로서 상처를 화자로 가렸던 것이며 집안 식구가 다 죽은 후 숙부 왕태에게 거두어졌던 것이다. 위고는 이에 사정을 이야기하였으며, 둘은 이후 아들 곤(鯤)을 낳았다. 송성의 수령이 이 이야기를 듣고는 그 객점(客店)을 정혼점(定婚店)이라고 하였다.

151) 소상에서의~지킴[踐瀟湘之宿約]: 미상. 『전등신화(剪燈新話)』 「취취전(翠翠傳)」을 보면, 취취가 부모에게 보내는 편지 가운데 "봉도에서 당시의 약속을 지켰고, 소상에서 고인을 만났습니다.[蓬島踐當時之約, 瀟、湘有故人之逢.]"라는 말이 있다.

152) 육몽(六夢): 여섯 가지 꿈. 『주례(周禮)』 춘관(春官) 「점몽(占夢)」에서 "꿈을 점치는 직은 세시에 천지의 만남을 관찰하고 음양의 기를 분변하여 일월과 성신으로 육몽의 길흉을 점치는 것을 관장하니, 첫째 정몽, 둘째 악몽, 셋째 사몽, 넷째 오몽, 다섯째 희몽, 여섯째 구몽이다.[占夢, 掌其歲時觀天地之會, 辨陰陽之氣, 以日月星辰, 占六夢之吉凶: 一曰正夢, 二曰噩夢, 三曰思夢, 四曰寤夢, 五曰喜夢, 六曰懼夢.]"라고 하였다.

이 서로 다투고 한 술잔이 이미 합쳐졌으니[153], 백세(百歲)의 중간에 비록 이별하려고 한들 그렇게 될 수 없을 것이오."

동선이 말했다.

"삼가 군자의 말씀을 받드니 첩의 회포만 더합니다. 하룻밤 혼몽(魂夢)에 재세(再世)[154]의 인연을 이룬 것은 정말이지 매우 아름답습니다만, 인심은 사흘이면 변하고 소식은 천리(千里)를 가는 것 또한 염려할 만한 것입니다."

서문생이 말했다.

"겨우 풍류(風流)에 이르자마자 곧 먼 생각이 아울러 일어나는구려. 흥은 어찌 그리도 갑자기 돌아가 다하는 것이며, 슬픔은 어찌 그리도 갑자기 와서 맺히는 것이오?"

동선이 옷깃을 여미고 낯빛을 엄숙히 바꾸며 말했다.

"손으로 미인을 끌어안고 귀로는 희성(稀聲)[155]을 들으면서 즐거워하는 바에 마음을 다하여 만나는 대로 편안한 것[156]은 남자의 분사(分事)[157]요, 몸은 허락한 곳이 있고 뜻은 둔 곳이 있어 애타게 감정이 솟구치고 초조하게 그리움이 일어나는 것은 여자의 상정(常情)입니다. 생각건대 연전(年前)에는 독수공방(獨守空房)하였지만 심사(心事)가 흩어지지

153) 한~합쳐졌으니[一巹已合]: 한 술잔의 술을 신랑과 신부가 나누어 마시는 합근례(合巹禮)를 행했다는 말로, 곧 혼인을 뜻한다.

154) 재세(再世): 두 세상. 두 세대.

155) 희성(稀聲): '희성(希聲)'과 같으며, '들어도 들리지 않는 소리', '기이한 소리', '현묘한 담론' 등의 뜻이 있다. 여기서는 '희귀한 음악'을 뜻하는 듯하다.

156) 만나는~것[隨遇而安]: 『맹자(孟子)』「진심(盡心)」하(下)에서 "맹자가 말했다. '순이 마른 밥을 먹고 야채를 먹을 적에는 마치 장차 종신토록 그렇게 할 것 같았더니, 천자가 됨에 이르러서는 수놓은 옷을 입고 거문고를 타며 두 여인의 시중을 받기를 마치 본래부터 그것을 가지고 있는 듯이 하였다.'[孟子曰: '舜之飯糗茹草也, 若將終身焉. 及其爲天子也, 被袗衣鼓琴, 二女果, 若固有之.']"라고 하였는데, 이에 대하여 주희(朱熹)는 "성인의 마음은 가난하고 천하다 하여 바깥에 사모함이 있지 않고 부유하고 귀하다 하여 중심에 동요함이 있지 않아 만나는 대로 편안해 자기와 관여됨이 없다는 말이니, 본성이 분수가 정해졌기 때문이다.[言聖人之心, 不以貧賤而有慕於外, 不以富貴而有動於中, 隨遇而安, 無預於己, 所性, 分定故也.]"라고 하였다.

157) 분사(分事): 직분. 본분.

않았고 성정(性情)이 혼연(混然)하였습니다. 해 기우는 저자의 다리에 이미 사람을 맞아들이는 기쁨이 없는데, 보슬비 내리는 강가의 성에 어찌 이별의 시름이 있겠습니까? 탁문군(卓文君)의 거문고가 뜻을 전하고[158] 장주(莊周)의 호접(胡蝶)이 중매가 되어[159] 봉도(蓬島)의 아름다운 기약[160]을 되돌리고 위당(渭塘)의 기이한 만남[161]을 이루었습니다. 그리하여 마음속에서는 온갖 생각들이 서로 공격하고 궤석(几席) 아래에서는 갖은 시름이 아울러 엎드려 있게 하였습니다. 괴로움과 즐거움은 본디 일정함이 없고 모임과 흩어짐은 응당 때가 있는 법입니다. 두 마리 잉어[162]가 무정(無情)하니 동으로 흐르는 강물에 창자가 끊어지고, 파랑새[163]가 약

---

158) 탁문군(卓文君)의~전하고: 사마상여(司馬相如)가 거문고를 연주하여 탁문군을 꾀어 달아난 일을 말한다. 『사기(史記)』「사마상여열전(司馬相如列傳)」에 보인다. 전고 (28).

159) 장주(莊周)의~되어: 장주가 꿈에 나비가 되었다가 잠에서 깨었는데, 장주가 꿈에 나비가 된 것인지 나비가 꿈에 장주가 된 것인지 구분하지 못하였다. 『장자(莊子)』 내편(內篇) 「제물론(齊物論)」에 보인다. 전고 (35).

160) 봉도(蓬島)의~기약: 당(唐) 현종(玄宗)이 도사 양통유(楊通幽)를 불러 죽은 양귀비(楊貴妃)를 찾게 하자 양통유가 봉도에 있는 양귀비를 만나고 왔는데, 양귀비는 1기(紀), 곧 12년 뒤에 서로 만날 수 있을 것이라고 말했다. 『태평광기(太平廣記)』 신선(神仙)20 「양통유(楊通幽)」에 보인다. 전고 (36).

161) 위당(渭塘)의~만남: 『전등신화(剪燈新話)』「위당기우기(渭塘奇遇記)」에 나오는 내용이다. 그런데 이 작품에서 「위당기우기」를 언급하는 것은 잘못이다. 왜냐하면 「동선기」는 북송(北宋) 정강(靖康, 1126~1127) 연간을 시대적 배경으로 하여 작품이 시작되고 있고, 「위당기우기」는 원(元) 지순(至順, 1330~1333) 연간으로 시대적 배경이 설정되어 있기 때문이다. 「위당기우기」의 줄거리는 다음과 같다. 금릉(金陵)에 사는 왕생(王生)은 20세가 되도록 혼인을 하지 못했다. 어느 날 추조(秋租)를 받으러 송강(松江)으로 갔다가 돌아오는 길에 위당(渭塘)의 한 주점에 들렀다. 주점 주인에게는 18세의 딸이 있었는데, 그녀는 왕생을 엿보았고, 왕생도 눈길을 주었다. 왕생을 배로 돌아와 꿈을 꾸었는데, 꿈속에 주점으로 가서 여인을 만나 사랑을 나누었다. 왕생은 집으로 돌아온 뒤에도 매일 밤 그녀의 꿈을 꾸었다. 꿈속에서는 여인이 「낙매풍(落梅風)」을 연주하기도 하였고, 여인이 왕생을 위해 수를 놓던 신발에 실수로 불똥이 튀기도 하였다. 또 꿈속에서 둘이 서로 선물을 주고받기도 하였는데, 깨어나 보면 자기의 물건은 없고 상대의 물건이 있었다. 이듬해 왕생은 다시 위당에 들렀는데, 주점 주인으로부터 그 여인이 작년에 왕생을 보고 정을 가누지 못해 병들어 누웠으며 지난밤에는 왕생이 올 것을 예언했다는 말을 들었다. 왕생이 주인과 함께 그녀의 방으로 가니 꿈속에서 보던 것과 같았으며, 여인과 꿈속의 일을 이야기하니 모두 들어맞았다. 마침내 두 사람은 부부가 되었다.

162) 두~잉어[雙鯉]: 편지를 뜻한다. 무명씨(無名氏)의 「음마장성굴행(飮馬長城窟行)」에서 "나그네가 멀리서 와, 내게 두 마리 잉어를 주었네. 아이를 불러 잉어를 삶게 했더니, 그 속에 한 자 비단 편지가 있었네.[客從遠方來, 遺我雙鯉魚. 呼童烹鯉魚, 中有尺素書.]"라고 하였다.

속을 어기니 북으로 가는 구름에 마음이 상합니다. 그러니 즐겁게 지내던 곳이 도리어 근심하고 한탄하는 곳이 될 줄을 그 누가 알겠습니까? 가만히 생각해 보니[164] 기쁘다가도 문득 슬픔이 생겨납니다."

서문생이 이 말에 낯빛이 변하여 말했다.

"대장부가 어찌 홍안(紅顔)의 미인에게 온갖 근심이 생기도록 내버려둘 수 있겠는가?"

이로부터 푹 빠져 돌아갈 생각을 아주 잊어버리니, 어느덧 세월이 흘러 해가 저물어갔다. 장만부와 최심은 서문생이 떠나지 못함을 알고서 먼저 돌아가겠다고 하였다. 그러자 서문생이 말했다.

"형들은 잘 돌아가시게. 봄꿈을 꾸고 있는 객(客) 또한 조만간에 돌아갈 테니."

두 사람이 돌아가고 나자 동선이 서문생에게 말했다.

"듣자 하니 대부인(大夫人)께서는 고당(高堂)에 계시고 소군(小君)[165]께서는 고등(孤燈)을 지키신다는데[166], 지금 군자께서 멀리 노닐어 소식이 아득히 끊겨, 위로는 여문(閭門)에 기대어 기다리는 걱정[167]을 끼치고 아래로는 은병(銀甁)을 끌어당기는 원한[168]을 두게 하였습니다. 자식이

---

163) 파랑새[青鳥]: 사자(使者)나 편지를 뜻한다. 『한무고사(漢武故事)』에서 "7월 7일에 한(漢) 무제(武帝)가 승화전에서 재계하는데, 정오에 문득 파랑새 한 마리가 서방에서 와서 승화전 앞에 내려앉았다. 상이 동방삭에게 묻자, 동방삭이 말했다. '이는 서왕모가 오려는 것입니다.' 이윽고 서왕모가 왔는데, 까마귀처럼 생긴 두 마리 파랑새가 서왕모를 좌우에서 모시고 있었다.[七月七日, 上於承華殿齋, 正中, 忽有一青鳥, 從西方來, 集殿前. 上問東方朔, 朔曰: '此西王母欲來也.' 有頃, 王母至, 有兩青鳥如烏, 俠侍王母旁.]"라고 하였다.

164) 가만히~보니[靜言思之]: 『시경(詩經)』 패풍(邶風) 「백주(柏舟)」에서 "마음에 근심 초조한데, 소인들에게 노여움을 받네. 해를 입은 것이 이미 많은데, 모욕을 받은 것도 적지 않네. 가만히 생각해 보고는, 잠 깨어 쿵쿵 가슴만 친다네.[憂心悄悄, 慍于群小. 覯閔既多, 受侮不少. 靜言思之, 寤辟有摽.]"라고 하였다.

165) 소군(小君): 처(妻). 주(周)나라 때 제후(諸侯)의 처를 일컫는 말이었다.

166) 고등(孤燈)을 지키신다는데: 외로운 등불을 지킨다는 것은 독수공방(獨守空房)한다는 뜻이다.

167) 여문(閭門)에~걱정: 제(齊)나라 왕손가(王孫賈)의 어머니가 여문에 기대어 아들이 돌아오는 것을 바라보았다. 『전국책(戰國策)』 「제책(齊策)」6에 보인다. 전고 (37).

168) 은병(銀甁)을~원한: 부부의 이별 혹은 여자가 버림받음을 뜻한다. 백거이(白居易)의 「정저인은병(井底引銀甁)」에서 "우물 밑에서 은병을 끌어올리니, 은병이 올라오려다 줄

되어 혼정신성(昏定晨省)[169]의 예(禮)를 어찌 차마 오래도록 폐하겠으며, 지아비가 되어 조강(糟糠)의 의(義)[170]를 어찌 영영 멀리할 수 있겠습니까? 천풍(天風)이 불기를 기다려 배를 타고 어서 돌아가 만 리 밖 부모님의 혼정신성을 받들고 주렴(珠簾) 안의 화월(花月)[171]을 보세요. 첩은 응당 죽음으로 절개를 지키며 훗날을 기다릴 것이니, 다만 가기(佳期)가 멀어지도록 하지 말기만을 바랄 뿐입니다."

서문생은 머뭇거리며 결단하지 못하고 또 열흘을 보냈다. 그러자 동선이 더욱더 격언(格言)을 하여 돌아가 어머님께 문안드리도록 하였다. 서문생이 집에 도착하니, 온 집안 사람들이 놀라고 기뻐하였다. 한 달 남짓 있다가 서문생은 자기의 심사를 어머니와 아내에게 다 이야기하고는 동선을 다시 방문하기로 하였다. 어느 날 서문생은 문득 장만부를 만났는데, 그는 선덕문(宣德門)[172]으로부터 나와서는 이렇게 말했다.

"여진(女眞)의 사신이 가죽 상자를 싣고서 궐하(闕下)에 당도하였는데, 열어 보니 바로 요(遼)나라 사람의 머리였네. 그 기미는 알지 못하겠는데, 다만 도성 안이 흉흉하여 모두 다 사방으로 달아나려 하네."

서문생은 떠나려다가 다시 멈추고는 며칠 동안 의아해하였다. 그런데 문득 수천 명의 갑병(甲兵)이 밤중에 궐문을 공격하는데 그 소리가 마치 빠른 우레와도 같은지라, 급히 일어나서 보니, 승여(乘輿)[173]가 도성을 빠져나와 빠르게 서호(西湖)[174]를 향하는 것이었다. 날이 밝자 천군만마(千軍萬馬)가 장안(長安)[175]을 짓밟으니 소리가 천지를 진동하고 화염이

이 끊어졌네. 돌 위에서 옥잠을 가니, 옥잠이 이루어지다 가운데가 꺾였네. 은병은 잠기고 옥잠은 꺾이니 어찌해야 하나? 오늘 아침 낭군과 이별한 첩과 같네.[井底引銀瓶, 銀瓶欲上絲繩絶. 石上磨玉簪, 玉簪欲成中央折. 瓶沈簪折知奈何? 似妾今朝與君別.]"라고 하였다.

169) 혼정신성(昏定晨省): 밤에는 부모의 잠자리를 살피고 아침에는 부모의 안부를 물음.

170) 조강(糟糠)의 의(義): 지게미나 쌀겨를 먹으면서 같이 고생한 아내는 부귀하게 된 뒤에도 버려서는 안 된다는 말이다. 『후한서(後漢書)』「송홍전(宋弘傳)」에 보인다. 전고 (38).

171) 화월(花月): 꽃과 달. 서문적의 부인 유씨를 가리킨다.

172) 선덕문(宣德門): 북송의 수도인 변경(汴京)에 있었던 궁문(宮門).

173) 승여(乘輿): 어가(御駕). 임금의 수레.

174) 서호(西湖): 중국 절강성(浙江省) 항주(杭州)에 있는 호수.

사방에 자욱하였으며 도성의 백성들 가운데 쓰러져 죽은 자들이 만(萬)으로 헤아릴 정도였다. 서문생은 가족들을 이끌고 달아나 동명(東溟)의 섬으로 옮겨 들어갔다. 도적들이 이미 변경을 차지하자, 천자는 남방으로 순수(巡狩)하였다[176]. 행재(行在)[177]에서 발표한 새서(璽書)[178]의 내용은 다음과 같았다.

> 서주(徐州)·항주(杭州) 등지(等地)는 나라의 거진(巨鎭)이니 잃어서는 안 된다. 별도로 선무사(宣撫使)[179]를 두니, 사람과 물자를 관장하여 달아나고 흩어지지 말도록 하라.

이에 선무사가 항주에 머물렀다. 이때에 여진은 천자가 멀리 피난하여 추격할 수 없었기에 거짓으로 강화(講和)하려고 하였다. 조정에서는 마침내 폐백(幣帛)과 사명(辭命)[180] 등의 일을 선무사에게 일임하여 처리하게 했다. 선무사는 문무(文武)와 구변을 겸비한 사람을 얻어 함께 가고자 하여 매우 급하게 갈구(渴求)하였다. 동선은 이때에 본부(本府)에 있으면서 독실하게 초심(初心)을 지키고 있었는데, 뜻밖에 난리를 만나 도로가 막히어 피차간의 생사를 양쪽에서 서로 알지 못해 슬퍼하고 목 놓아 울면서 참담하게 날을 보내다가 '낭군은 본디 변경 사람인데, 변경의 인물들이 사망하여 거의 남지 않았으니, 낭군만 유독 온전하리라고 어찌 장담하겠는가? 혹 살았을지 혹 죽었을지 끝내 알 수가 없구나.'라는 생각이 들었다. 이렇게 마음속으로 생각하고 있을 즈음에 선무사가 인재를 급하게 구한다는 말을 듣고는 동자(童子)의 모습처럼 변복(變服)하고서 영문(營門)을

---

175) 장안(長安): 중국 섬서성(陝西省)에 있는 땅 이름. 여기서는 '도성(都城)'을 뜻한다.
176) 남방으로 순수(巡狩)하였다: 남쪽으로 피신했다는 뜻이다.
177) 행재(行在): 임금이 있는 곳. 임금이 순행하는 곳. 행재소(行在所).
178) 새서(璽書): 옥새를 찍은 문서.
179) 선무사(宣撫使): 재해나 난리가 일어났을 때 왕명을 받들어 지방의 백성을 위무하는 일을 맡은 벼슬.
180) 사명(辭命): 외교와 관련된 말이나 문서.

찾아가 이렇게 말했다.

"장군을 뵙고서 한 가지 계책을 올리고 싶습니다."

문지기가 들어가 고하자 선무사가 불러들이도록 하였다. 동선이 당(堂) 아래에서 읍(揖)을 하고서 말했다.

"장군께서는 사명(辭命)을 맡을 사람을 얻어 여진에 함께 갈 생각이신데, 지금 그 사람을 이미 얻으셨습니까?"

선무사가 말했다.

"아직 얻지 못했다."

동선이 말했다.

"제가 변경에 있을 적에 알고 있었던 서문적은 나라의 인걸(人傑)로서 사명에 더욱 뛰어난 자입니다. 더구나 서문적은 옛 항주자사 서문감의 후예이니 본디 장종(將種)[181]으로서 오랫동안 주머니 안에 있었습니다[182]. 지금은 생각건대 필시 북악(北岳)이 아니면 동명(東溟)으로 달아나 숨어 있을 것이니, 물색(物色)하여 찾아보십시오."

선무사가 기뻐하여 급히 간사(間使)[183] 백여 명을 보내어 동쪽과 북쪽에서 찾아보도록 하고는 이에 이렇게 물었다.

"너는 어떤 사람이기에 사기(事機)를 잘 아는가?"

동선이 대답하였다.

"다른 사람을 천거하는 데는 밝지만, 저 자신을 아는 데는 어둡습니다."

선무사의 막하(幕下)에 있는 부장(部將) 안기(安琦)가 동선을 눈여겨보며 말했다.

"네 말씨와 행동거지를 보건대, 여자가 아니냐? 여자는 군문(軍門)에 들

181) 장종(將種): 장수 집안의 자손.

182) 오랫동안~있었습니다[久處囊中]: 뛰어난 재주를 가지고 있었으나 오랫동안 드러낼 기회가 없었다는 말이다. '낭중지추(囊中之錐)'는 주머니 안에 있는 송곳으로, 재주가 뛰어난 사람은 겉으로 드러나기 마련이라는 뜻이다. 『사기(史記)』「평원군우경열전(平原君虞卿列傳)」에 보인다. 전고 (39).

183) 간사(間使): 밀정(密偵)하는 사자(使者).

어와서는 안 된다."

동선이 대답하였다.

"옛적의 훌륭한 장수는 처첩(妻妾)을 항오(行伍)에 편입시켰고[184] 옛적의 현숙(賢淑)한 비(妃)는 격언(格言)을 아뢰었습니다. 지금 제가 비록 항오에 들 용맹은 없으나, 그래도 계책을 낼 혀는 가지고 있습니다."

동선은 이렇게 말하고 나갔다. 안기는 그녀의 사랑스러움을 알고는 눈여겨보며 주의하였다.

서문생은 상란(喪亂)[185] 이래로 동명(東溟)에 숨어 살았는데, 부질없이 옛 정을 그리워하며 계속 눈물을 흘렸다. 늘 높은 언덕에 올라 멀리 눈길을 보내어 바라보니 진애(塵埃)[186]는 자욱하고 산해(山海)는 아득하였으며, 편지를 써서 생사(生死)를 알리려 하니 도적은 횡행(橫行)하고 길은 끊겨 있었다. 쓸데없이 놀란 기러기[187]의 꿈을 꾸고 부질없이 원숭이 울음소리를 듣고[188] 눈물을 뿌리니, 답답함에 가슴이 막혀 침식(寢食)을 폐하기에 이르렀다. 그런데 이때 간사(間使)가 문 앞에 당도하여 서문생을 불러 공문을 주면서 서둘러 항주로 가라고 하였다. 서문생은 본래 저쪽으로 가고 싶었지만 다만 난리 통에 행장을 꾸릴 여력이 없었는데, 선무사의 명을 받고는 나는 용 같은 말을 타고 사나운 범 같은 병졸들의 호위를 받으면서 험난한 곳을 뛰어넘고 먼 길을 말달려 가니, 의기(意氣)가 솟구쳐 비록 도적을 만나더라도 해를 입지 않았다. 서문생이 항주부(杭州府)에 도착하니, 장군이 서문생과 이야기하고는 매우 기뻐하여 말했다.

---

184) 처첩(妻妾)을~편입시켰고: 전단(田單)이 연(燕)나라와 싸울 적에 자기의 처첩을 항오에 편입시켰다. 『사기(史記)』「전단열전(田單列傳)」에 보인다. 전고 (40).

185) 상란(喪亂): 전쟁이나 천재지변 등으로 사람이 많이 죽는 재앙.

186) 진애(塵埃): 티끌과 먼지. 속세(俗世).

187) 놀란 기러기[驚鴻]: 조식(曹植)의 「낙신부(洛神賦)」에서 낙신(洛神) 복비(宓妃)를 묘사하면서 "그 모습은, 놀란 기러기처럼 사뿐하고, 노니는 용처럼 나긋나긋하며, 가을 국화처럼 빛나고, 봄 소나무처럼 무성하다.[其形也, 翩若驚鴻, 婉若遊龍, 榮曜秋菊, 華茂春松.]"라고 하였다. '경홍(驚鴻)'은 '미인' 혹은 '미인의 가벼운 몸매'를 뜻한다.

188) 원숭이~듣고[聞猿]: 환온(桓溫)이 촉(蜀)으로 공격해 들어갔을 때 부대에서 새끼 원숭이를 잡은 자가 있었는데 어미가 슬피 울며 따라왔다. 『세설신어(世說新語)』「출면(黜免)」에 보인다. 전고 (41).

"참으로 네 집안의 유풍(遺風)이 있구나."

그리고 이튿날 저쪽으로 가기로 기약하였다. 서문생은 마음속으로 자기는 장군과 평소에 일면식(一面識)도 없는 사이인데 공문을 발송하여 찾으니 실로 괴이한 일이라고 생각했다. 별관(別館)으로 나아가자 안기가 짝이 되어 동자가 그의 이름을 천거한 이유를 알려주었다. 서문생이 그 말을 듣고 동선인 줄을 알게 되자, 그 살아 있음이 기쁜 데다 또 그 뜻에 감동하였다. 이에 마음속으로 이렇게 말했다.

'만리(萬里)에 서로 막혀 생사를 알 수 없었던 지가 이미 3년이 되었다. 이런 계획을 낸 것은 다만 존망(存亡)을 알아 한 번 만나 보기를 바라서이니 그 정은 알 만하고 그 뜻은 애처롭다. 비록 그러하나 막부(幕府)가 엄밀하여 감히 서로 접촉할 수가 없으니, 이 정을 장차 어찌해야 하나?'

안기는 평소에 눈치가 있어 타인의 마음을 짐작하였으므로 자못 의심하였다. 한밤중에 부중(府中) 사람들이 모두 잠들자, 서문생이 그리움을 이기지 못하여 몰래 다녀오고자 마음을 먹고 일어나서 보니, 내외의 위병(衛兵)들은 진을 벌이고 선잠이 들었으며 금막(錦幕)은 겹쳐져 있고 돌담은 높이 쌓여 있었다. 이에 깃대 몇 개를 가지고서 군막 뒤편으로 나가니, 또 십여 겹의 장막이 둘러 있었는데 그 끝에는 모두 큰 방울을 달아 놓아 손으로 건드리면 소리가 났고 또 대검(大劍)과 장창(長槍)을 종횡으로 늘어세워 놓아 닿기만 하면 다치게 되어 있었다. 그래서 마침내 옷의 솜을 빼어 방울마다 메워 넣고 가죽 이불로 몸을 둘러 칼끝에 닿을 것을 대비하였다. 담장 밑에 도착하여 깃대를 비스듬히 세워 놓고 더위잡아 올라 넘어가니, 그 바깥에 또 순라군(巡邏軍)이 돌고 있는지라 이에 틈이 나기를 기다려 갔다. 그런데 또 어느 거리인지를 잘 몰라 곧장 남대문(南大門)을 찾아가 확실히 아는 곳에서부터 에돌아가서 마침내 동선의 집에 도착하니, 촛불 그림자가 발에 비쳐 어른거렸다. 이에 문을 두드려 소리를 내니 소리가 미처 끝나기도 전에 안에서 급히 나와 맞이하였는데, 바로 동선이었다. 동선이 서문생을 이끌어 방으로 들어가 얼굴을 서로 마주 보니, 다만 비 오듯 눈물만 흐르고 파도가 밀려오듯 목이 메어 한 마디 말도 하지 못했다. 잠시 후에 동선이 서문생에게 어서 돌아가라고 당부하며 말했다.

"듣자 하니 군법에 밤에 드나드는 자는 곧 목을 벤다고 합니다. 그러니 어서 돌아가세요. 살아 계신 것을 안 데다 얼굴까지 보았으니, 만 번 죽어도 유감이 없겠습니다."

곧이어 상 위의 술을 가져다 큰 술잔으로 권하며 말했다.

"어서 돌아가세요."

서문생은 무슨 말이라도 하고자 했지만 하지 못했고 그곳에서 떠나고자 했지만 결행하지 못했다. 동선이 억지로 일으켜 문 밖으로 내보내고 침소로 돌아와 보니, 자리 위에는 앉았던 흔적이 있는 듯하고 지게 밖에서는 신발 끄는 소리가 들리는 듯한지라 슬프고 서운한 마음을 금할 길이 없었다. 이에 편지 한 통을 써서 지니고 있으면서 때를 기다렸다. 서문생이 부중으로 돌아오니, 안기만 홀로 잠에서 깨어 이렇게 물었다.

"무슨 일이오?"

서문생이 대답했다.

"변을 보고 왔소."

안기는 내심 무슨 일이 있었는지를 알아차리고는 시기하고 의심하는 마음을 품었다. 이튿날 선무사가 길을 떠나자 객들이 따라갔는데 서문생은 가장 뒤에 있었다. 길가에 있는 어떤 동자가 이렇게 청하였다.

"아버지께서 청성(青城)[189]에 계신데 상란(喪亂) 이래로 안부가 묘연하여 편지를 부치고 싶었지만 한스럽게도 인편이 없었습니다. 바라옵건대 화사(華使)[190]께서 그곳에 당도하여 혹여 편지 한 통을 전해 주어 생사(生死)를 알게 해 주신다면, 살아서는 응당 목숨을 바칠 것이요 죽어서는 응당 결초보은(結草報恩)하겠습니다[191]."

---

189) 청성(青城): 재궁(齋宮)의 이름. 금나라가 이곳에서 항복을 받은 뒤 휘종(徽宗)과 흠종(欽宗) 등 3천여 명을 사로잡아 데리고 갔는데, 이를 '정강(靖康)의 변(變)'이라 한다.

190) 화사(華使): 사신.

191) 살아서는~결초보은하겠습니다[生當殞首 死當結草]: 서진(西晉) 이밀(李密)의 「진정표

이에 봉서(封書)를 올리니, 서문생이 받아서 소매에 넣었다. 저녁에 우정(郵亭)[192]에 도착하여 촛불로 그 편지를 비추어 보니, 그 내용은 다음과 같았다.

박명(薄命)한 첩 초대(楚臺)는 삼가 서문사군(西門使君)께 아룁니다. 옛적 나라가 태평할 적에 하늘이 좋은 기회를 주시어, 봄바람 부는 수놓은 장막에서 호접(胡蝶)의 단꿈[193]을 꾸고 저녁 비 내리는 향기로운 못에서 원앙(鴛鴦)과 함께 목욕했습니다. 그런데 먼 데서 온 손님이 수구(首丘)[194]의 사정(私情)이 없을 수 없고 순효(純孝)[195]의 공의(公義)를 이길 수 없었으니, 이를 어찌하겠습니까? 한번 회수(淮水)와 사수(泗水)에 돛을 올리자 서로 간에 삼성(參星)과 상성(商星)[196]의 별빛이 막히니, 다시 만날 날을 독실하게 생각하면서 외로이 잠드는 원한을 달래고자 하였습니다. 그런데 신(神)은 순한 이를 돕지 않고[197] 세상은 서로 어지럽히는 때를 만나, 바다 삼

(陳情表)」에서 "바라옵건대 폐하께서는 신의 어리석은 정성을 불쌍히 여기시고 신의 보잘것없는 뜻을 들어 주시어 부디 유씨가 요행으로 끝내 여년을 보전하게 해 주십시오. 그러면 신은 살아서는 응당 목숨을 바칠 것이요 죽어서는 응당 결초보은(結草報恩)하겠습니다.[願陛下, 矜憫愚誠, 聽臣微志, 庶劉僥倖, 卒保餘年. 臣生當隕首, 死當結草.]"라고 하였다. '결초보은'은 풀을 묶어 은혜를 갚는다는 뜻으로, 죽어서도 은혜를 갚음을 말한다.『춘추좌씨전(春秋左氏傳)』「선공(宣公)」 15년 조에 보인다. 전고 (42).

192) 우정(郵亭): 역사(驛舍).

193) 호접(胡蝶)의 단꿈: 장주가 꿈에 나비가 되었다가 잠에서 깨었는데, 장주가 꿈에 나비가 된 것인지 나비가 꿈에 장주가 된 것인지 구분하지 못하였다.『장자(莊子)』 내편(內篇)「제물론(齊物論)」에 보인다. 전고 (35).

194) 수구(首丘): 수구초심(首丘初心). 여우가 죽을 때 자기가 살던 언덕을 향해 머리를 둔다는 말로, 고향을 그리워함을 뜻한다.『예기(禮記)』「단궁(檀弓)」상(上)에 보인다. 전고 (43).

195) 순효(純孝): 독실한 효. 영고숙(潁考叔)이 정(鄭) 장공(莊公)과 그 모친 무강(武姜)을 화해시켰으므로 일컬은 말이다.『춘추좌씨전(春秋左氏傳)』「은공(隱公)」 원년(元年) 조에 보인다. 전고 (44).

196) 삼성(參星)과 상성(商星): 삼성은 서쪽에 있고 상성은 동쪽에 있어 영원히 서로 만나지 못하므로, 오래도록 서로 만나지 못함을 뜻한다.『춘추좌씨전(春秋左氏傳)』「소공(昭公)」 원년(元年) 조에 보인다. 전고 (45).

197) 신은~않고[神不助順]:『주역(周易)』「계사전(繫辭傳)」상(上)에서 "『주역』「대유(大有)」에서 말하기를 '상구(上九)는 하늘로부터 돕는지라 길하여 이롭지 않음이 없다.'라고 하니, 공자가 말하기를 '우는 도움이다. 하늘이 돕는 것은 순이요, 사람이 돕는 것은 신이다. 신을 행하여 순을 생각하고 또 현자를 높이는지라, 이 때문에 하늘로부터 돕는지라 길하여 이롭지 않음이 없는 것이다.'라고 하였다.[『易』曰: '自天祐之, 吉无不利.' 子曰: '祐者, 助也.

천 리에는 고래 같은 파도가 일어나고 장안(長安) 백만 가호(家戶)에는 병마(兵馬)의 풍진(風塵)에 어둠이 드리우니, 한 점 푸르른 촉산(蜀山)에 육룡(六龍)이 파월(播越)하고[198] 천리(千里)의 험한 관하(關河)[199]에 만백성이 분주히 달아나, 삼주(三州)의 부자(父子)가 이산(離散)하고[200] 일가(一家)의 처첩이 분산(分散)하였습니다. 서쪽으로는 무협(巫峽)의 원숭이가 울고 또 우는 소리[201]가 들리고 남쪽으로는 형양(衡陽)의 기러기가 돌아오고 또 돌아오는 모습[202]이 보이는데, 답답하게도 생사(生死)를 알지 못하고 애통하게도 물색(物色)할 길이 없어, 용부(龍府)[203]로 달려가 이름을 천거하고 범의 위세를 빌려[204] 팔을 잇대었습니다[205]. 이미 군자(君子)를 만나 보았는데[206] 어찌 그리도 몹시 다급했던지요? 위기를 만날까 두려워 만나자마자 도로 이별하니, 서로 마주한 잠깐의 시간은 기쁘다가도 문득 슬픔이 생겨났고 몇 해 동안 소식 끊겨 답답하던 마음은 회포도 제대로 펴지 못하였습니

天之所助者, 順也, 人之所助者, 信也. 履信思乎順, 又以尙賢也. 是以自天祐之吉无不利也.']"라고 하였다.

198) 한~파월하고[一點蜀山之靑 六龍播越]: '육룡(六龍)'은 수레를 끄는 여섯 마리 말인데, 곧 임금의 수레를 뜻한다. 이는 당(唐) 현종(玄宗)이 안사(安史)의 난 때 촉(蜀)으로 파천(播遷)한 일을 말한다. 백거이(白居易)의 「장한가(長恨歌)」에서 "촉강은 물 맑고 촉산은 푸르른데, 성주는 아침저녁 양귀비(楊貴妃) 그리는 마음.[蜀江水碧蜀山靑, 聖主朝朝暮暮情.]"이라고 하였다.

199) 관하(關河): 함곡관(函谷關)과 황하(黃河). 산하(山河)를 뜻한다.

200) 삼주(三州)의~이산(離散)하고: 미상. 토번(吐蕃)이 당(唐)나라의 송주(松州)·유주(維州)·보주(保州) 세 주를 함락한 일을 말하는 듯하다.

201) 무협(巫峽)의~소리: '무협'은 장강(長江) 삼협(三峽)의 하나로, 중국 사천성(四川省)에 있다. 무명씨(無名氏)의 악부시(樂府詩) 「파동삼협가(巴東三峽歌)」에서 "파동 삼협에 무협이 긴데, 원숭이 세 마디 울음에 눈물이 옷을 적시네.[巴東三峽巫峽長, 猿鳴三聲淚沾裳.]"라고 하였다.

202) 형양(衡陽)의~모습: 형양에 회안봉(回雁峰)이 있는데 기러기가 이 봉우리를 넘지 못한다고 한다. '형양안단(衡陽雁斷)'은 소식이 끊김을 비유한다. 당(唐) 왕발(王勃)의 「등왕각서(滕王閣序)」에서 "어선에서 저물녘에 노래 부르니 메아리가 팽려의 물가에 다하고, 기러기 떼가 추위에 놀라니 울음소리가 형양의 포구에 끊어진다.[漁舟唱晩, 響窮彭蠡之濱, 雁陣驚寒, 聲斷衡陽之浦.]"라고 하였다.

203) 용부(龍府): 막부(幕府).

204) 범의~빌려: 호가호위(狐假虎威), 곧 여우가 범의 위세를 빌려 호기를 부림을 말한다. 여기서는 동선이 선무사의 힘을 빌린 일을 비유한 것이다. 『전국책(戰國策)』 「초책(楚策)」1에 보인다. 전고 (46).

205) 팔을 잇대었습니다[連臂]: 다른 사람을 통해 간접적으로 알게 됨을 뜻한다.

206) 이미~보았는데[旣見君子]: '기견군자(旣見君子)'는 『시경(詩經)』 주남(周南) 「여분(汝墳)」, 당풍(唐風) 「양지수(揚之水)」 등에 보인다.

다. 우레처럼 만나 번개처럼 지나가니[207] 만나지 않음만 못하고, 비가 흩어지고 구름이 날리니[208] 묘연(杳然)히 자취가 없습니다. 역양(嶧陽)의 옛 오동나무 거문고[209]를 안으니 「별학조(別鶴操)」[210] 소리가 슬프고, 남겨 준 촉(蜀) 비단 적삼을 입으니 눈물 뿌린 흔적이 아롱집니다. 어찌하여 강물은 이미 동쪽으로 흘러갔는데 또 뜬구름은 북쪽으로 가려 합니까[211]? 하늘이 청성(淸城)의 지경(地境)을 구획하니 길은 막히고도 가파르며[212], 땅이 황룡부(黃龍府)[213]에 가까우니 풍속은 오히려 의심스럽습니다. 전장(戰場) 티끌 속에 삼척검(三尺劍) 휘두를 제[214] 초(楚)나라의 예봉(銳鋒)을 가벼이 범해서는 안 되니, 천금(千金) 같은 몸을 진중(珍重)하시어 살아서 옥문관(玉門關)에 들어가시기를 바랍니다[215]. 한스럽게도 당신과 함께 갈 수 없으

---

207) 우레처럼~지나가니[雷逢電掣]: 갑자기 만나 순식간에 지나갔다는 뜻이다.

208) 비가~날리니: 남녀의 헤어짐을 뜻한다. 『문선(文選)』에 실린 송옥(宋玉)의 「고당부(高唐賦)」에 보인다. 전고 (23).

209) 역양의~거문고[嶧陽之舊桐]: '역양'은 역산(嶧山)의 남쪽인데 이곳의 오동나무가 금슬(琴瑟)을 만들기에 적합하다고 한다. 『서경(書經)』 하서(夏書) 「우공(禹公)」에서 "바다와 대산 및 회수에 서주가 있다. 회수와 기수가 다스려지니, 몽산과 우산이 곡식을 심을 수 있다. 대야택이 이미 물이 모여 흐르니, 동원이 다스려짐에 이르렀다. 토질은 붉고 차지고 분기(墳起)하니, 초목이 점점 자라 총생하였다. 전은 상에 중이고, 부는 중에 중이다. 공물은 오색의 흙과 우산 골짝의 여름철 꿩과 역산 남쪽의 우뚝이 자라는 오동나무와 사수(泗水)의 물가에 떠 있는 경쇠이다. 회수의 오랑캐들은 조개와 구슬과 어물을 바치니, 광주리에 담아서 바치는 폐백은 검은 비단과 섬과 호이다.[海、岱及淮, 惟徐州. 淮、沂其乂, 蒙、羽其藝. 大野旣豬, 東原底平. 厥土赤埴墳, 草木漸包. 厥田惟上中, 厥賦中中. 厥貢, 惟土五色、羽畎夏翟、嶧陽孤桐、泗濱浮磬. 淮夷, 蠙、珠暨魚, 厥篚, 玄、纖、縞.]"라고 하였다.

210) 별학조(別鶴操): 악부(樂府) 금곡가사(琴曲歌辭) 중의 하나이다.

211) 어찌하여~합니까: 동쪽으로 흐르는 물은 소멸하여 되돌릴 수 없음을 비유하고, 북쪽의 구름은 이별을 상징한다.

212) 길은~가파르며[道阻且躋]: 『시경(詩經)』 진풍(秦風) 「겸가(蒹葭)」에서 "갈대가 푸르르니, 흰 이슬이 마르지 않았네. 이른바 저 사람, 물가 한쪽에 있네. 물결 거슬러 올라 따르려 하나, 길은 막히고도 가파르며, 물결 따라 내려가 따르려 하나, 완연히 물 가운데 모래섬에 있네.[蒹葭凄凄, 白露未晞. 所謂伊人, 在水之湄. 遡洄從之, 道阻且躋. 遡游從之, 宛在水中坻.]"라고 하였다.

213) 황룡부(黃龍府): 중국 길림성(吉林省)에 있는 땅 이름. 휘종(徽宗)과 흠종(欽宗) 등이 금(金)나라에 잡혀가 구금당한 곳이다.

214) 전장~제[風塵三尺]: '삼척(三尺)'은 '삼척검'으로 길이가 석 자 되는 칼인데, 한(漢) 고조(高祖) 유방(劉邦)이 삼척검으로 천하를 취한 일을 말한다. 두보(杜甫)의 「중경소릉(重經昭陵)」에서 "전장 티끌 속에 삼척검 휘두르고, 사직 위해 한번 갑옷 입었네.[風塵三尺劍, 社稷一戎衣.]"라고 하였다. 유방의 고사는 『사기(史記)』 「고조본기(高祖本紀)」에 보인다. 전고 (47).

215) 살아서~바랍니다: '옥문관'은 감숙성(甘肅省) 돈황(敦煌) 서쪽의 관문(關門)이다. 반초

니, 슬퍼라, 누구와 함께 있어야 합니까? 화병(畫屛)을 의지해 배회(徘徊)하면 어깨에 기댄 듯하고, 옥경(玉鏡)에 임해 그리워 슬퍼하면 얼굴을 마주한 것 같습니다. 하룻밤 사이에 매화(梅花)가 핀 것[216]에 놀라고 삼춘(三春)의 수양버들 빛깔에 탄식합니다. 마음속에 이미 간직하였으니 어느 날인들 잊을 수 있겠습니까? 어서 돌아오기만 하시고 오래도록 머무르지 마십시오. 그러나 병가(兵家)는 일이 급하고 막부(幕府)는 군령이 엄한지라, 전날의 과실을 경계해야 하니 훗날의 만남을 어찌 기약하겠습니까? 하늘이 혹 도와주신다면 훗날 기회를 얻을 수 있을 것이니, 번뇌(煩惱)하지 마시고 만분(萬分) 진중(珍重)하십시오. 부장 안기는 성질이 탐음(貪淫)[217]합니다. 생각건대 반드시 남을 도모할 것이니 더더욱 두루 조심하십시오. 말은 어지러이 바람에 날리는 실올처럼 몹시 거칠고 엉성하며, 마음은 골짜기에 구름이 낀 것처럼 메어 막힙니다. 마음속에 가득한 생각은 천(千)에 하나도 펴지 못했습니다.

서문생이 편지를 읽으면서 눈물을 흘리니 종이가 젖어 거의 찢어지게 되었다.

청성에 도착해서 보니, 도군황제(道君皇帝)[218]가 청의(青衣)를 입고서 술을 따르고 있었다[219]. 남인(南人) 가운데는 애통한 마음에 심지어 기절하는 자도 많이 있었다. 서문생이 선무사의 말을 잘 따라 폐백을 바치고

(班超)가 절역(絶域)에서 오래 머무르게 되자 상소(上疏)하였는데, 그 내용 가운데 살아서 옥문관에 들어가기를 바란다는 말이 있다. 『후한서(後漢書)』「반초전(班超傳)」에 보인다. 전고 (17).

216) 하룻밤~것[一夜梅花之發]: 당(唐) 노동(盧仝)의 「유소사(有所思)」에서 "임 그리는 하룻밤 사이에 매화가 피었는데, 문득 창 앞에 이르니 당신인가 하네.[相思一夜梅花發, 忽到窓前疑是君.]"라고 하였다.

217) 탐음(貪淫): 탐욕스럽고 여색(女色)을 좋아함.

218) 도군황제(道君皇帝): 송(宋) 휘종(徽宗)이 흠종(欽宗)에게 양위하고 스스로 도군황제라 칭하였다.

219) 청의(青衣)를~있었다: '청의'는 푸른 옷으로, 천한 사람이 입는 것이다. 여기서는 진(晉) 회제(懷帝)가 유총(劉聰)에게 사로잡혀 청의를 입고 연회에서 술을 따른 고사를 가져와 말한 것이다. 『진서(晉書)』「효회제기(孝懷帝紀)」에서 "7년 봄 정월에 유총이 크게 연회를 열어 회제로 하여금 청의를 입고 술을 따르게 하였다. 시중 유민이 호곡하니 유총이 싫어하였다. 정미일에 회제가 시해를 당하여 평양에서 붕어하니 당시 나이가 서른이었다. [七年春正月, 劉聰大會, 使帝著青衣行酒. 侍中庾珉號哭, 聰惡之. 丁未, 帝遇弑, 崩于平陽, 時年三十.]"라고 하였다.

명을 전하는 일을 모두 의리에 맞게 거행하니 곡진(曲盡)하여 과실이 없었다. 청성에서 돌아온 뒤, 선무사는 서문생을 상객(上客)으로 삼아 안기의 위에 두었다. 이로 말미암아 안기가 서문생과 매우 불화(不和)하여 각각 따로 별관에 거처하게 되었다. 서문생이 발행할 적에 편지를 올렸던 동자를 명하여 불러 그 편지를 돌려주며 말했다.

"네 아버지와 가속(家屬)들은 전란을 만나 간 곳을 모르겠고, 이 편지만 부질없이 왔구나."

동자가 편지를 받아 자기 집으로 돌아와 펼쳐 보니 그 내용은 다음과 같았다.

> 삼생(三生)의 인연이 맺어지고 백년(百年)의 맹약이 이루어져 무산(巫山)의 좋은 일[220]과 동정(洞庭)의 아름다운 기약[221]이 길이 단란(團欒)하리라 여겼지 부침(浮沈)하리라고는 생각지 못하였으니, 하늘은 어찌도 우리를 불쌍히 여기지 않아 망극(罔極)한 세상을 만나게 하셨는가[222]? 화표(華表)가 바람에 꺾이니 둥지에 깃든 학은 꿈꾸다 놀라고[223], 성문(城門)에 불이 나니 재앙이 못의 물고기에 미쳤구려[224]. 연(燕)나라 밤하늘에 달이 뜰 때 누군들 창자가 끊어지는 사람이 아니겠소? 초(楚)나라 산(山)에 가을 서리 내

---

220) 무산(巫山)의~일: 초(楚) 회왕(懷王)이 무산신녀(巫山神女)를 만난 일을 말한다. 『문선(文選)』에 실린 송옥(宋玉)의 「고당부(高唐賦)」에 보인다. 전고 (23).

221) 동정(洞庭)의~기약: 미상. 양(梁) 유운(柳惲)의 「강남곡(江南曲)」에서 "물가에서 흰 마름 뜯는데, 강남의 봄날은 따뜻하여라. 동정의 귀객이, 소상에서 옛 임을 만났다네. 옛 임은 어째서 돌아오지 않나? 봄꽃도 다시 시들 텐데. 새 사람과 즐겁다 말하지 않고, 그저 길이 멀다고만 하네.[汀洲采白蘋, 日暖江南春. 洞庭有歸客, 瀟湘逢故人. 故人何不返? 春花復應晚. 不道新知樂, 只言行路遠.]"라고 하였다.

222) 망극한~하셨는가[遭世罔極]: 전한(前漢) 가의(賈誼)의 「조굴원부(弔屈原賦)」에서 "망극한 세상을 만나, 마침내 그 몸을 잃었네.[遭世罔極兮, 迺殞厥身.]"라고 하였다.

223) 화표(華表)가~놀라고: '화표'는 궁이나 성 혹은 무덤 앞에 세운 돌기둥이다. 요동(遼東) 사람 정영위(丁令威)가 도를 터득하고서 학(鶴)이 되어 성문의 화표주(華表柱)에 내려앉았는데, 어떤 소년이 활을 쏘아 맞히려 하자 날아갔다. 『수신후기(搜神後記)』에 보인다. 전고 (48).

224) 성문(城門)에~미쳤구려: 송(宋)나라 성문에 불이 나자 못의 물을 길어다 불을 끄니 물고기가 말라 죽었다고 한다. 『태평광기(太平廣記)』 수족(水族)3 「지중어(池中魚)」에 보인다. 전고 (49).

릴 때 모두들 옷깃을 적시는 객이 되오. 해 아래의 장안(長安)을 바라보니[225] 연화(煙火)[226]가 사방에 일어나고, 영외(嶺外)의 귀로(歸路)를 가리키니 산과 바다가 천리(千里)나 되었소. 다행히 부사(府使)의 봉영(逢迎)을 받들어 마침내 원수의 사려(思慮)에서 벗어났소. 시교(市橋)에서 동자(童子)라 칭한 것은 계책이 우연이 아니요, 청성(青城)의 부모를 칭탁한 것은 그 심정을 상상할 만하오. 역참(驛站)에서 새벽까치 소리를 들으니 한 통 편지에 놀라고 기뻐했지만, 새장에 갇힌 백한(白鷴)[227] 신세인지라 부질없이 천 줄기 눈물만 흘렸다오. 지난번에 황혼(黃昏)의 약속을 이루려고 하여 밤중의 경계를 돌아보지 않고 대숲의 옛길을 찾아 옛 부용(芙蓉) 장막에 들어가니, 꽃다운 얼굴은 그대로이고 옥 같은 모습은 여전하였소. 현도관(玄都觀) 유랑(劉郞)의 뒤를 이으니 복숭아나무 천 그루가 있고[228], 서산(西山)의 소자(蘇子)를 뒤따르니 매화가 가지 하나를 눌렀구려[229]. 어찌하여 맞이하고 전송함이 너무도 촉박하여 비바람이 몰아치듯 분주하였는지? 슬퍼할 겨를도 없었는데 담소할 틈이 있었겠나? 말을 머금고서 미처 꺼내지도 못하고 한(恨)을 삼키고서 허망하게 돌아왔구려. 다시 만나보고 싶지만 험난한 일이 한둘이 아님을 어찌하랴? 다만 율령(律令)이 위에서 내려올 뿐만 아니라 승냥이와 이리[230]도 가운데에 있지. 만약 이 위기(危機)를 밟는다면 서제막급(噬臍莫及)일 터이니, 평안하게 되기를 기다려야 종신토록 원통함이 없을 것

---

225) 해~바라보니[望日下之長安]: 당(唐) 왕발(王勃)의 「등왕각서(滕王閣序)」에서 "해 아래에 있는 장안을 바라보고, 구름 사이에 있는 오회를 가리킨다.[望長安於日下, 指吳會於雲間.]"라고 하였다.

226) 연화(煙火): 전화(戰火). 병화(兵火).

227) 백한(白鷴): 조롱에 넣고 기르는 새로, 구속된 상황을 비유한다. 당(唐) 옹도(雍陶)의 「화손명부회구산(和孫明府懷舊山)」에서 "가을에 달을 보고 돌아갈 생각 많아, 스스로 일어나 조롱 열고 백한 놓아 보내네.[秋來見月多歸思, 自起開籠放白鷴.]"라고 하였다.

228) 현도관(玄都觀)~있고: '현도관'은 당(唐)나라 장안(長安)에 있었던 도관(道觀)이고, '유랑(劉郞)'은 유우석(劉禹錫)이다. 유우석이 좌천되어 낭주사마(朗州司馬)로 있다가 10년 만에 장안으로 와서 현도관의 복사꽃을 보고 지은 「유현도관(遊玄都觀)」에서 "장안 길의 먼지가 얼굴을 스치는데, 꽃구경하고 온다 말하지 않는 사람 없네. 현도관의 천 그루 복숭아나무, 다 유랑이 떠난 후에 심은 것이라네.[紫陌紅塵拂面來, 無人不道看花回. 玄都觀裏桃千樹, 盡是劉郞去後栽.]"라고 하였다.

229) 서산(西山)의~눌렀구려: 송(宋) 소식(蘇軾)의 「무창서산(武昌西山)」에서 "번구에서 춘주를 싣고, 서산에 올라 들매화 찾던 일 떠오르네.[憶從樊口載春酒, 步上西山尋野梅.]"라고 하였다.

230) 승냥이와 이리: 안기를 가리킨다.

이오. 해와 달은 밝은 빛이 있으니 반드시 엎어 놓은 동이에도 비출 것이고[231], 귀신은 길함을 숭상하니 장차 깨진 거울이 합쳐질 것이오[232]. 마음은 초조하고 생각은 고갈(枯渴)되어 몸속에 불길이 타오르고, 아픔이 깊고 슬픔이 극에 달해 두 눈동자에 핏발이 가득 섰소. 종이의 색은 처량하고 편지의 글은 어지러운데, 유구무언(有口無言)이라 무슨 말을 해야 할지 모르겠네.

동선이 편지를 한 줄 읽을 때마다 더욱 오열하니 비통한 마음이 이전보다 배나 간절하였다.

얼마 지나지 않아 여진의 사자가 오자, 안기는 거짓으로 화친을 배척하고 적을 도모하는 내용의 글을 서문적의 손에서 나온 것처럼 꾸며 저쪽 사자에게 주어 몰래 가지고 돌아가 보고하도록 했다. 여진이 대로하여 서문 상객 및 상장을 포박하여 보내라고 급히 명을 내리니, 선무사의 다그치는 명령이 빠르기가 마치 우레와 번개 같았다. 상객은 피신하고자 했으나 겨를이 없어 당황하고 허둥지둥하는 사이에 이미 갑병(甲兵)이 사방을 에워싸고 붙잡아 가버렸다. 서문생이 여진에 이르러 원통하고 억울함을 호소하였지만, 그래도 믿어주지 않았다. 동시에 붙잡아 데려간 수백 명은 이전에 사로잡혔던 3천여 명의 사람들과 함께 모두 연경(燕京)에 이르러 옥(獄)에 갇히게 되었다. 동선이 이 소식을 듣고 목 놓아 통곡하며 말했다.

"하늘이여, 하늘이여! 어찌 이럴 수가 있습니까? 박명(薄命)한 여생(餘

---

231) 해와~것이고: 『포박자(抱朴子)』 내편(內篇) 「변문(辨問)」에서 "해와 달도 비추지 못하는 곳이 있고 성인도 알지 못하는 것이 있으니, 어찌 성인이 하지 않는 것이라 하여 곧 천하에 신선이 없다고 하는가? 이는 바로 삼광이 엎어 놓은 동이 안을 비추지 못한다고 책망하는 것이다.[日月有所不照, 聖人有所不知. 豈可以聖人所不爲, 便云天下無仙? 是責三光不照覆盆之內也.]"라고 하였다.

232) 장차~것이오[將合破鏡]: '파경(破鏡)'은 깨진 거울로, 부부가 헤어짐을 비유한다. 진(陳)나라의 서덕언(徐德言)과 낙창공주(樂昌公主) 진씨(陳氏)는 나라가 망하게 되자 거울을 깨뜨려 나누어 가진 뒤 정월 보름에 도성의 시장에서 팔기로 하였다. 진나라가 망하자 낙창공주는 양소(楊素)의 집으로 들어가게 되었다. 서덕언이 정월 보름에 시장에 가니 한 창두(蒼頭)가 반쪽 거울을 팔고 있었다. 양소가 시를 지어 창두를 통해 진씨에게 전하니, 진씨가 시를 보고 눈물을 흘리며 음식을 먹지 않았다. 양소가 그 사정을 알고 진씨를 서덕언에게 돌려보냈다. 『태평광기(太平廣記)』 기의(氣義)1 「양소(楊素)」에 보인다. 전고 (50).

生)이 다시 무얼 바라리오? 아득한 천지간에 장차 어디로 돌아가야 한단 말인가?"

마침내 음식을 먹지 않아 거의 목숨을 구제할 수 없는 상황에 이르렀다. 그러다가 얼마 후 스스로 깨달았다.

"십여 년 뒤에 응당 복지(福地)[233]에 들어갈 것이라고 말한 것이 아직도 기억나는구나. 그런데 지금 곧바로 자결한다면 다시는 만일의 희망도 없을 것이니, 내 어찌 자중(自重)하지 않겠는가?"

이때 안기가 홀로 남아 성을 지키니 복종(僕從)과 호령(號令)이 모두 그의 손에서 나왔다. 이에 성안을 수색해 동선을 붙잡아 와서는 사람을 시켜 공역(供役)을 감독하게 하고 이어서 자기의 본심을 전하였다. 동선이 전혀 허락하지 않자, 안기는 자신의 감정을 억누르지 못해 기필코 동선을 차지하겠다고 다짐하면서 편지를 써서 달랬다.

> 몸이 관부(官府)의 기녀가 되어 명(命)이 공가(公家)에 달려 있으니, 예(禮)는 사람을 따르는 데 있고 절개는 때에 따라 변하는 것이다. 이제 만약 나를 따른다면, 깊은 궁궐과 고대광실(高臺廣室)에서 편안히 살 것이며 비단옷을 입고 고량진미(膏粱珍味)를 먹는 봉양을 받을 것이니, 이름이 어찌 기적(妓籍)에 매여 있을 것이며 신역(身役)이 어찌 하찮은 일로 번거롭겠는가? 이보다 큰 영화가 없을 것이며 이보다 더한 즐거움이 없을 것이다. 하지만 만일 순종하지 않는다면, 아침저녁으로 일을 맡아 괴로울 것이며 매질을 당해 죽거나 다칠까 걱정할 것이다. 교각(橋脚)의 신의(信義)[234]는 세상 사람들에게 웃음거리가 되고 도랑의 작은 신의[235]는 아무도 알아주지 않으니, 이는 매우 명분이 없는 것이다. 하물며 저 서문적은 다시는 기약할 수 없고, 만

---

233) 복지(福地): 신선이 사는 곳. 행복하게 살 수 있는 곳.

234) 교각(橋脚)의 신의(信義): 미생지신(尾生之信)과 같은 말로, 약속이 굳음 혹은 융통성이 없음을 뜻한다. 『장자(莊子)』 잡편(雜篇) 「도척(盜跖)」에서 "미생이 어떤 여자와 다리 아래에서 만나기로 약속하였는데 여자가 오지 않자 물이 불어나는데도 떠나지 않고 교각을 안고서 죽었다.[尾生與女子, 期於梁下, 女子不來, 水至不去, 抱梁柱而死.]"라고 하였다.

235) 도랑의~신의: 필부필부(匹夫匹婦)의 하찮은 신의를 말한다. 『논어(論語)』 「헌문(憲問)」에 보인다. 전고 (51).

리(萬里) 연경(燕京)의 하늘은 가도 가도 끝이 없지. 가시 울타리 속의 괴로운 삶 속에 수심과 한탄이 다투어 공격할 것이고, 이역(異域)의 독기 어린 안개 가운데 질병에 걸리기 쉬우니, 갑자기 죽게 되지 않으리라고 어찌 장담할 수 있겠는가? 유한한 인생으로 부질없이 무익한 맹세를 지켰다는 것을 필경 알게 될 것이니 비록 후회한들 무슨 소용이 있겠나? 청춘(青春)은 덧없이 지나가고 백일(白日)은 잠깐일 뿐이며, 강물은 서쪽으로 돌아갈 조짐이 없고[236] 꽃은 열흘 동안 붉은 것이 없으니[237], 번화한 곳은 어느 곳이며 즐거움은 어디에 있는가[238]? 홀로 청총(青塚)만 남아 부질없이 달밤의 혼으로 돌아올 것이요[239], 초왕(楚王)과 말도 함께 하지 않고 그저 꽃을 보고 흐르는 눈물만 젖을 것이다[240]. 괴로운 절개는 곧을 수 없으며[241] 작은 신

---

236) 강물은~없고: 동쪽으로 흐르는 물은 소멸하여 되돌릴 수 없음을 비유한다.

237) 꽃은~없으니: 송(宋) 양만리(楊萬里)의 「납전월계(臘前月季)」에서 "꽃은 열흘 동안 붉은 것이 없다고들 하지만, 이 꽃에는 봄바람 불지 않는 날 없네.[只道花無十日紅, 此花無日不春風.]"라고 하였다.

238) 즐거움은~있는가[行樂誰邊]: 당(唐) 송지문(宋之問)의 「유소사(有所思)」에서 "하루아침에 병들어 눕자 알아주는 이 없으니, 삼춘의 즐거움은 어느 곳에 있는가?[一朝臥病無相識, 三春行樂在誰邊?]"라고 하였다.

239) 홀로~것이요[獨留青塚 空歸月夜之魂]: 당(唐) 두보(杜甫)의 「영회고적(詠懷古跡)」에서 "천산만학(千山萬壑) 형문으로 달려가니, 명비가 생장한 마을 아직도 있네. 한 번 자대 떠나니 북쪽 사막 이어지고, 홀로 청총만 남아 황혼을 향하였지. 그림으로만 봄바람 같은 얼굴 알아보는데, 패옥 울리며 부질없이 달 아래 혼으로 돌아왔네. 천년 동안 비파로 오랑캐 말 해 왔으니, 분명 그 곡조 안에 원한이 담겼다오.[群山萬壑赴荊門, 生長明妃尚有村. 一去紫臺連朔漠, 獨留青塚向黃昏. 畫圖省識春風面, 環珮空歸月下魂. 千載琵琶作胡語, 分明怨恨曲中論.]"라고 하였다. 전한(前漢) 효원제(孝元帝)는 궁녀가 매우 많았으므로 화공(畫工)에게 궁녀의 초상화를 그리게 하여 그림을 보고 골랐으므로, 궁녀들이 화공에게 뇌물을 주어 초상화를 잘 그려 달라고 부탁했다. 그때 궁녀였던 왕소군(王昭君)은 뇌물을 바치지 않아 화공 모연수(毛延壽)가 초상화를 제대로 그려주지 않았으므로 효원제의 사랑을 받지 못했다. 이후 흉노(匈奴)의 선우(單于)가 미인(美人)을 요구하자 왕소군은 흉노의 선우에게 보내지게 되었는데, 왕소군이 떠날 적에 효원제가 보니 절세미인이었다. 이에 뇌물을 받은 모연수 등은 기시형(棄市刑)을 당하였다. 한편 왕소군은 흉노(匈奴)에서 살다가 죽었는데, 그녀의 무덤만 유독 푸르러 청총이라 하였다. 왕소군 고사는 『서경잡기(西京雜記)』「화공기시(畫工棄市)」에 보인다. 전고 (52).

240) 초왕과~것이다[不共楚王 只沾看花之淚]: 당(唐) 왕유(王維)의 「식부인(息夫人)」에서 "지금의 은총(恩寵) 때문에, 옛날의 은혜를 잊을 수는 없지. 꽃을 보고 두 눈 가득 눈물 흘리며, 초왕과 말도 함께 하지 않았네.[莫以今時寵, 能忘舊日恩. 看花滿眼淚, 不共楚王言.]"라고 하였다. 식부인(息夫人)은 춘추시내 식(息)나라 제후의 부인으로, 성이 규(嬀)이므로 식규(息嬀)라고도 한다. 초(楚) 문왕(文王)이 그녀가 아름답다는 소문을 듣고 식나라를 멸한 뒤 아내로 삼았는데, 식부인은 두 지아비를 섬긴 것을 부끄러워하여 말을 하지 않았다. 『춘추좌씨전(春秋左氏傳)』「장공(莊公)」 10년과 14년 조에 보인다. 전고

의[242]는 행할 수 없는 것이다. 부디 잘 생각하고 다시 생각하여 스스로 매몰(埋沒)하지 말라.

동선이 답서(答書)를 지어 자기의 진정(眞情)을 말했다.

제비는 반드시 쌍으로 날고 까치는 홀로 깃들이지 않으니, 동물은 다 짝을 찾고 사람 또한 정이 있습니다. 이제 가르침을 받았으니 감히 명을 따르지 않겠습니까마는, 그윽이 단심(丹心)이 있으니 잠깐 말씀드리고자 합니다. 첩이 청춘(青春) 시절에 몸이 윤락에 종사하여 문 앞에는 옛 손님이요 베개에는 새 사람이었으니, 한 번 맞이하고 보내면서 몇 번이나 희비(喜悲)가 엇갈렸겠습니까? 지난번에 상객(上客)께서 변경(汴京)에서 오시어 초췌한 저를 버리지 않고 특별히 마음을 허락하시니, 함께 살고 함께 죽자는 맹세는 있었고 가지도 않고 오지도 않는다는 탄식[243]은 없었습니다. 첩은 이에 옛날에 물들었던 혼탁함을 제거하고, 예전에 익혔던 문란함을 고쳤습니다. 주(周)나라의 덕(德)이 유행(流行)하니 비록 「한광(漢廣)」의 유녀(遊女)에 부끄러웠으나[244], 위(衛)나라의 풍속이 음란하니 채당(采唐)의 여풍(餘風)을 끊고 싶었습니다[245]. 즐거운 군자(君子)[246]는 실로 나의 배필(配匹)이요[247], 이

---

(53)·(54).

241) 괴로운~없으며[苦節不可貞矣]: 『주역(周易)』 「절(節)」에서 "절제(節制)는 형통하니, 괴로운 절제는 곧을 수 없다.[節亨, 苦節不可貞.]"라고 하였다.

242) 작은 신의: 필부필부(匹夫匹婦)의 하찮은 신의를 말한다. 『논어(論語)』 「헌문(憲問)」에 보인다. 전고 (51).

243) 가지도~탄식[莫往莫來之歎]: 『시경(詩經)』 패풍(邶風) 「종풍(終風)」에서 "종일토록 바람 불고 흙비 내리나, 순(順)히 즐겨 오기도 하네. 가지도 않고 오지도 않는지라, 아득한 내 그리움이로다.[終風且霾, 惠然肯來. 莫往莫來, 悠悠我思.]"라고 하였다. 이 시는 장강(莊姜)이 위(衛) 장공(莊公)의 사나움을 비유하여 노래한 것이다.

244) 주(周)나라의~부끄러웠으나: 『시경(詩經)』 주남(周南) 「한광(漢廣)」에서 "남쪽에 교목이 있는데, 쉴 수 없네, 한수에 유녀가 있는데, 구할 수 없네. 한수는 넓어, 헤엄쳐 갈 수 없으며, 강수는 길어, 뗏목 타고 갈 수 없네.[南有喬木, 不可休息. 漢有遊女, 不可求思. 漢之廣矣, 不可泳思. 江之永矣, 不可方思.]"라고 하였다. 주(周) 문왕(文王)의 교화가 한수와 강수 지역에 미쳐 음란한 풍속을 변화시켰던바, 이 시는 사람들이 놀러 나온 여자들을 보고 예전처럼 구할 수 없음을 노래한 것이다.

245) 위(衛)나라의~싶었습니다: 『시경(詩經)』 용풍(鄘風) 「상중(桑中)」에서 "새삼을 캐기를, 매향에서 하였네. 누구를 그리는가? 아름다운 맹강이지. 상중에서 만나기로 나와 약속했고, 상궁에서 나를 맞았으며, 기수 가에서 나를 전송했네.[爰采唐矣, 沫之鄉矣. 云誰之

런 양인(良人)[248]은 우러러 바라던 분입니다. 하늘이 순(順)하지 않음[249]이 한탄스럽고 시사(時事)가 다난(多難)함이 애통한데, 일생(一生)의 기구(崎嶇)한 운명을 만나 만리(萬里)의 이별을 근심하니, 원망은 하늘과 사람에게 있지 않지만[250] 한숨은 전쟁으로 인해 늘 절절합니다. 이 충정(衷情) 간직하고 독실히 생각할 따름이니, 임이 그리우나 만나지 못하는데 나로 하여금 잊게 할 수 있겠습니까[251]? 지금 장군께서는 어찌하여 사람 마음을 몰라주시고 스스로 좋지 못한 덕을 취하십니까? 군대의 대오(隊伍)를 엄히 하고 방패와 창을 정돈하는 것은 오늘날의 급선무요, 담을 넘어가 신첩(臣妾)을 꾀는 것은 유서(遺書)에서 경계한 바입니다[252]. 성대히 빛나고 존귀하신 분

思? 美孟姜矣. 期我乎桑中, 要我乎上宮, 送我乎淇之上矣.]"라고 하였다. 이 시는 위(衛)나라의 풍속이 음란하여 세족(世族)으로 지위에 있는 자들도 서로 처첩(妻妾)을 훔침을 노래한 것이다.

246) 즐거운 군자[樂只君子]: '낙지군자(樂只君子)'는 『시경(詩經)』 주남(周南) 「규목(樛木)」, 소아(小雅) 「남산유대(南山有臺)」 등에 보인다.

247) 실로~배필이요[實維我儀]: 『시경(詩經)』 용풍(鄘風) 「백주(柏舟)」에서 "두둥실 저 잣나무 배, 저 하수 가운데에 있네. 두 갈래 머리 드리운 저 분, 실로 나의 배필(配匹)이니, 죽음에 이를지언정, 맹세코 다른 데 가지 않으리. 어머니는 하늘이시니, 사람 마음 몰라주시나?[汎彼柏舟, 在彼中河. 髧彼兩髦, 實維我儀. 之死, 矢靡他. 母也天只, 不諒人只?]"라고 하였다.

248) 이런 양인[如此良人]: '양인(良人)'은 남편이다. 『시경(詩經)』 당풍(唐風) 「주무(綢繆)」에서 "칭칭 땔나무를 묶을 때, 삼성이 하늘에 있네. 오늘 밤은 어떤 밤인가? 이 양인을 만났네. 그대여 그대여! 이 양인을 어이할까?[綢繆束薪, 三星在天. 今夕何夕? 見此良人. 子兮子兮! 如此良人何?]"라고 하였다.

249) 하늘이~않음[昊天之不惠]: 『시경(詩經)』 소아(小雅) 「절남산(節南山)」에서 "하늘이 순(順)하지 않아, 이 큰 괴려(乖戾)를 내리셨네.[昊天不惠, 降此大戾.]"라고 하였다.

250) 원망은~않지만: 『논어(論語)』 「헌문(憲問)」에서 "공자가 말했다. '나를 아는 이가 없구나!' 자공이 말했다. '어찌하여 선생님을 아는 이가 없다 하십니까?' 공자가 말했다. '하늘을 원망하지 않으며 사람을 탓하지 않고, 아래로 인사(人事)를 배워 위로 천리(天理)를 통달한다. 나를 아는 이는 아마 하늘이겠지![子曰: '莫我知也夫!' 子貢曰: '何爲其莫知子也?' 子曰: '不怨天, 不尤人, 下學而上達. 知我者, 其天乎!']"라고 하였다.

251) 나로~있겠습니까[俾我可忘]: 『시경(詩經)』 패풍(邶風) 「일월(日月)」에서 "해와 달이, 동녘에서 뜨네. 이와 같은 사람이, 덕음이 좋지 못하네. 어떻게 하면 안정할 수 있을까마는, 나로 하여금 잊을 만하게 하는가?[日居月諸, 出自東方. 乃如之人兮, 德音無良. 胡能有定? 俾也可忘?]"라고 하였다. 주희(朱熹)는 "'비야가망'은 어찌하여 유독 나로 하여금 잊을 만한 자가 되게 하느냐는 말이다.[俾也可忘, 言何獨使我爲可忘者邪.]"라고 하여 장공(莊公)이 장강(莊姜)을 잊는 것으로 보았다. 여기서는 동선이 서문적을 잊을 수 없다는 뜻으로 사용한 듯하다.

252) 담을~바입니다: 『서경(書經)』 주서(周書) 「비서(費誓)」에서 "감히 도적질하며 담을 넘어가 마소를 훔치며 신첩을 꾀지 말라. 너에게 상형이 있으리라.[無敢寇攘, 踰垣牆, 竊馬牛, 誘臣妾. 汝則有常刑.]"라고 하였는데, 이는 백금(伯禽)이 회이(淮夷)와 서융(徐戎)을 정

으로서 이렇게 심히 더럽고 비천한 것을 가까이하시니, 이치에 맞지 않고 사리에 온당하지 않습니다. 어찌 스스로 성대한 덕을 실추하시며 가만히 앉아 명망(名望)을 잃으셔야 하겠습니까? 더구나 열녀(烈女)와 충신(忠臣)은 이름은 다르지만 도(道)는 한가지입니다. 지금 장군께서는 곧 송조(宋朝)의 충신이요 첩은 곧 서문적의 열녀입니다. 장군께서는 송나라의 음식을 먹고 송나라의 옷을 입고 송나라의 벼슬을 받았습니다. 송나라가 장군에게 실로 이미 후한 은혜를 베풀었으니, 장군께서 송나라에 어찌 한결같은 마음으로 시종일관(始終一貫)하지 않을 수 있겠습니까? 정말이지 한가하고 편안할 때에는 따르다가 위태롭고 망할 때에 등져서는 안 되는 것이니, 어찌 차마 북조(北朝)의 강성한 세력에 몰래 빌붙어 개와 양 같은 오랑캐의 하늘 아래에서 구차히 살 수 있으며, 어찌 차마 초심(初心)을 바꾸어 몸을 허락한 의(義)를 생각지 않을 수 있단 말입니까? 비단 몹시도 마음으로 차마 하지 못하고 의리상 불가할 뿐만이 아닙니다. 아녀자의 자잘한 말과 보잘것없는 절개로 말하자면 비록 같은 수준에 놓고 이야기할 수 없으나[253], 이 사단(四端)[254]이 있는 것은 남녀가 한가지입니다. 신체발부(身體髮膚)는 부모님께 받은 것이요[255] 성정(性情)과 원기(元氣)는 천지(天地)로부터 품부(稟賦)하여 받은 것입니다. 이미 지각(知覺)의 양능(良能)이 있는데 유독 수오지심(羞惡之心)[256]이 없겠습니까? 이미 강상(綱常)의 법전(法典)을 들었는데 유독 부부

벌할 적에 군사들에게 맹세한 말이다. '유서(遺書)'는 고인(古人)이 남긴 글로 『서경』을 가리킨다.

253) 비록~없으나[雖不可同日而語之]: 『사기(史記)』「소진열전(蘇秦列傳)」에서 소진이 조(趙) 숙후(肅侯)를 설득하면서 "남을 깨뜨리는 것과 남에게 깨지는 것, 남을 신하로 삼는 것과 남의 신하가 되는 것을 어찌 같은 수준에서 논할 수 있겠습니까?[夫破人之與破於人也, 臣人之與臣於人也, 豈可同日而論哉?]"라고 하였다.

254) 사단(四端): 인(仁)·의(義)·예(禮)·지(智)의 단서(端緖). 『맹자(孟子)』「공손추(公孫丑)」상(上)에서 "측은지심은 인의 단서요, 수오지심은 의의 단서요, 사양지심은 예의 단서요, 시비지심은 지의 단서이다. 사람이 이 사단을 가지고 있는 것은 사지(四肢)를 가지고 있는 것과 같으니, 이 사단을 가지고 있으면서 스스로 할 수 없다고 말하는 자는 스스로를 해치는 자이고, 그 임금이 할 수 없다고 말하는 자는 그 임금을 해치는 자이다.[惻隱之心, 仁之端也. 羞惡之心, 義之端也. 辭讓之心, 禮之端也. 是非之心, 知之端也. 人之有是四端也, 猶其有四體也. 有是四端而自謂不能者, 自賊者也. 謂其君不能者, 賊其君者也.]"라고 하였다.

255) 신체발부(身體髮膚)는~것이요: 『효경(孝經)』 경(經) 1장(章)에서 공자(孔子)가 증자(曾子)에게 "신체발부는 부모님께 받았으니, 감히 훼상하지 않는 것이 효의 시작이다.[身體髮膚, 受之父母, 不敢毁傷, 孝之始也.]"라고 하였다.

(夫婦)의 의리(義理)에 어둡겠습니까? 군자의 도(道)는 이에서 단서(端緖)가 시작하고[257] 부부의 곧음은 이를 만나보는 것이 이롭습니다. 이런 까닭에 원숭이가 영남(嶺南)에서 슬프게 울자 배씨(裵氏)가 이에 귀를 자르려 하였으니 이는 이덕무(李德懋)를 생각한 것이 아니겠습니까[258]? 뱀이 술잔에서 변하자[259] 노씨(盧氏)가 또한 눈을 도려냈으니 이는 방현령(房玄齡)을 위한 것이 아니겠습니까[260]? 가위를 꺼내 머리를 자르고 시랑(侍郎)이 올린 표문(表文)을 헛된 것으로 만들었으며[261] 칼을 뽑아 코를 자르고 귀인(貴人)의 요구를 따르지 않았으니[262], 절개를 세움이 매우 높았으며 몸가짐이

---

256) 수오지심(羞惡之心): 『맹자(孟子)』「공손추(公孫丑)」상(上)에서 "수오지심은 의의 단서이다.[羞惡之心, 義之端也.]"라고 하였는데, 주희(朱熹)는 "'수'는 자기의 불선을 부끄러워하는 것이요, '오'는 남의 불선을 미워하는 것이다.[羞, 恥己之不善也. 惡, 憎人之不善也.]"라고 하였다.

257) 군자의~시작하고[君子之道 造端乎此]: '이[此]'는 부부(夫婦)를 말한다. 『중용(中庸)』 제12장에서 "군자의 도는 부부에게서 단서가 시작하니, 그 지극한 경지에 이르러서는 하늘과 땅에 드러난다.[君子之道, 造端乎夫婦, 及其至也, 察乎天地.]"라고 하였다.

258) 원숭이가~아니겠습니까: 당(唐) 이덕무(李德武)가 영남(嶺南)으로 유배 가면서 아내 배씨(裵氏)에게 재혼하라고 하였다. 배씨는 다른 사람에게 가지 않겠다고 하면서 귀를 잘라 맹세하려 했으나 보모가 허락하지 않았다. 『신당서(新唐書)』「열녀전(列女傳)」에 보인다. 전고 (55).

259) 뱀이~변하자[蛇變樽中]: 진(晉)나라의 악광(樂廣)에게 친한 손이 있었는데 술을 마시다가 술잔 속에 비친 활 그림자를 뱀으로 오인해 병이 났다는 고사가 있다. 여기서는 방현령(房玄齡)이 병이 들었다는 뜻으로 사용하였다. 『진서(晉書)』「악광열전(樂廣列傳)」에 보인다. 전고 (56).

260) 노씨(盧氏)가~아니겠습니까: 당(唐)나라 방현령(房玄齡)이 한미했을 적에 병이 위중해지자 아내 노씨에게 재가(再嫁)할 것을 권하였는데, 노씨가 한쪽 눈을 도려내어 재가하지 않겠다는 의지를 보였다. 『신당서(新唐書)』「열녀전(列女傳)」에 보인다. 전고 (57).

261) 가위를~만들었으며[出刀斷髮 虛啓侍郎之表]: 저본과 화몽집본에만 '출도(出刀)'로 되어 있고, 다른 이본들에는 모두 '출두(出竇)'로 되어 있다. 다수의 이본에 나타나는 '출두(出竇)'가 맞는 것인 듯하나, 여기서는 우선 저본의 뜻으로 번역했다. 이는 당(唐)나라 이덕무(李德武)의 아내 배씨(裵氏)의 고사인 듯하다. '시랑(侍郎)'은 배씨의 부친인 황문시랑(黃門侍郎) 배구(裴矩)이다. 『구당서(舊唐書)』「열녀전(列女傳)」에서는 "배구가 당시에 황문시랑으로 있으면서 이덕무와 이혼하기를 주청하니 양제가 허락하였다.[矩時爲黃門侍郎, 奏請德武離婚, 煬帝許之.]"라고 하고, 또 "당시에 유직이 구혼하자 허락하고 기약하여 날짜를 정했는데, 배씨가 가위로 그 머리를 자르고 슬프게 울며 곡기를 끊으니, 배구는 탈지(奪志)하지 못하고 이에 그만두었다.[時有柳直求婚, 許之, 期有定日, 乃以翦刀斷其髮, 悲泣絶粒, 矩不可奪, 乃止.]"라고 하여, 『신당서(新唐書)』「열녀전(列女傳)」보다 자세하게 서술되어 있다. 전고 (55).

262) 칼을~않았으니: 위(魏)나라 조상(曹爽)의 종제(從弟)인 문숙(文叔)의 아내 영녀(令女)는 남편이 죽은 후 친정에서 재가(再嫁)시키려 하자 머리카락과 귀를 자르고 조상에게 의지하였는데, 조상이 사형을 당한 후 친정으로 돌아와 다시 코를 베었다. 『소학(小學)』

지극히 아름다웠습니다. 저물녘 뽕나무 숲에 금을 가지고 와서 전해 주었으니, 가소롭다, 추호자(秋胡子)여[263]! 물이 점대(漸臺)까지 불어났는데도 믿을 만한 부신(符信)이 없었으니, 슬프다, 초부인(楚夫人)이여[264]! 삼재(三才)가 자리를 나눔에 실가(室家)의 도가 능히 융성해지고, 두 집안이 사귀어 즐거워함에 정렬(貞烈)의 기풍(氣風)이 이에 드러납니다. 고상한 정조(情操)를 떨쳐 홀로 빼어나니 노책(魯册)에서는 이에 영화(英華)의 명성(名聲)을 드날리고, 높은 절조(節操)를 굳게 지켜 외로이 우뚝하니 주편(周篇)에서는 이에 무성(茂盛)한 실제(實際)를 드높였습니다[265]. 다만 순결(純潔)을 지킬 뿐, 어찌 더럽고 욕되게 하겠습니까? 이제 첩은 자질이 어리석어 지금을 본받지 않고 옛것을 배웠으며[266], 본성이 편벽하여 새로움을 중시하지 않고 예스러움을 추구합니다. 하늘 같은 남편과 까마득히 멀리 떨어져 바람 부는 풀잎의 아침 이슬처럼 덧없는데, 슬픈 마음과 근심스런 한탄이 안에서 서로 공격하고 부정(不正)한 말과 사나운 행실[267]이 그 바깥에서 또 침범하니,

---

「선행(善行)」에 보인다. 전고 (58).

263) 저물녘~추호자(秋胡子)여: 노(魯)나라의 추호자가 혼인한 지 닷새 만에 진(陳)나라로 벼슬하러 갔다가 5년 만에 돌아오게 되었다. 집에 거의 다다라서는 길가에서 한 여인이 뽕잎을 따는 것을 보고 수레에서 내려 금을 주겠다며 수작을 했는데, 집에 와서 보니 그 여인이 바로 자신의 처 결부(潔婦)였다. 결부는 남편을 부끄러워하여 강물에 몸을 던졌다. 『열녀전(列女傳)』 절의전(節義傳) 「노추결부(魯秋潔婦)」에 보인다. 전고 (59).

264) 물이~초부인(楚夫人)이여: 초(楚) 소왕(昭王)의 부인(夫人)인 정강(貞姜)이 소왕과 함께 출유(出遊)하였는데, 소왕이 정강을 점대(漸臺) 위에 머무르게 하고서 떠났다. 왕은 강물이 불어났다는 말을 듣고 사자를 보내 부인을 데려오게 하였는데, 깜빡 잊고 부절을 가져가게 하지 않았다. 사자가 정강을 데려가려 하자, 정강은 부절이 없으니 따라갈 수 없다고 고집하였다. 사자가 돌아가 부절을 가져오니, 점대는 무너지고 부인은 물에 휩쓸려 죽은 뒤였다. 『열녀전(列女傳)』 정순전(貞順傳) 「초소정강(楚昭貞姜)」에 보인다. 전고 (60).

265) 삼재(三才)가~드높였습니다: '삼재'는 천(天)·지(地)·인(人)이다. '노책(魯册)'은 『춘추(春秋)』로 곧 사서(史書)이며, '주편(周篇)'은 『시경(詩經)』으로 곧 전적(典籍)이다. 이 부분은 『진서(晉書)』 「열녀전(列女傳)」의 서두를 그대로 인용한 것이다. 전고 (61).

266) 지금을~배웠으며[不師今而學古]: 『사기(史記)』 「진시황본기(秦始皇本紀)」에서 승상(丞相) 이사(李斯)가 분서갱유(焚書坑儒)를 실시하기 위해 시황(始皇)에게 한 말에 "이제 제생들이 지금을 본받지 않고 옛것을 배워 당세를 비난하고 백성들을 어지럽히고 있습니다.[今諸生, 不師今而學古, 以非當世, 惑亂黔首.]"라고 하였다.

267) 부정한~행실[邪說暴行]: 『맹자(孟子)』 「등문공(滕文公)」 하(下)에서 "요임금과 순임금이 세상을 떠나자 성인의 도가 쇠퇴하여 폭군이 대대로 나와 민가를 파괴해 웅덩이를 만들어 백성들이 편히 쉴 곳이 없으며 전답을 폐기해 동산을 만들어 백성들로 하여금 의식을 얻지 못하게 하고 부정한 학설과 사나운 행실이 또 일어나 동산과 웅덩이와 늪지대가 많아져 금수가 이르니, 주왕의 때에 이르러 천하가 또 크게 어지러워졌다.[堯、舜既沒,

한 가닥 실낱같이 가냘픈 목숨이 조석(朝夕)에 달려 있습니다. 한스럽게도 기러기와 고니를 따라 안개와 구름을 헤치면서 가도 가도 끝이 없는 푸른 바다와 먼 하늘로 날아가지 못하는군요. 그리운 그 얼굴을 다시 만나 예전의 일을 또다시 이야기할 수만 있다면, 한 번만 보아도 충분할 터이니 만 번 죽더라도 무엇을 아까워하겠습니까? 애초의 마음은 일월(日月)처럼 밝고 예전의 약속은 금석(金石)처럼 굳으니, 일월처럼 밝은 마음은 이지러뜨릴 수 없고 금석처럼 굳은 약속은 깨뜨릴 수 없습니다. 설령 달콤한 말이 귀를 즐겁게 하고 화려한 이익이 눈을 유혹하더라도 오히려 옮기어 변하게 할 수 없으며, 시퍼런 칼날이 앞을 가로막고 우레와 번개가 위에 있더라도 끝내 흔들어 빼앗을 수 없으니, 충신의 절의(節義)는 늘 이에서 다할 것이며 열녀의 절개(節槪)는 늘 이에서 마칠 것입니다. 나라를 위해 몸을 바치기로 허락한 장군의 충성이라면 쇠와 돌을 뚫고 물과 불을 헤쳐 나갈 수 있으니[268], 어디를 간들 대의(大義)가 아님이 없을 것입니다. 그런데 어찌하여 한 번 아녀자를 보고는 몰래 사정(私情)을 일으켜, 공의(公義)를 따르려던 애초의 마음을 도외시하시며 사람을 감복시키는 장한 절의를 훼손하십니까? 그 생각은 잘못된 것이며 그 계책은 그릇된 것입니다. 지난번 선무사(宣撫使)가 패망을 당한 것과 상객(上客)이 화를 만난 것이 정말로 장군의 손에서 나온 게 아닙니까? 격노(激怒)한 적(敵)과 영합해 국가의 대사(大事)를 그르쳐, 안새(鴈塞)[269]로 막빈(幕賓)을 내몰고 어문(魚門)[270]에 위졸(衛卒)을 내버려, 타인의 자손들을 고아로 만들고 타인의 처첩들을 과부로 만들었으니, 저는 그윽이 장군을 위하여 취하지 않습니다[271]. 수기(數騎)를 거느리고 가서 남편을 구출

聖人之道衰, 暴君代作, 壞宮室以爲汙池, 民無所安息, 棄田以爲園囿, 使民不得衣食, 邪說暴行又作, 園囿·汙池·沛澤多, 而禽獸至. 及紂之身, 天下又大亂.]"라고 하였다.

268) 나라를~있으니[夫以將軍之忠 其許身殉國之誠 可以通金石蹈水火]: 『주역(周易)』「감(坎)」에서 "습감은 정성이 있어 마음으로 형통하니, 가면 가상(嘉尙)함이 있을 것이다.[習坎, 有孚, 維心亨. 行有尙.]"라고 하였는데, 이에 대하여 정이(程頤)는 "지극한 정성은 쇠와 돌을 뚫고 물과 불을 헤쳐 나갈 수 있으니, 무슨 험난함인들 형통하지 않을 수 있겠는가? [至誠, 可以通金石蹈水火, 何險難之不可亨也?]"라고 하였다.

269) 안새(鴈塞): 산 이름. 여기서는 변경(邊境)을 뜻한다.

270) 어문(魚門): 춘추시대 주(邾)나라의 성문(城門). 『춘추좌씨전(春秋左氏傳)』「희공(僖公)」 22년 조에서 "8월 정미일에 공이 주나라 군대와 승형에서 싸워 아군이 대패하였다. 주인이 공의 투구를 노획하여 어문에 매달아 놓았다.[八月丁未, 公及邾師戰于升陘, 我師敗績. 邾人獲公冑, 縣諸魚門.]"라고 하였다.

한 소씨(卲氏)에게 부끄럽고[272] 차꼬와 수갑을 풀어주고 남편을 대신한 원강(媛姜)을 슬퍼하니[273], 이는 곧 첩의 제일(第一)의 허물입니다. 첩이 이미 위험을 무릅쓰고서 범 아가리에 남은 고기 신세에서 벗어나도록 하지도 못한데다 또 흉악한 적들을 토벌하여 하늘 같은 남편의 깊은 원수를 갚지도 못하였으니, 항상 개탄하기에도 겨를이 없고 슬퍼하기에도 충분하지 않은데, 감히 다른 사람과 즐기면서 외물에 마음이 이끌려 신하가 되어 두 마음을 품은 자와 같음이 있겠습니까? 신자(臣子)가 되어 충성스럽지 못하고 비첩(婢妾)이 되어 정절이 없다면, 천지 사이에 죄가 용납되지 못하고 귀신에게 막대(莫大)한 재앙을 받으니, 비록 살고 싶으나 그렇게 될 수 있겠습니까? 제가 잘못을 하였다면[274] 아마 죽을 것입니다. 이 밖에 다른 것은 없으니 장군께서는 용서해 주소서!

안기는 동선의 마음을 흔들 수 없다는 사실을 알게 되자 복잡하고 답답한 감정과 부끄럽고 분한 생각이 마음속에서 상충하여, 차라리 매질이라도 하고 싶었지만 격(格)에 맞지 않았으므로 실행하지 못하였다.

최부인(崔夫人)과 유씨(劉氏)는 동명(東溟)에 숨어 있으면서 서문생이 부름을 받고 나아가 멀리 벼슬살이하러 간 때부터 날마다 그가 돌아오기를 바랐는데, 어느덧 몇 년의 세월이 흘렀지만 끝내 아무 소식도 없었다. 이에 가동(家僮)을 시켜 곧장 항주(杭州)로 가서 동선을 찾아 물어보게 한 뒤에야 연경(燕京)의 옥에 갇혔다는 사실을 알고는 온 집안사람들이 놀라

---

271) 저는~않습니다[竊爲將軍不取]: 장군의 생각이나 행동을 따르거나 찬성할 수 없다는 뜻이다.

272) 수기(數騎)를~부끄럽고: 진(晉)나라 유하(劉遐)의 아내 소씨(卲氏)는 남편이 석계룡(石季龍)에게 포위당하자, 홀로 수기를 거느리고 가서 수많은 적군 속에서 남편을 구출하였다. 『진서(晉書)』「유하열전(劉遐列傳)」에 보인다. 전고 (62).

273) 차꼬와~슬퍼하니: 후한(後漢) 성도(盛道)의 아내 조씨(趙氏)는 자가 원강(媛姜)이었는데, 성도가 옥에 갇히자 그의 차꼬와 수갑을 풀어주어 탈출하게 하고 자신은 옥에 남아 죽임을 당하였다. 『후한서(後漢書)』「열녀전(列女傳)」에 보인다. 전고 (63).

274) 제가~하였다면[余所否者]: 『논어(論語)』「옹야(雍也)」에서 "공자가 남자를 만나보자 자로가 좋아하지 않았다. 공자가 맹세하였다. '내가 잘못을 하였다면, 하늘이 미워하실 것이다. 하늘이 미워하실 것이다.'[子見南子, 子路不說. 夫子矢之曰: '予所否者, 天厭之天厭之.']"라고 하였다.

부르짖으며 종일도록 통곡하였다. 이로부터 항주와 동명에서는 양쪽에서 한 통 편지가 상호 간에 왕래하면서 비참한 심정을 주고받았다.

상객은 연경의 옥에 갇히면서부터 심사(心事)가 쓸쓸하여 이미 반드시 죽을 것이라는 생각이 들어 가슴이 무너지고 창자가 찢어진 나머지 늘 동색(同色)[275]들과 이렇게 통탄(痛歎)하였다.

"고당(高堂)에 계신 학발(鶴髮)의 모친께서는 연세가 이미 많으시니, 온정(溫凊)[276]과 감지(甘旨)[277]는 이미 말할 수도 없거니와, 모르겠다만 갑자기 돌아가시는 지경에 이르지는 않았을까? 장사(葬事)의 후박(厚薄)과 제구(祭具)의 정추(精麤)에 있어 누가 그 정성을 다할 수 있을까? 아내가 집안일을 맡고 있으며 자식이 하나 있는데, 혼인(婚姻)[278]한 지 3년 만에 나와 이별하였으니, 그 슬퍼하고 아파하며 원망하고 사모함이 깊을 것을 상상해 보자면 병들거나 사망하는 참혹함이 없을 수 있겠는가? 금대(琴臺)에서 한 번 헤어진 것 또한 아득하다 하겠는데, 버들 같은 태도와 꽃 같은 모습은 그대로일 수 있을까? 오동(梧桐)에 밤비 내릴 적의 그리움과 복사꽃·자두꽃에 봄바람 불 때의 한(恨)[279]이 시도 때도 없을 텐데 어떻게 지낸단 말인가? 병풍 사이의 천진(天眞)한 모습을 눈으로 다시 볼 수 있으며, 무릎 위의 거문고 소리를 귀로 다시 들을 수 있을까? 세상이 변하고 풍속이 바뀌어 까치 둥지의 비둘기[280]를 보지 못하며 사람은 없어지고

---

275) 동색(同色): 함께 옥에 갇힌 자들을 말한다.

276) 온정(溫凊): 동온하정(冬溫夏凊)과 같은 말로, 부모님께 겨울에는 따뜻하게 해 드리고 여름에는 서늘하게 해 드림을 말한다. 『예기(禮記)』「곡례(曲禮)」상(上)에서 "무릇 자식이 된 예는 겨울에는 따뜻하게 해 드리고 여름에는 시원하게 해 드리며 저녁에는 잠자리를 정돈하고 새벽에는 안부를 살핀다.[凡爲人子之禮, 冬溫而夏凊, 昏定而晨省.]"라고 하였다.

277) 감지(甘旨): 부모님께 드리는 음식을 말한다.

278) 혼인[結縭]: '결리(結縭)'는 향낭(香囊)을 채워 준다는 뜻이다. 딸이 시집갈 적에 어머니가 딸에게 경계의 말을 하면서 향주머니를 채워 주었다. 『시경(詩經)』 빈풍(豳風) 「동산(東山)」에서 "아가씨 시집가는데, 누른 말과 얼룩말이로다. 모친이 향낭을 채워 주니, 그 위의가 성대하도다.[之子于歸, 皇駁其馬. 親結其縭, 九十其儀.]"라고 하였다.

279) 오동에~한[梧桐夜雨之思 桃李春風之恨]: 백거이(白居易)의 「장한가(長恨歌)」에서 "봄바람에 복사꽃·자두꽃 핀 밤이요, 가을비에 오동잎 떨어지는 때라네.[春風桃李花開夜, 秋雨梧桐葉落時.]"라고 하였다.

280) 까치~비둘기[鵲巢之鳩]: 부덕(婦德)이 있는 부인을 말한다. 『시경(詩經)』 소남(召南)

일은 지나가[281] 고기 그물의 기러기[282] 신세를 면치 못하니, 정말이지 「갈생(葛生)」 시(詩)[283]를 이으며 응당 「행로(行露)」의 욕됨[284]을 경계하리라. 꽃을 보고 두 눈 가득 흐르는 눈물[285]과 거울을 걸어 놓고 그림자와 짝하는 슬픔[286] 속에 세월은 쌓일 텐데 인생은 얼마나 되는가? 불쌍한 이내 한 몸은 하찮은 사람으로 낮은 관리인지라[287], 감옥살이 마땅하

「작소(鵲巢)」에서 "까치가 둥지를 지었는데, 비둘기가 사네. 이 아가씨 시집오는데, 백량 수레로 맞이하네.[維鵲有巢, 維鳩居之. 之子于歸, 百兩御之.]"라고 하였다. 이 시는 남국(南國)의 제후(諸侯)가 교화를 입자 그 여자들 또한 정숙하고 순일(純一)한 덕이 있었던 바 제후에게 시집가는 제후의 딸을 찬미한 것이다. 까치는 둥지를 견고하게 잘 짓지만 비둘기는 둥지를 잘 만들지 못하여 까치 둥지에 사는 경우가 있다고 하는데, 이는 여자가 시집감을 비유한다.

281) 사람은~지나가[人亡事去]: 여기서의 사람은 선왕의 훌륭한 일을 행할 만한 사람을 가리킨다. 『중용(中庸)』 제20장에서 공자(孔子)가 애공(哀公)에게 한 말에서 "문왕과 무왕의 정사가 책 속에 펼쳐져 있으니, 그만한 사람이 있으면 그 정사가 거행되고 그만한 사람이 없으면 그 정사가 사라진다.[文、武之政, 布在方策, 其人存, 則其政擧, 其人亡, 則其政息.]"라고 하였다.

282) 고기~기러기[魚網之鴻]: 얻은 것이 구하던 바가 아님을 뜻한다. 『시경(詩經)』 패풍(邶風) 「신대(新臺)」에서 "고기 그물을 쳤는데, 기러기가 걸렸네. 온순한 임을 찾았는데, 이 꼽추를 만났네.[魚網之設, 鴻則離之. 燕婉之求, 得此戚施.]"라고 하였다. 위(衛) 선공(宣公)이 아들 급(伋)을 위해 제(齊)나라 여자를 맞이하게 했는데 그녀가 아름답다는 말을 듣고 하수(河水) 가에 신대(新臺)를 짓고 맞이하자, 사람들이 이 시를 지어 풍자하였다.

283) 갈생(葛生) 시(詩): 부인이 부역(賦役) 나가 오랫동안 돌아오지 못하는 남편을 그리워하며 지은 시이다. 『시경(詩經)』 당풍(唐風) 「갈생(葛生)」에서 "칡은 자라 가시나무 덮고, 덩굴은 들판에 뻗었네. 내 아름다운 임 여기에 없으니, 누구와 함께할까 홀로 지내네.[葛生蒙楚, 蘞蔓于野. 予美亡此, 誰與獨處.]"라고 하였다.

284) 행로(行露)의 욕됨: 여자가 정절을 잃는 욕됨을 뜻한다. 『시경(詩經) 소남(召南) 「행로(行露)」에서 "촉촉히 젖은 길섶의 이슬, 어찌 아침저녁으로 다니지 않으랴마는, 길섶에 이슬이 많을까 두렵답니다.[厭浥行露, 豈不夙夜? 謂行多露.]"라고 하였다. 이는 여인이 아침저녁으로 홀로 다니면 강포한 자에게 정절을 잃을 수 있으므로 길섶에 이슬이 많기 때문에 옷이 젖을까봐 다닐 수 없다고 핑계를 댄 것으로, 곧 여인이 정절을 지킴을 뜻한다.

285) 꽃을~눈물: 당(唐) 왕유(王維)의 「식부인(息夫人)」에서 "지금의 은총(恩寵) 때문에, 옛날의 은혜를 잊을 수는 없지. 꽃을 보고 두 눈 가득 눈물 흘리며, 초왕과 말도 함께 하지 않았네.[莫以今時寵, 能忘舊日恩. 看花滿眼淚, 不共楚王言.]"라고 하였다. 식부인의 고사는 『춘추좌씨전(春秋左氏傳)』 「장공(莊公)」 10년과 14년 조에 보인다. 전고 (53)·(54).

286) 거울을~슬픔: 짝을 잃은 슬픔을 말한다. 짝을 잃은 난조(鸞鳥)가 거울에 비친 자신의 모습을 보고 슬프게 울다 죽었다는 고사가 있다. 남조(南朝) 송(宋) 범태(范泰)의 「난조시서(鸞鳥詩序)」에 보인다. 전고 (64).

287) 하찮은~관리인지라[微命三尺]: '미명(微命)'은 보잘것없는 목숨이요, '삼척(三尺)'은 사(士)의 띠 길이가 석 자인 것으로 곧 낮은 관리를 말한다. 당(唐) 왕발(王勃)의 「등왕각서(滕王閣序)」에서 "나는 낮은 관리로서 하찮은 사람이요, 일개 서생이다.[勃三尺微命, 一介

니[288] 죽을 수도 있고 살 수도 있겠지. 정위(庭闈)[289]에서 산꼭대기를 바라보니 관산(關山)의 길은 만리(萬里)요, 하늘 끝에 서신(書信)조차 끊어지니 변방의 구름은 천리(千里)로다. 당시에 화근(禍根)을 만든 것이 매우 원망스러우니, 저 푸른 하늘이여, 이렇게 만든 것은 어떤 사람인가[290]? 뼈에 새겨져 잊기 어려우니, 죽어도 눈을 감지 못하겠네."

말 한 마디 할 때마다 목이 메어 어쩔 줄을 모르니, 듣는 이들이 이 때문에 눈물을 흘렸다.

한편 안기는 그래도 동선에 대한 미련을 버리지 못하여 이에 이렇게 마음먹었다.

"내 말을 듣지 않는 까닭은 다만 서문적이 아직까지 저곳에서 살아 있기 때문이다. 가령 서문적이 이미 죽었다는 말을 들어 다시는 희망을 가질 수 없게 된다면, 아마도 혹 그 마음을 돌릴 수도 있을 것이다."

드디어 역졸(驛卒) 하나를 보내면서 뇌물을 써서 매수하고, 인하여 남인(南人)으로서 연경의 옥에 함께 갇혀 있는 사람의 편지처럼 위조하였다.

> 항주부(杭州府)의 상객(上客) 서문적(西門勣)이 근심과 울분으로 인해 탈이 나서 모월 모일에 병들어 죽었다.

그리고 이 편지를 가져가게 하되, 마치 관외(關外)의 나그네가 빙 돌아 동명에 이른 것처럼 보이게 했다.

書生.]"라고 하였다.

288) 감옥살이 마땅하니[宜岸宜獄]: 『시경(詩經)』 소아(小雅) 「소완(小宛)」에서 "이리저리 오가는 상호, 마당 따라 곡식 쪼네. 불쌍한 우리 병약(病弱)한데, 감옥살이 마땅하다 하네. 곡식 움켜쥐고 나와 점을 치며, '어디부터 하면 좋을까?' 하였네.[交交桑扈, 率場啄粟. 哀我塡寡, 宜岸宜獄. 握粟出卜, 自何能穀?]"라고 하였다.

289) 정위(庭闈): 내사(內舍). 부모의 거처 혹은 부모를 뜻한다.

290) 저~사람인가[彼蒼者天 此何人哉]: 『시경(詩經)』 진풍(秦風) 「황조(黃鳥)」에서 "저 푸른 하늘이여! 우리 훌륭한 사람을 죽였네.[彼蒼者天! 殲我良人.]"라고 하였고, 『시경』 왕풍(王風) 「서리(黍離)」에서 "아득한 푸른 하늘아! 이렇게 만든 것은 어떤 사람인가?[悠悠蒼天! 此何人哉?]"라고 하였다.

이때에 변성(汴城)을 잃은 지 오래되었는지라 중원(中原)의 부로(父老)들이 날마다 관군(官軍)을 바라며 서로 이야기하였다.

"도군황제(道君皇帝)께서는 이미 오국성(五國城)[291]에서 붕어(崩御)하셨고, 지금 천자(天子)[292]께서는 또 서호(西湖)[293]의 승경(勝景)에 탐닉(耽溺)하여 단지 연락(宴樂)만을 일삼을 뿐, 종사(宗社)의 치욕을 씻을 것을 생각하지 않고 선제(先帝)의 원수를 갚을 것을 생각하지 않으신다. 사해(四海) 문물(文物)은 장차 오랑캐의 누린내를 풍길 것이며, 백만(百萬) 창생(蒼生)은 장차 머리를 풀고 옷깃을 왼쪽으로 여밀 것이다[294]."

이렇게 말하면서 서로 함께 통곡하는 소리가 도로에 끊이지 않았다. 조정에서도 이를 알고 있었으나 우선 당장의 편안함에 안주하여 군대를 일으키려 하지 않았는데, 악무목(岳武穆)[295]이 팔을 걷어붙이고 오랏줄을 청하자[296] 이에 5백 기(騎)를 주었다. 악무목은 군대를 거느리고 훈련하면서 때를 기다렸다.

이때에 유씨(劉氏) 일가(一家)는 연경(燕京)의 일로 인해 밤낮으로 비통해하며 좋은 소식이 있기를 바라고 있었다. 그런데 문득 한 나그네가 문에 이르러 말했다.

"연경에서 왔는데 길이 오히려 여기를 지나는구나."

---

291) 오국성(五國城): 오국두성(五國頭城)이라고도 하며, 길림성(吉林省) 부여현(扶餘縣)에 있었다. 혹은 흑룡강성(黑龍江省) 의란현(依蘭縣) 일대였다고도 한다.

292) 지금 천자(天子): 남송(南宋) 고종(高宗) 조구(趙構)로, 휘종(徽宗)의 아홉째 아들이다. 정강(靖康)의 변(變)이 일어나자 남쪽으로 피하여 임안(臨安)에 도읍하였다.

293) 서호(西湖): 절강성(浙江省) 항주(杭州)에 있는 호수.

294) 머리를~것이다[被髮左衽]: 오랑캐의 풍습이다. 『논어(論語)』 「헌문(憲問)」에 보인다. 전고 (51).

295) 악무목(岳武穆): 남송(南宋)의 장군 악비(岳飛). 자는 붕거(鵬擧), 시호는 무목(武穆).

296) 오랏줄을 청하자[請纓]: 적을 무찌르기를 청한다는 뜻이다. 『한서(漢書)』 「종군전(終軍傳)」에서 "남월이 한나라와 화친하려 하자 무제가 종군을 남월에 사신으로 보내 그 왕을 설득하여 입조하도록 하여 내제후와 대등하게 대우하려고 하였다. 그러자 종군이 자청하였다. '원컨대 긴 오랏줄을 받으면 반드시 남월 왕을 묶어 궐하에 바치겠습니다.'[南越與漢和親, 乃遣軍使南越, 說其王, 欲令入朝, 比內諸侯. 軍自請: '願受長纓 , 必羈南越王而致之闕下.']"라고 하였다.

그리고 이러이러한 내용의 편지 한 통을 주었다. 이에 유씨 일가가 서문적이 죽은 줄로 알고 호천통곡(呼天痛哭)하니, 참혹하여 차마 들을 수가 없었다. 최부인(崔夫人)은 유씨가 비밀로 하여 말을 꺼내지 않았기 때문에 잘 알지 못하다가 며칠이 지나서야 알아차리고는 식음을 전폐해 고질(痼疾)이 되었다. 유씨가 정성을 다해 병구완을 하였으나, 최부인은 끝내 일어나지 못하였다. 유씨가 이에 편지를 써서 동선에게 부쳤다. 동선이 편지를 펴 보니, 그 내용은 다음과 같았다.

> 아직 듣고서 알지 못하였는지요? 이런 호천망극(昊天罔極)[297] 한 소식이 있다는 것을. 멀리서 일체(一體)의 정(情)을 생각하면서 통곡의 눈물을 나누어 보냅니다. 내가 남편을 따르면서부터 3년 동안 가난하게 살았는데[298], 한 번 이별하고부터 지금까지 10년이 되었습니다. 멀리 길 떠난 이가 간절히 그리우니, 텅 빈 규방에서의 그리움이 오랫동안 쌓였습니다. 왕손(王孫)은 한을 품었는데 해마다 풀이 푸른 시절이요[299] 제자(帝子)는 슬픔을 머금었는데 곳곳마다 꽃이 붉은 계절입니다[300]. 향기로운 근심은 「낙매곡(落梅曲)」[301]에 진동하고 이별의 원한은 「양류사(楊柳詞)」[302]에 길어집니다. 하

---

297) 호천망극(昊天罔極): 하늘처럼 다함이 없다는 뜻으로, 어버이의 은혜가 커서 보답할 수 없다는 말이다. 『시경(詩經)』 소아(小雅) 「육아(蓼莪)」에서 "아버지 나를 낳으시고, 어머니 나를 기르시니, 나를 어루만지시고 나를 기르시며, 나를 기르시고 나를 키우시며, 나를 돌아보시고 나를 되돌아보시며, 드나듦에 나를 품으시니, 이 은덕 갚고자 하나, 하늘처럼 다함이 없도다.[父兮生我, 母兮鞠我. 拊我畜我, 長我育我. 顧我復我, 出入腹我. 欲報之德, 昊天罔極.]"라고 하였다.

298) 내가~살았는데[我從夫子 三載食貧]: 『시경(詩經)』 위풍(衛風) 「맹(氓)」에서 "뽕잎이 떨어지니, 그 누렇게 되어 떨어지네. 내가 그대에게 가면서부터, 3년 동안 가난하게 살았네.[桑之落矣, 其黃而隕. 自我徂爾, 三歲食貧.]"라고 하였다.

299) 왕손(王孫)은~시절이요: 회남소산(淮南小山)의 「초은사(招隱士)」에서 "왕손은 나가 노닐어 돌아오지 않는데, 봄풀은 자라나 무성하구나.[王孫遊兮不歸, 春草生兮萋萋.]"라고 하였다. 주희(朱熹)는 "굴원(屈原)이 초나라와 동성이었므로 왕손이라 하였다.[原與楚同姓, 故云王孫.]"라고 하였다.

300) 제자(帝子)는~계절입니다: 제자는 촉(蜀) 망제(望帝) 두우(杜宇)이다. 망제가 임금의 자리를 내놓고 떠난 뒤 고국을 그리워하다가 죽었다. 망제의 넋이 두견새가 되어 밤새도록 피를 토하면서 울었는데, 그 토한 피가 묻어 붉게 물든 꽃이 두견화(杜鵑花), 곧 진달래라고 한다.

301) 낙매곡(落梅曲): 「매화락(梅花落)」이라고도 하며, 한대(漢代) 악부(樂府) 횡취곡(橫吹曲)의 이름이다.

늘이 상란(喪亂)을 내리시니[303] 전패(顚沛)[304]한 인생이 가엾고, 땅은 형만(荊蠻)[305]과 떨어져 있으니 아득한 소식에 한탄합니다. 해와 달을 바라보는 아득한 그리움에 돌아올 수 있으리라 여겼고[306], 네 필 낙마(駱馬)에 멍에 메우고서 빨리 달려 아마도 와서 고하리라 여겼지요[307]. 나의 그리워함이여! 내 날마다 바랐습니다[308]. 그런데 새마(塞馬)가 돌아오지 않고[309] 두견새가 먼저 울 줄을[310] 어찌 생각이나 하였겠습니까? 나무는 문득 사나

---

302) 양류사(楊柳詞): 「절양류(折楊柳)」라고도 하며, 한대(漢代) 악부(樂府) 횡취곡(橫吹曲)의 이름이다.

303) 하늘이~내리시니[天降喪亂]: '천강상란(天降喪亂)'은 『시경(詩經)』 대아(大雅)의 「상유(桑柔)」와 「운한(雲漢)」에 보인다.

304) 전패(顚沛): 위급한 상황. 『논어(論語)』 「이인(里仁)」에서 "군자는 한 끼 식사를 마칠 정도의 짧은 시간에도 인에서 떠남이 없으니, 다급한 때에도 반드시 여기에 있으며 위급한 상황에도 반드시 여기에 있다.[君子, 無終食之間違仁. 造次必於是, 顚沛必於是.]"라고 하였다. 주희(朱熹)는 "'전패'는 기울어지고 엎어지며 갈피를 잡지 못하는 즈음이다.[顚沛, 傾覆流離之際.]"라고 하였다.

305) 형만(荊蠻): 중국의 남쪽 지방을 일컫는 말.

306) 해와~여겼고[瞻日月之悠悠 可以歸止]: 『시경(詩經)』 패풍(邶風) 「웅치(雄雉)」에서 "저 해와 달을 바라보니, 아득한 내 그리움이로다. 길은 멀기도 한데, 언제나 오시려나?[瞻彼日月, 悠悠我思. 道之云遠, 曷云能來?]"라고 하였다. 이 시는 부인이 부역을 나간 남편을 그리워한 것이다. 『시경』 소아(小雅) 「체두(杕杜)」에서 "우뚝한 아가위나무여! 그 잎이 무성하도다. 왕사를 견고히 하지 않아서는 안 되기에, 내 마음 슬퍼지네. 훼목이 무성하여, 여자 마음 슬퍼지니, 정부가 돌아오리로다.[有杕之杜, 其葉萋萋. 王事靡盬, 我心傷悲. 卉木萋止, 女心悲止, 征夫歸止.]"라고 하였다. 이 시는 부역에서 돌아옴을 위로한 것이다. 주희(朱熹)는 "'귀지'는 돌아올 수 있음이다.[歸止, 可以歸也.]"라고 하였다.

307) 네~여겼지요[駕駟駱而駸駸 庶幾來諗]: 『시경(詩經)』 소아(小雅) 「사모(四牡)」에서 "저 네 필 낙마(駱馬)에 멍에 메우고서, 빨리 달려간다. 어찌 돌아가기를 생각지 않겠는가? 이 때문에 노래를 지어, 어머니에 대하여 와서 고하네.[駕彼四駱, 載驟駸駸. 豈不懷歸? 是用作歌, 將母來諗.]"라고 하였다. 이는 사신(使臣)의 심정을 가설하여 위로한 것이다. 주희(朱熹)는 '장모래심(將母來諗)'에 대하여 "부모를 봉양하지 못하는 심정을, 와서 임금에게 고하는 것이다.[以其不獲養父母之情, 而來告於君也.]"라고 하였다.

308) 나의~바랐습니다[我之懷矣 予日望之]: 『시경(詩經)』 패풍(邶風) 「웅치(雄雉)」에서 "내 그리움이여! 스스로 격조(隔阻)를 끼치도다.[我之懷矣! 自詒伊阻.]"라고 하였고, 『맹자(孟子)』 「공손추(公孫丑)」하(下)에서 "왕께서 부디 고치시기를 내 날마다 바란다.[王庶幾改之, 予日望之.]"라고 하였다.

309) 새마(塞馬)가~않고: 새옹지마(塞翁之馬) 고사를 말한 듯하다. 『회남자(淮南子)』 「인간훈(人間訓)」에 보인다. 전고 (65).

310) 두견새가~줄을[鵜鴂先鳴]: 굴원(屈原)의 「이소(離騷)」에서 "두견새가 먼저 울어, 저 온갖 풀들 향기롭지 못하게 할까 두렵네.[恐鵜鴂之先鳴兮, 使夫百草爲之不芳.]"라고 하였다. 두견새는 우는 소리가 나빠서 음기(陰氣)가 이르면 먼저 울어 풀이 죽는다고 한다. 주희(朱熹)는 "두견새가 먼저 운다는 것을 가지고 때가 한 번 지나가면 일이 더욱 변하여 더욱 어쩔 수 없음을 비유하였다.[鵜鴂先鳴, 以比時一過, 則事愈變而愈不可爲也.]"라고

운 바람에 꺾이고[311], 이슬은 해를 기다리던 중 이미 말랐습니다[312]. 용사(龍沙)[313]의 해골은 참혹하고 만향(蠻鄕)[314]의 혼백은 애통한데, 언덕과 습지에서 찾지 못하고[315] 그저 서로 뜰 가운데서 울기만 합니다[316]. 하물며 화(禍)가 홀로 찾아오지 않고[317] 재앙이 문득 함께 이름[318]이겠습니까? 내 아름다운 임 이미 없는데[319] 어머니께서 연이어 세상을 떠나셨으니, 이는 몹시도 애통하게 자식을 곡(哭)하다가 고질(痼疾)에 명(命)을 맡기신 것입니다. 부여잡고 통곡하며 가슴을 치고 발을 구르면서 남아 있는 자리를 어루만지나 누구를 의지하겠습니까? 땅을 치고 하늘에 부르짖으면서 그림 부채를 받들려 하나[320] 그럴 수가 없습니다. 입이 배권(杯圈)에 닿으니 남기신 구택(口澤)이 있는 듯합니다[321]. 손으로 도척(刀尺)을 잡지만[322] 장차 뉘 앞

하였다.

311) 나무는~꺾이고: 풍수지탄(風樹之歎), 곧 어버이가 돌아가심을 뜻한다. 『한시외전(韓詩外傳)』에서 "나무는 고요하고자 하지만 바람이 그치지 않고, 자식은 봉양하고 싶지만 어버이가 기다려 주지 않는다.[夫樹欲靜而風不止, 子欲養而親不待.]"라고 하였다.

312) 이슬은~말랐습니다[露已晞於待日]: 해가 나오기도 전에 이슬이 이미 말랐다는 뜻인 듯하다. 심약(沈約)의 「장가행(長歌行)」에서 "푸르른 동산의 해바라기, 아침 이슬 해를 기다려 마른다.[青青園中葵, 朝露待日晞.]"라고 하였다.

313) 용사(龍沙): 백룡퇴(白龍堆) 사막(沙漠). 당(唐) 이백(李白)의 「새하곡(塞下曲)」에서 "장군은 호죽을 나누고, 전사는 용사에 누웠다.[將軍分虎竹, 戰士臥龍沙.]"라고 하였다.

314) 만향(蠻鄕): 오랑캐 지역.

315) 언덕과~못하고[不能求於原隰]: 언덕과 습지에서 시신(屍身)을 찾지 못한다는 뜻이다. 『시경(詩經)』 소아(小雅) 「상체(常棣)」에서 "사상의 두려움에도, 형제가 매우 그리워하며, 언덕과 습지에 시신이 쌓여도, 형제가 찾아 나선다.[死喪之威, 兄弟孔懷. 原隰裒矣, 兄弟求矣.]"라고 하였다.

316) 그저~합니다[但相泣於中庭]: 『맹자(孟子)』 「이루(離婁)」하(下)에서 "그 첩과 함께 남편을 원망하며 서로 뜰 가운데서 울었다.[與其妾, 訕其良人, 而相泣於中庭.]"라고 하였다.

317) 화가~않고[禍不單行]: 『설원(說苑)』 「권모(權謀)」에 "복은 거듭하여 이르지 않고, 화는 반드시 거듭하여 온다.[福不重至, 禍必重來.]"라는 말이 있다. 전고 (66).

318) 재앙이~이름[災忽並至]: 『대학(大學)』 전(傳) 10장에서 "소인으로 하여금 나라를 다스리도록 하면, 천재(天災)와 인재(人災)가 함께 이른다.[小人之使爲國家, 菑害竝至.]"라고 하였다.

319) 내~없는데[予美既亡]: 『시경(詩經)』 당풍(唐風) 「갈생(葛生)」에서 "칡은 자라 가시나무 덮고, 덩굴은 들판에 뻗었네. 내 아름다운 임 여기에 없으니, 누구와 함께할까 홀로 지내네.[葛生蒙楚, 蘞蔓于野. 予美亡此, 誰與獨處.]"라고 하였다. 주희(朱熹)는 "'여미'는 부인이 그 지아비를 가리킨 것이다.[予美, 婦人指其夫也.]"라고 하였다.

320) 그림~하나: 후한(後漢)의 황향(黃香)이 아버지를 위해 여름에 침상에서 부채질하여 시원하게 해 드린 일을 말하는 듯하다. 『동관한기(東觀漢記)』 「황향열전(黃香列傳)」에 보인다. 전고 (67).

321) 입이~듯합니다: '배권(杯圈)'은 잔이나 그릇이고, '구택(口澤)'은 입이 닿는 자리에 윤택

으로 향할까요? 아침에는 초(楚)나라의 흙먼지에 곡을 하고 저녁에는 연(燕)나라 하늘의 달을 보고 웁니다. 까마귀와 솔개가 관새(關塞)에 모이니 시신을 남김없이 파먹을 듯합니다. 바람과 비가 산해(山海)를 어둑하게 하니 초혼(招魂)하려 한들 어디에서 하겠습니까? 유골을 수습해 돌아와 장사 지내려 하는바 그대와 더불어 함께 가렵니다. 집에 궤연(几筵)을 마련하였으나 장례를 치를 종주(宗主)가 없는데, 더구나 승냥이와 이리가 도로를 가득 메우고 있습니다. 그대로 우두커니 서 있자니 오장(五臟)이 찢어지고 무너지는데, 자결하고자 하였으나 실행하지 못하고 구차하게 연명(延命)하고 있습니다. 마침 의리가 같은지라 이러므로 부고(訃告)합니다. 다시 무슨 말을 하겠습니까? 통곡할 뿐입니다.

동선이 편지를 보고 경악하여 자기도 모르게 실성통곡(失聲痛哭)하면서 땅에 쓰러져 몸부림치니 마치 정신을 잃은 듯하였다. 그 어미가 심히 비통해하며 부르짖어 십분(十分) 부호(扶護)하자, 이윽고 소리를 내고 숨을 쉬며 그 어미의 손을 잡고 말했다.

"제가 어떻게 살 수 있겠습니까? 살아서는 따를 수 없으나 죽어서는 따를 수 있을 터이니, 이제 마땅히 지하(地下)에서 함께 노닐 것입니다."

그제야 곡성(哭聲)을 내더니, 이윽고 또 이렇게 해석하였다.

"지난번 누런 모자를 쓴 사람의 말에 응당 유종(有終)의 미(美)가 있으리라 하였지. 하물며 저 연경(燕京)은 부고가 쉽게 도달하지 못하니, 이것은 어쩌면 중간에 있는 사람의 계교에서 나온 게 아닐까? 그러나 잘 모르겠구나. 다만 유씨(劉氏)는 나와 의리가 같으니 가서 만나보지 않을 수 없고, 게다가 부인의 상(喪)까지 더하였으니 진실로 마땅히 부곡(赴哭)해야

(潤澤)이 난 것이다. 『예기(禮記)』「옥조(玉藻)」에서 "아버지가 돌아가심에 아버지의 책을 읽지 못하는 것은 수택이 남아 있기 때문이며, 어머니가 돌아가심에 어머니의 배권으로 마시지 못하는 것은 구택의 기운이 남아 있기 때문이다.[父沒而不能讀父之書, 手澤存焉爾. 母沒而杯圈不能飮焉, 口澤之氣存焉爾.]"라고 하였다.

322) 손으로~잡지만: 도척(刀尺)은 옷을 마름질할 때 사용하는 칼과 자이다. 당(唐) 두보(杜甫)의 「추흥(秋興)」에서 "겨울옷 짓느라 곳곳에서 도척을 재촉하는데, 백제성 높은 곳에 저녁 다듬이 소리 급하다.[寒衣處處催刀尺, 白帝城高急暮砧.]"라고 하였다.

할 것이다."

이에 안기에게 말미를 청하니, 안기는 의도가 있었기에 특별히 허락하고 수레와 말을 지급하였다. 그러자 동선이 사양하며 말했다.

"종천(終天)토록 통곡하며[323] 정신없이 달려가 곡할 겨를도 없는데, 어찌 멍에 메우기를 기다려 떠날 수가 있겠습니까[324]?"

이에 수레와 말을 버리고 도보로 갔다. 유씨의 집에 이르러 곧장 널 앞에서 곡을 하고는 네 번 절하고 치사(致辭)하였다.

"항주의 천첩(賤妾) 초대(楚臺)는 일찍이 은의(恩義)가 있었던 사람인지라 감히 이렇게 와서 곡을 합니다. 삼가 생각건대 연경의 한 통 편지는 분명 터무니없는 것인데, 다만 어머니께서 깊이 걱정하셨기에 가벼이 믿어 버린 실수가 없지 못하여, 자손으로 하여금 이러한 종천지통(終天之痛)[325]을 당하게 하였으니, 한탄한들 무슨 소용이 있겠습니까? 엎드려 바라건대 존령(尊靈)께서는 고요하게 평안하시어 저승에서 다시는 깊이 근심하지 마소서."

유씨가 옆에서 곡을 하다가 사사로운 원한을 토로하던 중 연경(燕京)의 일에 대해 언급하려고 하였다. 그러자 동선이 말했다.

"이 궤연(几筵) 앞에 있으면서 사사로운 원한으로 우리 선령(先靈)을 격동하여서는 안 됩니다."

유씨가 말했다.

"그렇지요. 여기에 별당(別堂)이 있으니, 바로 부자(夫子)[326]를 위해 허위(虛位)를 배설(排設)한 곳입니다."

그리고 동선을 데리고 함께 가서 서로 붙들고서 통곡을 하며 가슴을 쳤다. 유씨가 이에 먼저 이야기하였다.

---

323) 종천(終天)토록 통곡하며: 종신토록 통곡한다는 말로, 친상(親喪)을 당함을 뜻한다.

324) 어찌~있겠습니까[寧能竢駕而行乎]: 『논어(論語)』「향당(鄕黨)」에서 "임금이 명하여 부르거든, 멍에 메우기를 기다리지 않고 떠났다.[君命召, 不俟駕行矣.]"라고 하였다.

325) 종천지통(終天之痛): 친상(親喪)을 당한 슬픔.

326) 부자(夫子): 남편을 높여 부르는 말.

"이런 심정은 이전의 편지에서 대략 말했었는데, 지금 다행히 서로 마주하니 슬픔이 계속하여 더욱 새로워지네요. 아! 우리 동선은 부자께서 사랑한 이로 얼굴은 본 적이 없으나 이미 서로 마음을 알고 있어 때에 따라 근심하기도 하고 기뻐하기도 한 것이 나와 마찬가지지요. 드넓은 세상 수많은 남녀 중에 오직 우리 두 사람만이 이런 온갖 흉한 일을 만났으니[327], 어찌 다 말할 수 있겠으며 어찌 차마 들을 수 있겠어요? 다만 마음속에 쌓인 지가 이미 오래되었으니, 말하지도 못하는 사이에 속은 이미 썩었다오. 그저 슬픔만 그러안고 있을 뿐 누구에게 물어보며, 자세한 사정을 말하고 싶지만 누구에게 들을까? 이제 낭자를 보니, 마치 연경(燕京) 하늘 만리(萬里) 밖에 계신 분의 얼굴을 보는 듯하군요. 산 너머 그리워하는 원한과 하늘 끝에 영결(永訣)하는 심정은 생각하고 다시 생각하며 이야기하고 거듭 이야기해도 단지 비참함만 더할 뿐 아무 소용이 없었지요[328]. 이제 생각해 보건대, 낭자는 하늘 같은 남편의 은혜를 추념(追念)하고 당실(堂室)[329]에 대한 의리를 숭상하여, 부음을 받고 분상(奔喪)하여 험난한 곳을 두루 거쳐 천리(千里)를 발섭(跋涉)[330]하여 이곳에 도착하였으니, 어찌 쇠와 돌이라도 녹이고 물과 불이라도 밟을 수 있는, 돈독하고 소박한 절의와 순수하고 꿋꿋한 절개가 아니겠습니까? 둘이 함께 사장(沙場)으로 가서 유골을 잘 수습해야 하겠지만, 장례가 끝나고 변흔(邊釁)[331]이 잠잠

---

327) 이런~만났으니[逢此百凶]: 『시경(詩經)』 왕풍(王風) 「토원(兎爰)」에서 "토끼는 느긋한데, 꿩이 그물에 걸렸네. 내 태어난 처음에는, 그래도 쓸 것이 없었는데, 내 태어난 뒤로, 이런 온갖 흉한 일을 만났으니, 차라리 잠들어 듣지 말았으면 하네.[有兎爰爰, 雉離于罿. 我生之初, 尙無庸. 我生之後, 逢此百凶, 尙寐無聰.]"라고 하였다.

328) 아무~없었지요[無以爲也]: 『논어(論語)』 「자장(子張)」에서 "숙손무숙이 중니를 헐뜯자, 자공이 말하였다. '아무 소용이 없다. 중니는 헐뜯을 수 없다. 다른 현자들은 구릉인지라 그래도 넘을 수 있거니와, 중니는 해와 달인지라 넘을 수 없다. 사람이 비록 스스로 끊고자 하나 해와 달에 무슨 손상을 주겠는가? 다만 자기의 분량(分量)을 모른다는 점을 볼 것이다.[叔孫武叔毁仲尼. 子貢曰: '無以爲也. 仲尼, 不可毁也. 他人之賢者, 丘陵也, 猶可踰也. 仲尼, 日月也, 無得而踰焉. 人雖欲自絶, 其何傷於日月乎? 多見其不知量也.']"라고 하였다. 주희(朱熹)는 "'무이위'는 이렇게 하는 것이 아무 소용이 없다는 말과 같다.[無以爲, 猶言無用爲此.]"라고 하였다.

329) 당실(堂室): 어머니와 처(妻).

330) 발섭(跋涉): 숲길을 가는 것과 물길을 가는 것.

해지기를 기다려야 할 것입니다."

동선이 이 말을 듣고 애통해하며 말했다.

"첩의 죄가 많은지라 지극히 황송하나, 삼가 마음속에 쌓이고 맺힌 것을 아뢰고자 한 지가 오래되었습니다. 저는 본디 소인(小人)의 자질로 군자(君子)의 은혜를 끌어내 결연(結緣)하여, 날을 이어 주색(酒色)에 빠져 달을 넘기도록 만들었습니다. 이것이 첫 번째 허물할 만한 일입니다. 난리를 만나자 헤어진 것이 한스러워 생사(生死)를 알고 싶어 팔을 잇대어[332] 불러들여, 군자로 하여금 추정(趨庭)[333]의 예(禮)를 잃고 아울러 자리에 있는 금슬(琴瑟)[334]까지 폐(廢)하고서 달려가 시석(矢石)을 무릅쓰고 연기와 먼지 속을 드나들도록 하였습니다. 이것이 두 번째 꾸짖어 마땅한 일입니다. 절개는 이정(利貞)[335]에 굳세지 못하고 몸은 보는 눈이 있는데도 수척해짐이 없어, 강포(强暴)함이 이로부터 계획되고 위변(僞變)[336]이 이에서 일어나게 되었습니다. 금인(金人)이 나라를 사양하니 쇠밧줄이 날아오고 옥절(玉節)이 단(壇)을 떠나니 차고 있던 칼이 슬피 우는데, 시랑(豺狼)의 약육(弱肉)[337]이 되고 접역(鰈域)[338]의 유혼(遊魂)이 되어, 한 번 떠나 돌아오지 못하니 이 누구의 잘못입니까? 화란(禍亂)의 원인을 생각해 보건대, 어찌 하늘과 사람을 원망하고 탓할 수 있겠습니까[339]? 이것

331) 변흔(邊釁): 변경(邊境)의 전쟁.

332) 팔을 잇대어[連臂]: 다른 사람을 통해 간접적으로 알게 됨을 뜻한다.

333) 추정(趨庭): 종종걸음으로 뜰을 지난다는 뜻으로, 어버이의 가르침을 받음을 뜻한다. 『논어(論語)』「계씨(季氏)」에 보인다. 전고 (68).

334) 자리에~금슬[在御之琴]: 부부의 정을 뜻한다. 『시경(詩經)』 정풍(鄭風) 「여왈계명(女曰鷄鳴)」에서 "주살로 맞추거든, 그대와 맛있게 요리하여, 맛이 있거든 술을 마셔, 그대와 해로하리라. 자리에 있는 금슬도, 고요하고 좋지 않음이 없네.[弋言加之, 與子宜之. 宜言飮酒, 與子偕老. 琴瑟在御, 莫不靜好.]"라고 하였다.

335) 이정(利貞): 정고(貞固)함이 이롭다는 말로, 『주역(周易)』의 여러 곳에 보인다.

336) 위변(僞變): 허위(虛僞)와 변사(變詐).

337) 약육(弱肉): 약한 자의 살.

338) 접역(鰈域): 가자미처럼 생긴 지역이라는 뜻으로 우리나라를 가리킨다. 이본에는 '첩역(堞域)'·'절역(絶域)'·'호접(蝴蝶)' 등으로 되어 있기도 하다.

339) 어찌~있겠습니까: 『논어(論語)』「헌문(憲問)」에서 "공자가 말했다. '나를 아는 이가 없구나!' 자공이 말했다. '어찌하여 선생님을 아는 이가 없다 하십니까?' 공자께서 말씀하셨다. '하늘을 원망하지 않으며 사람을 탓하지 않고, 아래로 인사(人事)를 배워 위로 천리(天

이 세 번째 족히 목을 맬 일입니다. 이 세 가지 죄를 짓고도 감히 와서 한 번 절을 올리니, 비록 마음의 정성이 있다지만 어찌 낯의 두꺼움[340]이 없겠습니까? 지금 이후로 마음과 힘을 다할 수 있는 것은, 흰 풀들 사이에서 유골을 수습하여 푸른 소나무 아래에 뫼를 쓰고서 그 슬픔을 극진히 하여 곡(哭)을 하고 그 정성을 다하여 제사를 지내 구원(九原)[341]에서 눈을 감지 못하는 혼(魂)으로 하여금 만세산(萬歲山)과 항주성(杭州城)에서 날아다닐 수 있도록 하는 것에 불과하니, 그런 뒤에 황양(黃壤)[342]으로 내려가 따르면서 그 원한을 풀어도 충분할 것입니다. 그러나 진(秦)나라 군대는 여전히 강하고 초(楚)나라의 분위기는 매우 험악하여[343] 계책이 있어도 시행할 데가 없고 원한이 있어도 씻을 수 없으니, 하늘은 어찌하여 불쌍히 여기지 않으시며 땅은 어찌하여 말이 없으신 것입니까?"

마침내 가슴을 치며 길게 통곡하니, 곡소리가 매우 슬펐다. 사방의 이웃들이 와서 보니, 잔화(殘花)[344]가 비를 맞고 낙엽(落葉)이 바람에 날리는 듯한지라 사람들 중에 이 때문에 눈물을 흘리지 않는 이가 없었다. 이때

理)를 통달한다. 나를 아는 이는 아마 하늘이겠지!'[子曰: '莫我知也夫!' 子貢曰: '何爲其莫知子也?' 子曰: '不怨天, 不尤人, 下學而上達. 知我者, 其天乎!']"라고 하였고, 『중용(中庸)』 제14장에서 "윗자리에 있으면서 아래를 능멸하지 않으며 아랫자리에 있으면서 위를 끌어당기지 않고 자기를 바루고서 남에게 요구하지 않으면 원망이 없을 것이니, 위로는 하늘을 원망하지 않으며 아래로는 사람을 탓하지 않는다.[在上位, 不陵下, 在下位, 不援上, 正己而不求於人, 則無怨. 上不怨天, 下不尤人.]"라고 하였다.

340) 낯의 두꺼움[顔厚]: 부끄러움이 안색(顔色)에 나타남을 뜻한다. 『서경(書經)』 하서(夏書) 「오자지가(五子之歌)」에서 "아! 어디로 돌아갈까? 내 마음의 슬픔이여! 만백성이 나를 원수로 여기니, 내 장차 누구에게 의지하겠는가? 안타깝다, 내 마음이여! 낯이 두꺼워 부끄러운 마음이 있도다. 그 덕을 삼가지 않았으니, 비록 후회한들 무슨 소용이 있겠는가? [嗚呼曷歸? 予懷之悲! 萬姓仇予, 予將疇依? 鬱陶乎予心! 顔厚有忸怩. 弗愼厥德, 雖悔可追?]"라고 하였다.

341) 구원(九原): 저승.

342) 황양(黃壤): 저승.

343) 초나라의~험악하여[楚氛甚惡]: 『춘추좌씨전(春秋左氏傳)』 「양공(襄公)」 27년 조에서 "진나라와 초나라가 각각 한쪽에 주둔하였다. 백숙이 조맹에게 말했다. '초나라의 분위기가 매우 험악하니, 변란(變亂)이 일어날까 두렵습니다.' 조맹이 말했다. '우리가 왼쪽으로 돌아 송나라로 들어간다면 우리를 어찌하겠는가?'[晉、楚各處其偏. 伯夙謂趙孟曰: '楚氛甚惡, 懼難.' 趙孟曰: '吾左還, 入於宋, 若我何?']"라고 하였다.

344) 잔화(殘花): 지지 않고 남아 있는 꽃.

부인의 장삿날이 얼마 남지 않았는지라 동선이 유씨를 도와 거행하여 장사를 마칠 때까지 정성과 공경을 극진하게 하니, 보는 이들이 모두 예를 안다고 하였다[345].

얼마 후 항주에서 공문을 보내 돌아오기를 재촉하였다. 동선이 돌아오자, 안기는 동선의 어미에게 선물을 후히 보내 정성껏 권하도록 하였다. 그러자 어미가 말했다.

"딸을 아는 사람은 어미만한 이가 없으니, 제 딸의 마음속은 제가 이미 알고 있습니다. 용문(龍門)[346]의 돌은 구르게 할 수 있으며 옥정(玉井)[347]의 물을 더러워지게 할 수 있지만, 딸의 마음으로 말하자면 어지럽힐 수 없습니다. 비록 형주(荊州)·양주(楊州)의 금(金)[348]과 오(吳)·촉(蜀)의 비단[349]이 언덕과 산처럼 쌓여 있다 할지라도 감히 받지 못하겠습니다."

유씨의 본가(本家)[350]에는 계모(繼母)가 있었는데, 계모의 본족(本

---

345) 보는~하였다[觀者皆謂之知]: 『맹자(孟子)』「등문공(滕文公)」상(上)에서 "세자가 말했다. '그렇다. 이는 진실로 나에게 달린 것이다.' 그러고는 5달 동안 여막에 있으면서 명령과 훈계를 내리지 않았다. 그러자 백관과 족인이 모두 예를 안다고 말하였다. 장례를 치를 때가 되자 사방 사람들이 와서 보았는데 슬픈 안색과 구슬픈 곡읍에 조문하는 이들이 매우 흐뭇하였다.[世子曰: '然. 是誠在我.' 五月居廬, 未有命戒. 百官、族人, 可謂曰知. 及至葬, 四方來觀之, 顏色之戚、哭泣之哀, 弔者大悅.]"라고 하였다. 주희(朱熹)는 "'가위왈지'는 아마도 빠지거나 잘못된 부분이 있는 듯하다. 혹자는 '모두 세자가 예를 안다고 하였다는 것이다.'라고 하였다.[可謂曰知, 疑有闕誤. 或曰: '皆謂世子之知禮也.']"라고 하였다.

346) 용문(龍門): 우문구(禹門口). 산서성(山西省) 하진현(河津縣) 서북쪽, 섬서성(陝西省) 한성시(韓城市) 동북쪽에 있는 곳으로 우(禹)가 뚫은 곳이다. 『사기(史記)』「이사열전(李斯列傳)」에서 "우가 용문을 뚫어 대하에 통하게 하며 구하를 소통시키고 구곡(九曲)에 둑을 둘러 막힌 물을 터서 바다에 이르게 하였다.[禹鑿龍門, 通大夏, 疏九河, 曲九防, 決渟水致之海.]"라고 하였다.

347) 옥정(玉井): 태화산(太華山)에 있는 못. 당(唐) 한유(韓愈)의 「고의(古意)」에서 "태화산 봉우리 옥정의 연꽃, 꽃이 피면 열 길이요 뿌리는 배와 같네.[太華峯頭玉井蓮, 開花十丈藕如船.]"라고 하였다.

348) 형주(荊州)·양주(楊州)의 금(金): 남금(南金). 귀중한 물건을 뜻한다. 『시경(詩經)』 노송(魯頌) 「반수(泮水)」에서 "날아다니는 저 올빼미, 반궁(泮宮) 숲에 앉아, 우리 오디를 먹고, 좋은 소리로 나를 회유하네. 깨달은 저 회이가, 와서 그 보배를 바치니, 원귀와 상아(象牙)와, 남금을 크게 올리네.[翩彼飛鴞, 集于泮林. 食我桑黮, 懷我好音. 憬彼淮夷, 來獻其琛. 元龜象齒, 大賂南金.]"라고 하였는네, 주희(朱熹)는 "'남금'은 형주와 양주의 금이다.[南金, 荊、楊之金也.]"라고 하였다.

349) 오(吳)·촉(蜀)의 비단: 오릉(吳綾)과 촉금(蜀錦)으로, 모두 귀한 비단이다.

族)[351]인 한 홀아비가 유씨를 매우 간절히 구하였으므로, 이에 유씨를 불러들여 절개를 빼앗으려 하였다. 유씨가 절조(節操)가 옥(玉)과 같아 남편의 복(服)을 아직 벗지 않았다고 핑계를 대니, 그런 논의는 비록 잠잠해졌으나 그래도 마음을 돌리려는 말이 있어 그 기세가 그치지 않았다. 서문씨(西門氏)에게 돌아가려고 하면 좋은 말로 달래면서 돌아가는 것을 결코 허락하지 않았다. 유씨가 마음속으로 생각하였다.

'상서롭지 못함이 가까이 있으니 면하기 어려운 일이 일어난다면 다만 죽음만이 있을 뿐이다. 그런데 죽음 또한 상서롭지 못하니, 몰래 서문씨에게 돌아가려고 한다면 반드시 붙잡아 와서 모욕을 주겠지. 차라리 항주로 가서 동선과 더불어 생사(生死)를 같이하는 것이 좋겠다. 그러나 모르겠다만 동선이 아직까지도 초심(初心)을 바꾸지 않았을까?'

이에 동선에게 편지를 써서 보냈다.

> 나의 부모님께서 내 청춘을 불쌍히 여겨 재가(再嫁)하라고 명하시니 일이 면할 수 없게 되었습니다. 모일(某日)에 아무개에게 재가할 터인데, 모르겠습니다만 낭자는 홀로 어찌할 생각입니까?

동선은 이 말을 믿지 않았으나 오히려 이렇게 답장을 보냈다.

> 보내신 편지에서 말씀하신 내용은 지극히 경하(慶賀)할 일입니다. 저는 돌아온 뒤로 초심을 지키려 하지 않은 것은 아니나 비천한 몸이기 때문에 다른 사람에게 절개를 빼앗겨 지금 이미 허락하였으니, 부중(府中)의 안장군(安將軍)이 바로 그 사람입니다.

답장이 돌아오자 유씨가 의혹이 풀려 이렇게 말했다.

"내 이미 그 뜻을 시험해 보자 저이 또한 안심하고 내 부끄러움을 풀어

350) 본가(本家): 여자의 친정집.
351) 본족(本族): 여자의 친정 친족(親族).

주었을 뿐이다. 그런 게 아니라면 어찌 이른바 동선(洞仙)이겠는가? 이 편지를 보니 그녀가 사랑스러운 사람이라는 것을 더욱 잘 알겠다."

마침내 사랑하는 여종인 추은(秋恩)과 함께 몰래 탈출해 길을 떠났다.

안기가 동선을 부를 때마다 마음 돌리기를 더욱 재촉하니, 동선이 그 고통을 견디지 못하여 그 어미에게 이렇게 말했다.

"제가 죽을 곳을 얻었습니다. 지금 이런 해(害)를 가하는지라 보전할 수가 없습니다. 저는 자결할 것이니 어머니께서는 천세(千歲)를 누리소서."

이에 편지 한 통을 썼는데, 편지는 생초(生綃)[352]를 사용하였다. 동선은 편지를 분통(粉筩)에 담아 담 밑에 묻으면서 이렇게 축원하였다.

"살아서도 아무것도 하지 못하고 죽어서도 울음소리만 삼킬 뿐입니다. 황천(皇天)께서 알고 계시고 귀신(鬼神)이 묵묵히 도우시니, 군자께서 혹 살아 돌아오신다면 이 편지를 꺼내어 보고 충정(衷情)을 잘 알 수 있게 하소서."

마침내 화장을 다시 하고 옷을 잘 차려 입은 뒤 누워서 움직이지 않았다. 어미가 몹시 애통해하면서 죽이라도 억지로 먹이려 하였으나, 일절 응하지 않았다. 그러다가 이레째 되던 날 아침에 보니 이미 죽어 있었다. 어미가 통곡하며[353] 말했다.

"사람이 하였느냐, 귀신이 하였느냐? 하늘에서 불렀느냐, 땅에서 불러들었느냐? 불쌍한 내 딸아, 어디로 간 것이냐?

안기가 이 소식을 듣고 슬퍼하여 이에 상구(喪具)를 잘 마련하여 보내주었다. 나흘째 되던 날에 염습(殮襲)하고 입관(入棺)하였는데, 이날 시렁 위의 거문고가 스스로 소리를 내며 곡조를 이루니 화기(和氣)가 피어오르는지라 사람들이 모두 기이하게 여겼다. 이튿날 포시(晡時)[354]에 두 여인이 문앞에 당도하였으니, 곧 유씨와 추은이었다. 이들은 동선이 이미 세상

---

352) 생초(生綃): 생사(生絲)로 얇고 성기게 짠 옷감.

353) 어미가 통곡하며[母哭之痛]: 『논어(論語)』「선진(先進)」에서 "안연이 죽자, 공자가 통곡하였다.[顏淵死, 子哭之慟.]"라고 하였다.

354) 포시(晡時): 신시(申時). 오후 3시부터 5시까지의 시간.

을 떠났다는 말을 듣고는 곧장 들어가 관을 어루만지고 크게 애통해하면서 말했다.

"내가 집에서 편하지 못하므로 이곳에서 평온하게 보전하고 싶어서 풍찬노숙(風餐露宿)[355]하면서 간신히 찾아왔으니, 이는 오로지 낭자가 의리상 한 집안과 같음을 믿었기 때문이었지요. 그동안 맛보았던 쓰라린 고통에 대하여 함께 토로할 수 있으리라 여겼고 조만간 언덕과 습지[356]에서 시신을 찾자고 일찍이 약속했었는데, 오늘 이미 이물(異物)[357]로 화(化)하여 천리(千里)의 외로운 종적(蹤迹)[358]으로 하여금 한을 품고 길이 통곡하면서 헛되이 돌아가게 할 줄을 어찌 생각이나 했겠습니까? 돌아간들 또한 누구를 의지하겠습니까? 그저 죽을 따름입니다."

이에 손으로 관을 치면서 통곡하니, 밤이 되자 두 손바닥은 다 터지고 눈물은 비 오듯 쏟아지는데, 눈물과 손바닥의 피가 뒤섞여 흩뿌려져 냇물처럼 흘러내렸다. 이날 한밤중에 관이 문득 저절로 열리더니 뎅그렁하는 패옥(佩玉) 소리가 났다. 깜짝 놀라 돌아보니 염습 도구들이 모두 다 없었다. 곧이어 보니, 옥안(玉顔)이 선명하고 채복(綵服)을 휘황찬란하게 입은 여인이 유씨 앞에서 급히 절을 올리며 이렇게 말하는 것이었다.

"소군부인(小君夫人)께서 이곳에 당도하신 줄을 모르는 것은 아니었습니다만, 마침 길이 멀었기에 곧바로 돌아오지 못하여 부인으로 하여금 기다리도록 하였으니 부디 허물하지 마소서."

유씨와 그 어미가 놀랍고 괴이하여 물으니, 이에 이렇게 말했다.

"이전에 부자(夫子)[359]의 부음(訃音)을 듣고는 저승으로 따라가려는

355) 풍찬노숙(風餐露宿): 바람을 먹고 이슬을 맞으며 잠을 잠. 객지에서 많은 고생을 겪음.
356) 언덕과 습지[原隰]: 시신(屍身)이 쌓여 있는 언덕과 습지를 말한다. 『시경(詩經)』 소아(小雅) 「상체(常棣)」에서 "사상의 두려움에도, 형제가 매우 그리워하며, 언덕과 습지에 시신이 쌓여도, 형제가 찾아 나선다.[死喪之威, 兄弟孔懷. 原隰裒矣, 兄弟求矣.]"라고 하였다.
357) 이물(異物): 죽은 사람.
358) 천리(千里)의~종적(蹤迹): 멀리서 외롭게 찾아온 유씨 자신을 뜻한다.
359) 부자(夫子): 남편.

마음을 먹고서 먼저 구천(九天)[360]에 갔다가 이어서 십지(十地)[361]에 들어가는 등 찾아보지 않은 곳이 없었지만 끝내 아무것도 본 게 없었습니다. 이에 만세산신(萬歲山神)을 찾아뵈었더니 산신께서 말씀하시기를 '나는 바로 항주부(杭州府) 상객(上客) 서문적(西門勣)의 조상이니, 어찌 그 소재를 모르겠느냐? 동선은 이곳에 잘못 들어왔다. 상객(上客)은 지금 연경의 옥에 있으니, 아직 죽지 않았다.'라고 하셨습니다. 이에 연경으로 돌아가 부자를 뵈니 마음에는 근심스러운 기운이 엉겨 있고 얼굴에는 초췌함이 가득하였습니다. 그런데 저를 보고는 매우 기뻐하면서 옛 가락을 먼저 찾으시기에 첩이 이에 거문고를 당겨 연주해 화락(和樂)한 모습으로 즐거워하였습니다[362]. 그러자 부자께서 이르기를, '돌아가시오, 돌아가시오! 소군이 그대 집에 당도하였소.'라고 하셨습니다. 이에 하직하고 돌아왔는데 길이 아득하여 소군으로 하여금 당도하자마자 참혹한 소식을 듣고서 지나치게 슬퍼하도록 만들었으니, 이는 첩의 잘못입니다."

이어서 궤연(几筵)을 거두라 명하고 특별히 음식을 마련하여 유씨를 매우 후하게 대접하였다. 이로 말미암아 상객이 생존해 있다는 사실을 알 수 있게 되니, 슬프기도 하고 기쁘기도 한 마음이 극에 달하였다.

상객은 연경에 있은 지 10여 년이 되도록 남쪽 소식을 전혀 듣지 못하게 되자 근심으로 번뇌하면서 날마다 쓸쓸하게 지냈다. 그러다가 어느 날 저녁에 문득 동선을 만나니 희비(喜悲)가 교차하여 이에 명하여 술을 따르고 거문고를 타도록 하였다. 동선이 거문고를 타면서 이렇게 말했다.

"제가 처음에 도솔천(兜率天)[363]부터 차례로 돌아 십지(十地)를 두루

---

360) 구천(九天): 하늘의 중앙(中央)과 팔방(八方) 아홉 방위를 이르는 말.

361) 십지(十地): 미상. '구천(九天)'에 상대하여 쓴 말인 듯하다.

362) 거문고를~즐거워하였습니다[援琴而鼓之 衎衎而樂]: 『시경(詩經)』 회풍(檜風) 「소관(素冠)」에 대하여 『모전(毛傳)』에서 "자하가 삼년상을 마치고서 부자를 뵙고는 거문고를 당겨 탔는데 화락한 모습으로 즐거워하며 일어나 말했다. '선왕이 제정한 예인지라 감히 미치지 않을 수 없었습니다.' 그러자 부자가 말했다. '군자로구나.'[子夏三年之喪畢, 見於夫子, 援琴而弦, 衎衎而樂, 作而曰: '先王制禮, 不敢不及.' 夫子曰: '君子也.']"라고 하였다.

363) 도솔천(兜率天): 불교 육욕천(六欲天)의 넷째. 미륵보살(彌勒菩薩)의 정토(淨土)이다.

다니니, 위로는 백옥(白玉) 누대(樓臺) 열둘이 보였고 가운데로는 황금(黃金) 불계(佛界) 3천이 있었으며 아래로는 청연(靑煙) 인세(人世) 8만이 보였습니다. 이어서 만세산에 다다라 상객에 대해 여쭈어 보았다가 이곳에 이르게 된 것입니다."

상객이 말했다.

"금일의 해후(邂逅)는 뜻밖의 일이니, 정말로 매우 좋구려. 다만 소군(小君)이 지금 항주로 가고 있는 중인지라, 만약 서둘러 돌아가지 않는다면 필시 실망하게 될 터이니, 돌아가는 것이 좋겠소."

동선이 이에 편지 한 통을 남기고 떠나자 상객이 답장을 써서 주었는데, 어렴풋이 서로 이별하는 사이에 문득 깨어나니, 곧 한바탕 꿈이었다. 자리를 보니 편지 한 통이 있었는데, 편지는 생초(生綃)를 사용한 것이었다. 급히 가져다 펼쳐 보니, 그 편지에는 다음과 같은 내용이 있었다.

> 만 번 죽다 살아남은 목숨, 한 번 이별한 후 10년이 지났는데, 장천(長天)은 까마득하니 우리들을 순(順)히 대할 이 없고[364], 천지(天地)는 아득하니 그 은덕(恩德)을 크게 하지 않으셨습니다[365]. 나를 낳음이 좋은 때가 아닌지라[366] 망극(罔極)한 세상을 만나니[367], 구슬 신발을 신은 3천 명의 문객(門客)[368]이 달아나고 백만 명을 2만 명으로 막을 수 있는 천험(天險)[369]

364) 우리들을~없고[莫惠我師]: 『시경(詩經)』 대아(大雅) 「판(板)」에서 "하늘이 바야흐로 노하셨으니, 잘난 체하거나 빌붙어, 위의를 모두 어지럽히며, 선인이 곧 시동(尸童)이 되게 하지 말라. 백성이 바야흐로 신음하고 있는데, 우리들을 감히 헤아려주는 이 없으니, 상란으로 멸망함이 서글픈지라, 일찍이 우리들을 순(順)히 대할 이 없네.[天之方懠, 無爲夸毗. 威儀卒迷, 善人載尸. 民之方殿屎, 則莫我敢葵. 喪亂蔑資, 曾莫惠我師]."라고 하였다.

365) 그~않으셨습니다[不駿其德]: 『시경(詩經)』 소아(小雅) 「우무정(雨無正)」에서 "광대한 호천이, 그 은덕을 크게 하지 않으시어, 기근을 내려 멸망시켜, 사방 나라를 베어버리니, 민천이 포악한지라, 사려하지 않고 도모하지 않네. 저 죄 있는 이들은, 이미 죄를 받았기에 내버려 둬도 되지만, 이렇게 죄 없는 이들은, 사망(死亡)에 빠져 서로 두루 미치는가?[浩浩昊天, 不駿其德. 降喪饑饉, 斬伐四國. 旻天疾威, 弗慮弗圖. 舍彼有罪, 旣伏其辜. 若此無罪, 淪胥以鋪?]"라고 하였다.

366) 나를~아닌지라[生我不辰]: 『시경(詩經)』 대아(大雅) 「상유(桑柔)」에서 "내 태어남이 좋은 때가 아닌지라, 하늘의 큰 노여움을 만났네.[我生不辰, 逢天僤怒.]"라고 하였다.

367) 망극한~만나니[遭世罔極]: 전한(前漢) 가의(賈誼)의 「조굴원부(弔屈原賦)」에서 "망극한 세상을 만나, 마침내 그 몸을 잃었네.[遭世罔極兮, 迺殞厥身.]"라고 하였다.

을 무릅썼습니다. 아, 내 임이 그리운지라 저 돌산에 오르렵니다[370]. 그리워 그대 생각하니[371] 어느 날인들 잊겠습니까[372]? 타향의 사나운 풍속을 생각하고 정부(征夫)의 의심에 답답해지는데, 아홉 번 죽고 남은 혼(魂)이 참담하고 만리(萬里)의 행색(行色)이 처량합니다. 비록 검은 포승(捕繩)에 묶여 옥중(獄中)에 있으나 당신의 죄가 아닙니다[373]. 오랫동안 장독(瘴毒)[374]을 쐬었는데 진실로 별 탈이 없습니까? 생사(生死)를 알 수 없는데, 울면서 이야기한들 어찌 다하겠습니까? 달이 연(燕)나라 하늘에 밝게 뜨니 혹은 그리움에 꿈을 꾸고, 구름이 먼 포구에 아득하니 실로 맥없이 바라보는 그리움이 맺혀 있습니다. 저기에 있어도 이와 같은데 여기에 있으면 어떠하겠습니까? 길섶의 이슬에 옷을 적심은 경계가 비록 아침저녁으로 다니는 데에 있으나[375], 한수(漢水)의 맑은 패옥은 말을 귤과 유자(柚子)에 의탁했습니다[376]. 궁중(宮中)의 오동잎은 시를 짓기에 마땅하지 않으니[377], 하수(河

368) 구슬~문객[三千之珠履]: '주리(珠履)'는 구슬로 꾸민 신발로, 지략이 있는 문객(門客)을 가리킨다. 『사기(史記)』「춘신군열전(春申君列傳)」에 보인다. 전고 (69).

369) 백만~천험[百二之天險]: '백이(百二)'는 백만 명을 2만 명으로 막는다는 뜻이고, '천험(天險)'은 천연(天然)의 요해지(要害地)이다. 『사기(史記)』「고조본기(高祖本紀)」에 보인다. 전고 (47).

370) 아~오르렵니다[嗟我懷人 陟彼岨矣]: 『시경(詩經)』 주남(周南) 「권이(卷耳)」에서 "도꼬마리 뜯고 뜯는데, 기운 광주리도 못다 채우고서, 아, 내 임이 그리운지라, 저 큰길가에 버려두었네[采采卷耳, 不盈頃筐. 嗟我懷人, 寘彼周行.]"라고 하고, 또 "저 돌산에 오르려 하나, 내 말 비루먹었으며, 내 마부 병들었으니, 어찌 나로 하여금 한숨짓게 하는가?[陟彼砠矣, 我馬瘏矣, 我僕痡矣, 云何吁矣?]"라고 하였다.

371) 그리워~생각하니[願言思子]: 『시경(詩經)』 패풍(邶風) 「이자승주(二子乘舟)」에서 "두 사람이 배를 타니, 두둥실 그 그림자. 그리워 그대 생각하니, 마음속 울렁이네.[二子乘舟, 汎汎其景. 願言思子, 中心養養.]"라고 하였다.

372) 어느~잊겠습니까[何日忘之]: 『시경(詩經)』 소아(小雅) 「습상(隰桑)」에서 "마음으로 사랑하는데, 어찌 말하지 않겠는가마는, 마음속에 간직하고 있으니, 어느 날인들 잊으리?[心乎愛矣, 遐不謂矣? 中心藏之, 何日忘之?]"라고 하였다.

373) 비록~아닙니다[雖在縲絏之中 非其罪也]: 『논어(論語)』「공야장(公冶長)」에서 "공자가 공야장을 평하였다. '딸을 아내로 삼아 줄 만하다. 비록 검은 포승에 묶여 옥중에 있었으나 그의 죄가 아니었다.' 그리고 자기의 딸을 그의 아내로 삼아 주었다.[子謂公冶長: '可妻也. 雖在縲絏之中, 非其罪也.' 以其子妻之.]"라고 하였다.

374) 장독(瘴毒): 축축하고 더운 땅에서 생기는 독한 기운. 여기서는 풍토병을 말한다.

375) 길섶의~있으나: 『시경(詩經)』 소남(召南) 「행로(行露)」에서 "촉촉이 젖은 길섶의 이슬, 어찌 아침저녁으로 다니지 않으랴마는, 길섶에 이슬이 많을까 두렵답니다.[厭浥行露, 豈不夙夜? 謂行多露.]"라고 하였다. 여인이 아침저녁으로 홀로 다니면 강포한 자에게 정절을 잃을 수 있으므로 길섶에 이슬이 많기 때문에 옷이 젖을까봐 다닐 수 없다고 핑계를 댄 것이다. 길섶의 이슬에 옷을 적신다는 것은 정절을 잃음을 뜻한다.

水) 가의 잣나무 배로 나쁜 마음 먹지 않으리라 길이 맹세합니다[378]. 뜰의 까치가 울므로 돌아오실 날이 되었나 했더니, 새홍(塞鴻)[379]이 편지를 전하

376) 한수(漢水)의~의탁했습니다: 정교보(鄭交甫)가 강한(江漢)에서 강비(江妃) 두 여인을 만나 귤과 유자를 노래하면서 그녀들에게 패옥(佩玉)을 청하여 얻은 일을 말한다. 『열선전(列仙傳)』「강비이녀(江妃二女)」에 보인다. 전고 (70).

377) 궁중(宮中)의~않으니: 홍엽제시(紅葉題詩) 고사를 말한다. 당(唐) 고황(顧況)이 시우(詩友)와 금원(禁苑)에서 노닐다가 상양궁(上陽宮)의 궁녀가 시를 적어 물결에 띄워 보낸 오동잎을 얻었는데, 이튿날 화답시를 써서 역시 물결에 띄워 보냈다. 『태평광기(太平廣記)』 문장(文章)1 「고황(顧況)」에 보인다. 전고 (71).

378) 하수~맹세합니다[河上栢舟 永矢靡忒]: 『시경(詩經)』 용풍(鄘風) 「백주(柏舟)」에서 "두둥실 저 잣나무 배, 저 하수 가에 있네. 두 갈래 머리 드리운 저분, 실로 나의 짝이니, 죽음에 이를지언정, 맹세코 나쁜 마음 먹지 않으리. 어머니는 하늘이시니, 사람 마음 몰라주시나?[汎彼柏舟, 在彼河側. 髧彼兩髦, 實維我特. 之死, 矢靡慝. 母也天只, 不諒人只?]"라고 하였다.

379) 새홍(塞鴻): 당(唐) 설조(薛調)의 「무쌍전(無雙傳)」에 나오는 인물로, 왕선객(王仙客)의 종인데, 여기서는 편지나 소식을 전하는 사자를 뜻한다. 새홍은 왕선객이 무쌍(無雙)을 만날 수 있도록 돕고 무쌍의 편지를 왕선객에게 전해주기도 하는데, 결국 고압아(古押衙)에 의해 죽임을 당한다. 「무쌍전」의 줄거리는 다음과 같다. 왕선객은 부친을 여의고 모친과 외가에 살면서 외삼촌 유진(劉震)의 딸인 무쌍과 어려서부터 친하게 지냈다. 유진의 처는 장난삼아 왕선객을 왕낭자(王郎子)라 불렀다. 얼마 후 왕선객의 모친은 유진에게 무쌍을 다른 데 시집보내지 말라는 유언을 하고 세상을 떠났다. 왕선객은 양등(襄鄧)으로 돌아가 장사 지내고 삼년상을 치른 뒤, 상서조용사(尙書租庸使)가 된 유진을 찾아갔지만, 혼사에 관한 이야기는 없었다. 이에 왕선객은 다방면으로 주선하고 유진 내외를 잘 모셨으나, 별 효과가 없었다. 얼마 후 요영언(姚令言)이 반란을 일으키자, 유진은 왕선객에게 무쌍을 아내로 삼게 해 주겠다고 약속한 뒤 재물을 가지고 여관으로 가도록 하였다. 약속한 시간이 되어도 유진 등이 오지 않자, 문지기에게 사정을 물으니, 주자(朱泚)는 천자가 되고 유진의 가족은 북으로 끌려갔다는 것이었다. 왕선객은 여관으로 돌아왔는데, 무장한 병사들이 들이닥쳤으므로 재물을 버리고 양양(襄陽)으로 돌아가 3년을 지냈다. 주자의 난이 평정되자, 왕선객은 경사(京師)로 들어가 유진의 행방을 수소문하다가 예전에 부리던 종 새홍을 만났다. 그날 밤 새홍의 숙소에서 묵었는데, 밤에 어떤 사람이 와서 유진 부부는 위관(僞官)을 한 죄로 사형 당하고 무쌍은 액정(掖庭)으로 들어갔다는 소식을 전했다. 이때 무쌍의 시비였던 채빈(採蘋)이 금오장군(金吾將軍) 왕수중(王遂中)의 집에 있었다. 왕선객이 채빈이라도 보고 싶어 왕수중을 찾아가 사정을 이야기하였는데, 왕수중은 감동하여 속신(贖身)을 허락하였다. 왕선객은 새홍과 채빈을 데리고 살았다. 왕수중이 왕선객을 경조윤(京兆尹) 이제운(李齊運)에게 추천하였으므로, 왕선객은 부평현윤(富平縣尹) 직함으로 장락역(長樂驛)을 맡게 되었다. 어느 날 중사(中使)가 내가(內家) 30명을 데리고 원릉(園陵)으로 가면서 장락역에서 묵는다는 말을 듣고는, 새홍을 역리(驛吏)로 꾸며 일행 중에 무쌍이 있는지 살펴보도록 하였다. 새홍은 무쌍을 만나 그녀로부터 합자(盒子) 안의 자주색 요 아래에 있는 편지를 전하라는 부탁을 받았다. 왕선객은 새홍의 계책을 따라 거짓으로 위교(渭橋)의 수리관(修理官) 행세를 하면서 수레를 타고 가는 무쌍의 모습을 보았다. 한편 새홍이 전해 준 무쌍의 편지를 보니, 거기에는 고압아에게 도움을 청하라는 말이 있었으므로, 왕선객은 고압아를 찾아가 정성을 다하였다. 고압아는 1년이 넘도록 입을 열지 않다가 왕선객을 찾아와 그간의 성의에 사례하고 그의 사정에 대해 들었다. 이후 고압아는 반년 만에 편지를 보내 모산사자(茅山使者)가 돌아왔다고 하면서 왕선객을 불렀

기에 깜짝 놀라 부고(訃告)의 글을 보았습니다. 눈물은 한해(瀚海)[380]의 파도에 섞이고 곡성(哭聲)은 달이 뜬 연경(燕京)의 하늘에 끊어지는데, 호접(胡蝶)[381]은 만리(萬里)의 꿈을 놀라게 하고 두견새는 삼경(三更)에 슬피 웁니다. 비낀 바람과 가는 비[382]에 산양(山陽)의 피리 소리 오열하고[383], 지는 해와 찬 구름은 창오(蒼梧)[384]의 가을빛에 잠기었습니다. 10년 동안 방을 달리하여[385] 원망이 삼생(三生)에 들지만, 백세(百歲) 뒤에 함께 돌아가고자[386] 한 번 죽기로 마음먹었습니다. 하물며 지금은 석계룡(石季

는데, 무쌍의 얼굴을 아는 채빈을 남겨 두도록 하였다. 며칠 뒤에 왕선객은 고관(高官)이 원릉의 궁인을 처형한다는 말을 들었다. 이에 새홍을 시켜 알아보게 하니 곧 무쌍이었으므로 매우 슬퍼하였다. 그런데 그날 밤 고압아가 무쌍의 시신을 가져와서는 지금은 죽었지만 심장에는 온기가 있으므로 내일 깨어나면 탕약을 조금 먹이라고 하였다. 고압아는 새홍을 시켜 구덩이를 파게 한 뒤 새홍의 목을 베어 구덩이에 떨어뜨리고는 그간의 사정을 이야기하였다. 그 말에 따르면, 모산도사에게는 복용하면 즉사하였다가 사흘 뒤에 살아나는 약이 있으므로 사람을 보내 한 알을 얻어 왔으며, 채빈을 중사로 꾸며 보내어 무쌍이 역당(逆黨)이라는 이유를 붙여 이 약을 내려 자진(自盡)하도록 만들었으며, 그 자신은 무쌍의 친척이라고 말하여 비단을 주고 시신을 가져왔다는 것이다. 그리고 이 일에 대해 아는 모산사자 등을 처치하였고 자신도 자결할 것이며 거마(車馬)와 비단 등을 준비하였으니 무쌍을 데리고 떠나라고 말한 뒤, 칼을 들어 자결하였다. 왕선객은 날이 밝기 전에 떠나 사촉(四蜀) 등을 거쳐 저궁(渚宮)에 우거하다가 양등으로 돌아가 살면서 무쌍과 해로하였다.

380) 한해(瀚海): 사막(沙漠) 혹은 북해(北海)를 가리키는 말인데, 여기서는 북해인 듯하다.

381) 호접(胡蝶): 나비. 호접몽(胡蝶夢)을 말한다. 『장자(莊子)』 내편(內篇) 「제물론(齊物論)」에 보인다. 전고 (35).

382) 비낀~비[斜風細雨]: 장지화(張志和)의 「어부사(漁父詞)」에서 "푸른 대삿갓에, 녹색 도롱이, 비낀 바람과 가는 비에 돌아갈 필요 없네.[靑箬笠, 綠簑衣, 斜風細雨不須歸.]"라고 하였다.

383) 산양(山陽)의~오열하고: '산양의 피리 소리'는 친하던 사람을 추모함을 뜻한다. 상수(向秀)가 산양(山陽)에서 혜강(嵇康)과 친하게 지냈었는데, 혜강이 죽은 후 산양을 지나다가 이웃 사람의 피리 소리를 듣고 한탄하였다는 내용이 상수의 「사구부(思舊賦)」에 있다. 『진서(晉書)』 「상수열전(向秀列傳)」에 보인다. 전고 (72).

384) 창오(蒼梧): 창오산(蒼梧山)으로, 중국 호남성(湖南省) 영원현(寧遠縣)의 동남쪽에 있다. 순(舜)이 남방을 순행하다가 붕어(崩御)한 곳이다. 『사기(史記)』 「오제본기(五帝本紀)」에서 "순이 제위에 오른 지 39년에 남쪽으로 순수하다가 창오의 들에서 붕어했다. 강수 남쪽 구의산에 장사 지내니, 이곳이 영릉이다.[踐帝位三十九年, 南巡狩, 崩蒼梧之野. 葬於江南九疑, 是爲零陵.]"라고 하였다.

385) 10년~달리하여[十年異室]: 『시경(詩經)』 왕풍(王風) 「대거(大車)」에서 "살아서는 방을 달리했으나, 죽어서는 구덩이를 함께하리라. 나를 믿지 못하겠다면, 저 밝은 해가 있다네.[穀則異室, 死則同穴. 謂予不信, 有如皦日.]"라고 하였다.

386) 백세~돌아가고자[百歲同歸]: 『시경(詩經)』 당풍(唐風) 「갈생(葛生)」에서 "긴 겨울밤과, 긴 여름날이여! 백세 뒤에나, 그 무덤으로 돌아가리라.[冬之夜, 夏之日! 百歲之後, 歸于其室.]"라고 하였다. 주희(朱熹)는 "여름날과 겨울밤에 홀로 있으면서 근심함이 이에 더욱 간절하였다. 그러나 군자가 돌아올 기약이 없는지라 만나볼 수가 없으니, 요컨대

龍)[387]의 군대는 아직 흩어지지 않았고 송(宋) 강왕(康王)의 탐독(貪瀆)[388]은 끝이 없으니, 혼탁(混濁)한 세상에서 환난을 면하기 어려워[389] 황천(黃泉)으로 거두어 감추어야 합니다[390]. 청릉대(靑陵臺) 위에는 까막까치가 어지러이 날고[391] 녹주루(綠珠樓) 가에는 꽃잎이 흩날립니다[392]. 먼지 낀 거울이 든 경대(鏡臺)는 닫혔고, 저물녘 구름 낀 금대(琴臺)는 어둑합

죽어서 따를 따름이다.[夏日、冬夜, 獨居憂思, 於是爲切. 然君子之歸無期, 不可得而見矣, 要死而相從耳.]"라고 하였다.

387) 석계룡(石季龍): 후조(後趙)의 제3대 황제 석호(石虎)로, 자는 계룡(季龍), 시호는 무제(武帝), 묘호는 태조(太祖). 초대 황제인 석륵(石勒)의 조카이다. 석륵이 죽고 태자 석홍(石弘)이 즉위하자 이듬해 그를 죽이고 스스로 거섭조천왕(居攝趙天王)이라 칭했다. 업(鄴)으로 천도(遷都)하고 대규모 토목공사를 일으켰으며 원정군을 세 번이나 일으키는 등 폭정을 자행하였다.

388) 송(宋)~탐독(貪瀆): 송(宋) 강왕(康王)은 전국시대(戰國時代) 송나라 임금 대언(戴偃)이다. 『사기(史記)』「송미자세가(宋微子世家)」에 따르면, 11년에 스스로 왕(王)을 칭하였으며 폭정을 자행하여 걸송(桀宋)이라 일컬어졌다. 『수신기(搜神記)』에는 송 강왕이 한빙(韓憑)의 아내 하씨(何氏)를 빼앗은 이야기가 있다. 전고 (73)·(74).

389) 혼탁한~어려워[難乎免於濁世]: 『논어(論語)』「옹야(雍也)」에서 "공자가 말했다. '축타의 말재주가 있거나 송조의 아름다움이 있거나 하지 않으면 요즘 세상에서 환난을 면하기 어렵다.[子曰: '不有祝鮀之佞, 而有宋朝之美, 難乎免於今之世矣.']"라고 하였다.

390) 황천으로~합니다[卷而懷之黃泉]: 『논어(論語)』「위영공(衛靈公)」에서 "공자가 말했다. '곧구나, 사어여! 나라에 도가 있을 때에도 화살처럼 곧았고 나라에 도가 없을 때에도 화살처럼 곧았다. 군자로구나, 거백옥이여! 나라에 도가 있으면 벼슬을 하고 나라에 도가 없으면 거두어 감출 것이다.'[子曰: '直哉史魚! 邦有道如矢, 邦無道如矢. 君子哉蘧伯玉! 邦有道則仕, 邦無道則可卷而懷之.']"라고 하였다.

391) 청릉대(靑陵臺)~날고: '청릉대'는 전국시대(戰國時代) 송(宋) 강왕(康王)이 한빙(韓憑)의 처(妻)를 빼앗고는 한빙으로 하여금 짓게 한 대(臺)이다. 여기서 까막까치가 어지러이 난다는 것은 한빙의 처 하씨(何氏)가 지은 「오작가(烏鵲歌)」를 두고 한 말이다. 『천중기(天中記)』에서 『구국지(九國志)』를 인용하여 "한빙은 전국시대 송 강왕의 사인이었는데, 처 하씨가 아름다웠다. 왕이 그녀를 탐내어 사인을 붙잡아 와 청릉대를 쌓게 하였다. 그러자 하씨는 「오작가」를 지어 지조를 보이고는 마침내 스스로 목매어 죽었다. '남산에 까마귀 있는데, 북산에 그물을 쳤네. 까마귀 스스로 높이 날아가니, 그물을 어찌하나?' '까막까치 쌍으로 나니, 봉황을 바라지 않고, 첩은 서민이니, 송왕을 바라지 않는다네.'[韓憑, 戰國時爲宋康王舍人, 妻何氏美. 王欲之, 捕舍人築靑陵臺. 何氏作「烏鵲歌」以見志, 遂自縊死: '南山有烏, 北山張羅, 烏自高飛, 羅當奈何?' '烏鵲雙飛, 不樂鳳凰, 妾是庶民, 不樂宋王.']"라고 하였다. 『수신기(搜神記)』에는 한빙이 자살한 후, 그의 아내가 강왕과 함께 대에 올랐을 때 투신자살하였다고 되어 있다. 전고 (74).

392) 녹주루(綠珠樓)~흩날립니다: '녹주루'는 하남성(河南城) 낙양(洛陽)에 있던 누각으로 석숭(石崇)의 총첩(寵妾) 녹주가 살던 곳이다. 이백(李白)의 「노군요사송두명부박화환서경(魯郡堯祠送竇明府薄華還西京)」에서 "녹주루 아래 꽃 가득한 정원, 오늘은 가지 하나 있지를 않네.[綠珠樓下花滿園, 今日曾無一枝在.]"라고 하였다. 석숭이 녹주를 달라는 손수(孫秀)의 요구를 거절하여 체포를 당하게 되자, 녹주는 누각에서 투신자살하였다. 『진서(晉書)』「석숭열전(石崇列傳)」에 보인다. 전고 (75).

니다. 살아서도 아무것도 하지 못하고 죽어서도 울음소리만 삼킬 뿐입니다. 황천(皇天)께서 알고 계시고 귀신(鬼神)이 묵묵히 도우시니, 군자께서 혹 살아 돌아오신다면 이 편지를 꺼내어 보고 충정(衷情)을 잘 알 수 있게 하소서.

상객이 울면서 편지를 보니, 동선이 죽음에 임하였을 때 쓴 편지임을 알 수 있었다. 이에 그는 이렇게 생각하였다.

'편지가 이곳에 온 것은 밝은 자질과 또렷한 신령[393]이 매개하였기 때문이다. 그러나 꿈이 이와 같아 살았는지 죽었는지 실로 헤아리기 어려우니, 심신(心神)이 떨리고 어지러워 슬픈 마음이 배나 더 절실하다.'

동선은 유씨와 함께 있으면서 늘 스스로 감정을 억누르고 음식 먹기를 권하였으니, 이는 유씨를 위한 것이었다. 어느 날 우연히 담장 밑에 묻었던 편지를 꺼내 보았는데, 실로 자기가 원래 썼던 글이 아니었다. 그 편지의 내용은 이러했다.

한 번 천리(千里)로 이별하니 낙락(落落)하여 기약이 없고, 십생구사(十生九死)[394]하니 전전(轉轉)하며 해를 보내고 있소. 한숨과 눈물과 통곡[395]에 아울러 몹시도 어려운 시국을 만났는데, 우수(憂愁)와 울읍(鬱悒)과 개탄(慨歎)은 오로지 내 그리움이 격조(隔阻)를 끼치기 때문이오[396]. 오랑캐 땅

---

393) 밝은~신령[彰明之質 較著之靈]: 『사기(史記)』 「백이열전(伯夷列傳)」에서 사마천(司馬遷)이 "천도는 친함이 없어 늘 선인과 함께한다.[天道無親, 常與善人.]"라는 혹자(或者)의 말을 인용한 뒤에 가난하게 살다가 요절한 안회(顔回)와 잔인한 짓을 하고도 천수를 누린 도척(盜跖)을 거론하고는 "이는 무슨 덕에 따른 것인가? 이것은 더욱더 밝고 또렷한 사례이다.[是遵何德哉? 此其尤大彰明較著者也.]"라고 하였다.

394) 십생구사(十生九死): 열 번 살고 아홉 번 죽음. 구사일생(九死一生)과 같은 말로 위태로운 상황에서 겨우 벗어남을 뜻한다.

395) 한숨과~통곡[太息流涕痛哭]: 『한서(漢書)』 「가의전(賈誼傳)」에 실려 있는 가의의 상소(上疏)에서 "신이 삼가 사세를 생각해 보건대, 통곡할 만한 것이 하나요 눈물을 흘릴 만한 것이 둘이요 길게 한숨을 쉴 만한 것이 여섯이니, 기타 이치에 어긋나고 도를 해치는 것으로 말하자면 두루 열거하기 어려울 정도입니다.[臣竊惟事勢, 可爲痛哭者一, 可爲流涕者二, 可爲長太息者六, 若其它背理而傷道者, 難遍以疏擧.]"라고 하였다.

396) 오로지~때문이오[專爲我懷之貽阻]: 『시경(詩經)』 패풍(邶風) 「웅치(雄雉)」에서 "수꿩의 날이여! 느릿한 날개로다. 내 그리움이여! 스스로 격조(隔阻)를 끼치도다.[雄雉于飛! 泄泄其羽. 我之懷矣! 自詒伊阻.]"라고 하였다.

의 연우(煙雨)가 뼈에 사무치니 질병이 때를 틈타 생겨나고, 장기(瘴氣)가 살갗에 엉기니 죽을 날이 머지않았구려. 덧없는 인생이 꽁꽁 묶여 있음이 슬프고 묵은 인연이 허망하게 내던져짐이 한탄스러웠는데, 낭자가 오히려 마음에 남은 정을 품고 예전의 약속을 다시 찾아 바다를 건너고 산을 넘어 온갖 험난한 일을 다 겪으면서 서둘러 옴에[397] 또한 이미 그렇게 고생했을 줄을[398] 어찌 생각이나 했겠소? 황사(黃沙)의 모래 속에 도성(都城) 길의 봄빛이 돌고, 청해(青海)의 성 위에 붉은 난간의 꽃 그림자가 비치는구려[399]. 농수(隴樹)[400]에서 진(秦)나라 음악을 그치니 만 가지 한(恨)이 모두 재처럼 사그라지는데, 파릉(巴陵)[401]에서 초나라 노래를 거두어들이니 둘의 심정이 어떠하겠소? 술 가져와 무료함을 깨뜨리니 한 번 웃음이 쌍벽(雙璧)이요, 거문고 안고 뜻을 두어 왔으니[402] 다시 노래함이 천금(千金)이라오. 이미 반쪽 거울 합하여[403] 백붕(百朋)을 준 듯하니[404], 비록 죽더라도 살아

---

397) 서둘러 옴에[賁然來斯]: 『시경(詩經)』 소아(小雅) 「백구(白駒)」에서 "깨끗한 흰 망아지 타고, 영광스럽게 오시면, 그대를 공으로 삼고 그대를 후로 삼아, 길이 즐겁게 하리라. 그대 우유하기를 삼가며, 그대 은둔하려 결단하지 말지어다.[皎皎白駒, 賁然來思. 爾公爾侯, 逸豫無期. 愼爾優游, 勉爾遁思.]"라고 하였는데, 주희(朱熹)는 "'분연'은 광채가 나는 모양이니, 혹은 빨리 오는 것이라고 한다.[賁然, 光采之貌也, 或以爲來之疾也.]"라고 하였다.

398) 또한~줄을[亦旣勞止]: 『시경(詩經)』 소남(召南) 「초충(草蟲)」에서 "또한 이미 보며, 또한 이미 만나면, 내 마음 가라앉을 텐데.[亦旣見止, 亦旣覯止, 我心則降.]"라고 하였고, 『시경』 대아(大雅) 「민로(民勞)」에서 "백성이 또한 고생했는지라, 부디 조금 편안하도록 해야 하니, 이 경사(京師)를 사랑하여, 사방을 편안히 할지어다.[民亦勞止, 汔可小康. 惠此中國, 以綏四方.]"라고 하였다.

399) 황사의~비치는구려[黃沙磧裡 回紫陌之春光 青海城頭 暎朱欄之花影]: 유중용(柳中庸)의 「양주곡(涼州曲)」에서 "청해의 병영 앞에는 하늘에 달이 떴는데, 황사의 모래 속에는 본디 봄이 없네.[青海戍頭空有月, 黃沙磧裏本無春.]"라고 하였다.

400) 농수(隴樹): 농산(隴山) 일대의 나무로, 변새(邊塞)의 나무를 뜻한다.

401) 파릉(巴陵): 호남성(湖南省) 악양(岳陽).

402) 거문고~왔으니[抱琴來有意]: 이백(李白)의 「산중대작(山中對酌)」에서 "두 사람 대작하는데 산의 꽃 피니, 한잔 한잔 또 한잔. 내 취해 자고 싶으니 그대는 일단 돌아갔다가, 내일 아침 뜻이 있거든 거문고를 안고 오게나.[兩人對酌山花開, 一杯一杯復一杯. 我醉欲眠君且去, 明朝有意抱琴來.]"라고 하였다.

403) 이미~합하여: 헤어진 남녀가 다시 만남을 뜻한다. 진(陳) 서덕언(徐德言)과 낙창공주(樂昌公主) 진씨(陳氏)의 고사로, 『태평광기(太平廣記)』 기의(氣義)1 「양소(楊素)」에 보인다. 전고 (50).

404) 백붕을~듯하니[如錫百朋]: '백붕(百朋)'은 많은 화폐이다. 고대에는 조개껍데기를 화폐로 사용했는데 오패(五貝)를 붕(朋)이라 하였다. 『시경(詩經)』 소아(小雅) 「청청자아(菁菁者莪)」에서 "무성한 쑥이여! 저 언덕 가운데 있네. 이미 군자를 보니, 나에게 백붕을

있는 것과 같소. 문득 한 번 떠났지만 응당 다시 만날 것이오.

그 필적(筆跡)과 말뜻을 생각해 보니 바로 상객의 편지였다. 동선이 편지를 보자 거문고와 술 그리고 서찰 등의 일이 황연(恍然)하게 눈앞에 보이는 듯하였으니, 이는 두 곳에서 혼몽(魂夢)으로 교감한 것이 아니겠는가? 동선은 문득 가슴이 더욱 아프고 쓰라렸다.

이때 금(金)나라에서는 악무목(岳武穆)이 군대를 훈련시키는 기미가 있다는 소식을 듣고는 크게 노하여 먼저 항주에 격문(檄文)을 보내고 전쟁을 일으켰다. 안기가 붙잡혀 묶여 가자 군영(軍營)이 텅 비었다. 동선이 이에 소군(小君)과 이렇게 도모하였다.

"눈앞의 시국이 바둑돌을 쌓은 듯이 위태하여 장래의 화복(禍福)을 예측할 수 없습니다. 부자(夫子)께서 저곳에 아직 살아 계시다는 사실을 이미 알았으니 당장 찾으러 가야 합니다. 만에 하나라도 안색(顏色)을 가까이할 수만 있다면 이는 평생의 다행함일 것입니다. 그렇게 하지 못한다면 훗날 바랄 수 있는 바는 사장(沙場)의 백골(白骨)일 뿐입니다. 지금 위험을 무릅쓰게 되었으니, 천신(天神)께서 묵묵히 도와주신다면 본래의 뜻을 이루겠지만, 만일 불행하면 호랑이 굴의 고기가 될 것입니다. 하물며 유한한 인생으로 멀리 이별한 가운데 있으니, 얼마 되지도 않는 세월, 차라리 길에서 죽는 게 낫지 않겠습니까? 어찌 때를 기다리며 우두커니 서 있다가 가만히 앉아서 후회를 초래해야 하겠습니까?"

소군이 그 말을 매우 옳게 여겨 마침내 동선과 함께 가벼운 보물만을 밑천으로 삼고서 길일(吉日)을 잡아 길을 떠나니, 추은(秋銀)과 소진(小眞)이 모두 따랐다. 동선이 그 어미와 작별하면서 말했다.

"이번 길에는 시랑(豺狼)을 짝으로 삼고 명부(冥府)[405]를 마을로 삼는

주었네.[菁菁者莪! 在彼中陵. 旣見君子, 錫我百朋.]"라고 하였다. 주희(朱熹)는 "나에게 백붕을 주었다는 것은 반나보고 기뻐서 마치 귀중한 보배를 많이 얻은 것과 같음이다.[錫我百朋者, 見之而喜, 如得重貨之多也.]"라고 하였다.

405) 명부(冥府): 저승.

지라, 살아 돌아올 가망이 없으니 애를 끓여도 아무 소용이 없습니다. 남산(南山)처럼 장수하시어[406] 천세(千歲)를 누리소서."

그 어미는 수배(壽杯)[407]를 들었으나 목이 메어 마시지 못하였다. 이때 전객(餞客)들이 당(堂)에 가득하고 주악(酒樂)이 다 펼쳐졌는데, 슬픈 노래 한 소리에 구슬 같은 눈물이 일제히 흘러내렸다. 문을 나서 세 번 뒤를 돌아보니 사방의 이웃들이 통곡하였다. 이에 샛길을 잡아 길을 떠났는데, 40일째 되던 날에 한 곳에 이르렀다가 문득 장만부(張萬夫)를 만나 매우 기뻐하며 사정을 고하니, 장만부가 이렇게 말했다.

"저 또한 사로잡혔었는데 저들의 뜻을 잘 받들었죠. 그러자 이에 기뻐하면서 관직 하나를 제수하여 이 지역에 머물러 지키도록 하였는데, 바로 서하관(西河館)[408]입니다. 지금 소군부인(小君夫人)과 소낭자(小娘子)를 만나니 참으로 뜻밖의 일인지라 나도 모르게 놀랍기도 하고 기쁘기도 하여 마치 우리 존형(尊兄)을 대한 듯하군요. 그러나 만리(萬里)의 먼 길에 이미 피로하실 테니, 며칠 동안 몸조리라도 하시는 게 좋지 않을까요?"

이에 함께 서하관으로 돌아가 별도로 관사(館舍) 하나를 정해 주어 편히 쉬도록 하고 필요한 물건들을 잘 마련해 주었다. 동선 등은 다행이라고 생각하였다.

장만부의 동료인 호손달희(胡孫㺚嬉)라는 자는 영걸(英傑)한 사람이었다. 장만부가 전란 뒤에 서로 결탁해 교분을 맺었는데 함께 이야기하면서 동선을 매우 칭찬하였다. 호손달희가 동선 등이 왔다는 소식을 듣고 말했다.

"천하에 보지 못한 미색(美色)을 만나보고 싶네."

장만부가 말했다.

---

406) 남산(南山)처럼 장수하시어: '남산'은 장수를 축원할 때 쓰는 말이다. 『시경(詩經)』 소아(小雅) 「천보(天保)」에서 "달의 현(弦)처럼, 해의 떠오름처럼, 남산의 장수함처럼, 이지러지지도 무너지지도 않으며, 송백의 무성함처럼, 그대를 혹 계승하지 않음이 없네.[如月之恒, 如日之升. 如南山之壽, 不騫不崩. 如松柏之茂, 無不爾或承.]"라고 하였다.

407) 수배(壽杯): 장수를 기원하여 올린 술잔.

408) 서하관(西河館): 춘추시대(春秋時代) 노(魯)나라 대부(大夫) 계손의여(季孫意如)가 진(晉)나라에 잡혀가 억류되었던 곳이다.

"무슨 어려움이 있겠는가?"

저녁이 되자 동선에게 사람을 보내어 말했다.

"마침 변변찮은 음식이 있어 더불어 위로의 자리로 삼고자 하는데, 오실 수 있는지요?"

동선이 감격하여 즉시 갔다. 잠시 후 들으니, 문지기가 종종걸음으로 나아와 이렇게 말하는 것이었다.

"호손사군(胡孫使君)께서 문 앞에 와 계십니다."

장만부가 동선에게 말했다.

"저이는 나와 교분이 두터우니 무슨 꺼릴 게 있겠습니까?"

마침내 명하여 들어오도록 허락하였다. 술이 나오자 장만부가 스스로 잔을 들어 동선에게 권하니, 동선이 절을 하고 받았으나 잔이 커서 다 마시지 못하고 소진에게 물려주었다. 호손달희의 차례가 되자 호손달희가 술을 마시면서 동선을 가리켜 말했다.

"소낭자가 먼 길에 고생하셨으니 한 잔 술이나 받으시지요."

동선이 절을 하고 받지 않으면서 말했다.

"마침 장사군께서 불러 주셨기에 황송하고 감격하여 왔을 뿐, 본디 술을 잘 마시지 못합니다."

그대로 나가 버리니, 호손달희가 장만부에게 만류하도록 부탁하였다. 장만부가 말했다.

"안 되네. 금석(金石)처럼 견고하고 상설(霜雪)처럼 결백하여 더럽힐 수 없으니, 다만 면목(面目)을 본 것만으로도 충분하네."

호손달희가 탄식하며 말했다.

"대장부로서 이런 여자를 얻지 못한다면 천하에 쓸모없는 물건이다."

이튿날 아침에 동선이 길을 떠나기를 청하자 장만부가 말했다.

"전일(前日)까지는 마침 샛길을 경유(經由)하였으므로 길이 막힘이 없었지만, 여기로부터 북쪽으로는 역로(驛路)가 아니면 연경(燕京)에 도달할 수 없고 철기(鐵騎)가 아니면 역을 통과할 수 없습니다. 내 기병(騎兵)

을 내어 호송할 터이니, 기다리시는 게 어떻겠습니까?"

동선 일행이 서로 함께 위로하고 기뻐하며 말했다.

"이번 길에 만약 장사군을 만나지 못했다면 어쩔 뻔했나?"

이날 밤, 일행이 편히 누워 깊은 잠에 빠져 있었더니, 문득 매우 다급하게 말달려 들어오는 소리가 들리고 불빛이 대낮처럼 환하였다. 동선 등이 잠을 자다가 놀라 깨어나서 보니 한 무사(武士)가 갑자기 들어와 동선의 손을 붙잡고는 성화(星火)처럼 급히 끌고 나가는 것이었다. 동선이 손에 이끌려 나가니, 곧 호손달희였다. 그의 관사(館舍)에 도착해서 보니 활과 검, 창과 도끼 등을 좌우에 엇걸어 놓았다. 동선이 급히 도끼를 끌어당겨 잡고서 자기의 손을 베어 호손달희의 이마에 내던지면서 말했다.

"이것은 네 손안의 물건이니, 내 장차 어디에 쓰겠느냐?"

그리고 나가 버리자, 감히 붙잡는 이가 없었다. 그 손바닥이 이마에 붙어 깊이 파고드니, 떼어 버리고자 했으나 불가능했다. 몹시 고통스러워 잘 아는 사람을 급히 찾아서 물어보았는데, 한 병졸이 이렇게 말했다.

"이는 원마(寃魔)가 맺힌 것이므로 치료하기가 쉽지 않습니다. 긴 강물에 얼굴을 푹 담그면 길어도 백 일을 넘기지 않아 떼어낼 수 있을 것입니다."

호손달희가 마지못해 그 말을 따랐다. 동선 또한 베어낸 곳이 고통이 심하여 스스로 필시 죽을 것이라고 생각했다. 소진과 추은이 곧장 장사군 앞으로 달려들어 말했다.

"우리 집 낭자께서는 한결같이 남편만 바라보면서 정성이 극진하여 실낱같은 목숨도 돌보지 않고 마침내 만리(萬里) 먼 길을 떠났습니다. 해가 뜨면 산골짜기에 숨고 저물어 밤이 되면 굽이굽이 길을 걸어 포야(褒斜)[409]의 언저리에서 이리저리 헤매다가 이곳에 이르렀으니 또한 이미 고생한 것입니다. 천애(天涯)의 절역(絶域)에 아는 이도 전혀 없고 영외

---

409) 포야(褒斜): 중국 섬서성(陝西省)에 있는 도로로, 산세(山勢)가 험준한 곳이다. 여기서는 험난한 곳을 뜻한다.

(嶺外)의 타향(他鄕)에 의뢰할 데도 없었는데, 정말 다행스럽게도 중도(中道)에 갑자기 영공(令公)을 만났으니, 영공께 바라던 바가 어떠한 것이었겠습니까? 그런데 어찌하여 영공께서는 불쌍히 여겨 슬퍼하는 마음은 조금도 없이 도리어 몰래 구덩이에 빠뜨리려는 계책을 꾸며 한 잔 술을 마련해 강포(强暴)한 객(客)을 끌어들여 그로 하여금 눈길을 주게 하고 흉계를 꾸미도록 허락하였단 말입니까? 비단 욕(辱)이 몸에 다가왔을 뿐만 아니라 또 고통이 손을 휘감고 있어 헐떡거리는 약한 목숨을 거의 구제할 수 없게 되었으니, 만약 불행한 일이 생긴다면, 비첩(婢妾)들은 먼저 영공의 살을 씹어 먹은 뒤에 주인 낭자의 상복을 입을 것입니다."

이에 큰소리로 통곡하였다. 소군이 비통한 마음을 더욱 가누지 못하여 장사군을 꾸짖게 하였다. 장사군은 비록 자기가 관여한 일은 아니었지만 부끄러움을 견디지 못해 급히 부인 앞으로 나아가 간절히 사죄하고는 독한 약(藥)을 구하여 치료하려 했다. 이때 어떤 이가 한 병졸을 지목하였는데, 바로 호손달희를 치료한 자였다. 그 병졸이 말했다.

"치료하기가 어렵지는 않습니다."

이에 도끼를 달구어 물을 끓이고서 별현단(鱉莧丹)[410]을 섞어 바르니 이튿날 상처가 나았다.

동선 일행은 마침내 장사군의 도움에 힘입어 연경에 도달하였다. 그곳의 풍속은, 사졸(士卒)로서 한 번 말에서 떨어진 자를 처벌하여 곧 본가(本家)로 하여금 5일 동안 한 사람의 옥바라지를 하도록 했다. 당시에 남인(南人)으로서 옥에 갇힌 자들이 전후로 이어져 이미 5천여 명에 달하였는지라, 옥바라지하는 이들이 비록 많았으나 그 수에 미치지 못하여 항상 몇 사람을 아울러 맡아야 했으므로 그 고통이 자못 심하였다. 동선 일행은 곧장 천서(川西)의 가게로 들어가 스스로 걸인(乞人)이라 일컬으면서 품삯을 받고 옥바라지를 하고 싶다고 했다. 그리고 옥바라지를 하는 사람들

---

410) 별현단(鱉莧丹): 약인 듯하나 미상이다.

에게 물어 항주부(杭州府) 상객(上客)의 옥바라지를 맡은 사람을 찾아 대신하겠다고 청했더니, 그 사람이 기뻐하며 승낙하였다.

상객이 연경에서 여러 해를 지냄에 남쪽의 소식이 아득하니, 비참한 심회(心懷)가 시간이 오래될수록 더욱 깊어졌다. 하루는 아침에 옥으로 들여보낸 밥을 보니 이전과는 다른 점이 있어 마음속으로 자못 괴이하게 여겼다. 그런데 그날 저녁도 이와 같았고 이튿날 또한 마찬가지였다. 이에 밥을 먹지 못하고 눈물을 흘리니, 함께 옥에 갇힌 이들이 물었다.

"왜 그러시오?"

상객이 목이 메어 말을 하지 못하자, 사람들이 계속 물었다. 상객이 그제야 이렇게 말했다.

"우리 집의 처(妻)와 첩(妾)이 이미 이곳에 와 있는 듯하오. 하지만 옥률(獄律)이 이와 같아 만나볼 수가 없으므로 슬퍼하는 것이라오."

사람들이 또 물었다.

"어떻게 정말로 왔다고 확신하는 거요?"

상객이 말했다.

"나의 소부인(小夫人)은 온화하고 윤택하면서도 단단한 것이 좋은 옥(玉)의 자질이요[411], 소낭자(小娘子)는 자상하고 치밀하면서도 찬란한 것이 자개 비단의 무늬라오. 둘 다 오상(五常)[412]을 돈독히 하여 오행(五行)[413]을 통달하고, 오행을 통달하여 오음(五音)[414]을 어울리게 하고,

---

411) 온화하고~자질이요[溫潤而栗然 良玉之質]: 『예기(禮記)』「빙의(聘義)」에 나오는 공자(孔子)의 말에 "옛날에 군자는 덕을 옥에 비유하였다. 온화하고 윤택한 것은 인(仁)이다. 진밀하면서 단단한 것은 지(知)이다.[夫昔者君子, 比德於玉焉. 溫潤而澤, 仁也. 縝密以栗, 知也.]"라고 하였다. 『논어(論語)』「자장(子張)」에서 "자하가 말했다. '군자는 세 가지 변화가 있다. 멀리서 바라보면 의젓하고 다가가면 온화하고 그 말을 들어보면 명확하다.'[子夏曰: 君子有三變. 望之儼然, 卽之也溫, 聽其言也厲.]"라고 하였는데, 주희(朱熹)의 『논어집주(論語集註)』에서 인용한 사양좌(謝良佐)의 말에 "이는 변화에 뜻을 둔 것이 아니라 대개 함께 행해지면서 서로 어긋나지 않는 것이니, 마치 좋은 옥이 온화하고 윤택하면서도 단단한 것과 같다.[此非有意於變, 蓋並行而不相悖也, 如良玉溫潤而栗然.]"라고 하였다.

412) 오상(五常): 인(仁)·의(義)·예(禮)·지(智)·신(信).

413) 오행(五行): 수(水)·화(火)·목(木)·금(金)·토(土).

오음을 어울리게 하여 오미(五味)[415]를 조화시키지요. 그래서 밥을 지으면 반드시 오상의 맛이 있고 국을 끓이면 반드시 오행의 맛이 있고 술을 빚으면 반드시 오음의 맛이 있으며, 고기를 썰면 반드시 방정(方正)하게 하고 채소를 자르면 반드시 길이가 정확했어요. 아까 대했던 음식이 한결같이 이러하였으니, 그 솜씨가 아니라면 그런 경지에 도달할 수 없지요."

이렇게 말을 하면서 눈물을 흘리니, 사람들이 차마 보지 못하였다.

한편 동선은 소군에게 이렇게 말했다.

"우리 일행이 이곳에 왔다는 것을 부자(夫子)께서 이미 알고 계신 듯합니다."

소군이 말했다.

"나 또한 그렇게 생각하오."

소진 등이 말했다.

"감히 여쭙건대 어째서입니까?"

동선이 말했다.

"다른 이유가 있는 게 아니다. 처음 들여보냈을 때에는 밥에 물린 음식이 없었으니, 이는 입에 본성이 있어서 그런 것이다. 재차 들여보냈을 때에는 음식을 미처 반도 드시지 못했으니, 이는 마음이 움직이신 것이다. 세 번째 들여보냄에 이르러서는 음식 맛만 보았을 뿐이었으니, 이 어찌 우리가 여기에 왔다는 것을 깨닫고는 슬픈 감정이 북받쳐 올라 그리하신 것이 아니겠느냐?"

마침내 서로 함께 얼굴을 가리고 오열(嗚咽)하였다. 그러나 사람들의 의심을 받을까 두려워 항상 스스로 억제하였다. 그러던 어느 날 저녁 서로 이렇게 이야기하였다.

"우리가 여기에 온 것은 얼굴이라도 한 번 볼 수 있을까 하는 기대 때문이었는데, 율령이 이와 같아 계책을 쓸 길이 없으니 어찌해야 하나?"

---

414) 오음(五音): 궁(宮)·상(商)·각(角)·치(徵)·우(羽).
415) 오미(五味): 산(酸)·고(苦)·신(辛)·함(鹹)·감(甘).

추은이 말했다.

"그래도 만리(萬里) 밖에 있는 것보다는 낫고, 번뇌해 보았자 소용도 없습니다. 응당 좋은 결과가 있을 것입니다."

소진이 말했다.

"전에 들으니 악무목(岳武穆)이 군대를 거느리고 변경으로 들어갔다고 했었는데, 금인(金人)이 참으로 패하였다면 이는 우리들의 복입니다."

이렇게 서로 문답하기를 계속하면서 그치지 않았다. 한밤중이 되어 가는데 갑자기 길을 비키라고 외치는 소리가 멀리서부터 가까워지더니 인마(人馬) 소리가 요란해지고 횃불이 성안에 가득하였다. 깜짝 놀라 나가서 보니, 이미 갑병(甲兵)들이 옥(獄)의 사방을 몇 겹으로 둘러쌌으며 또 옥문(獄門) 바깥에 높은 자리를 성대하게 마련해 놓았는데, 사람들 중에 그 이유를 아는 이가 없었다. 동선이 주인옹(主人翁)을 불러 일으켜, 가서 자세한 사정을 알아보도록 하였다. 주인옹이 자리 뒤편으로 가서 동이 트기를 기다렸는데, 부절(符節)을 받든 자가 먼저 오자, 이에 그에게 물었더니, 이렇게 대답하였다.

"군대 주둔지에서 부서(符書)[416]가 왔으니, 날이 밝기를 기다려 일을 벌일 겁니다."

주인옹이 말했다.

"그저 말씀이나 해 보오. 나도 군대에서 늙었으니 기밀을 누설하는 자가 아니오."

이에 귀에다 대고 이렇게 말했다.

"악무목이 오백 명의 군대를 거느리고 변경에 들어가 크게 싸우니 일당백(一當百)이 아님이 없었습니다. 북군(北軍)이 대패(大敗)하고 장차 다시 싸우려 하면서 급히 본진(本鎭)의 장졸(將卒)들을 불러 병세(兵勢)를 더하려고 하는데, 본진이 텅 비면 옥에 갇힌 남인(南人)들이 필시 반란을

416) 부서(符書): 부절(符節)과 문서를 말하는 듯하다.

일으킬 것이라 두려워하여 속히 전부 베어 버린다고 합니다."

주인옹이 이 사실을 동선에게 알려 주니, 동선 등이 크게 놀라서 어쩔 줄 몰라 말도 하지 못하고 곡(哭)도 나오지 않았는데, 멍하니 허둥지둥하는 사이에 동방(東方)이 이미 밝았다. 그때는 이미 대장(大將)이 자리에 앉아 옥문에서 나오는 대로 베라고 명하였다. 그러자 남인들이 죽음을 면치 못할 것을 깨닫고 이에 무리를 지어 서로 부둥켜안고 나와 앞뒤를 이으니, 문틀이 다 무너지고 담장이 모두 부서졌다. 이에 검(劍)을 가지고 다니면서 베는 자들이 포위한 병졸들과 협공해 마구 베어 잠깐 동안에 다 죽이니, 시신이 내 가운데 쌓여 냇물이 다 붉어졌다. 부장(部將)이 전부 철수하여 남하(南下)하자, 온 성안이 텅 비었다. 동선 등이 그제야 나와서 보니, 눈에 보이는 것들이 참혹했다. 냇가에서 물러나 앉아 그저 길게 한숨 소리만 내고 있으니, 마치 아무 생각이 없는 사람 같았다. 잠시 후 물속으로 투신(投身)했는데, 물에 아주 깊은 곳이 없었으므로 소진 등이 힘써 구원하니, 죽지도 못하였다. 소군이 두 시비(侍婢)에게 다만 시신이 쓰러져 있는 곳을 살펴보라고 하고서 동선을 데리고 가게로 들어와 말했다.

"근심의 날들은 다 지나가고 기쁨의 날이 찾아오고 있어요. 나와 그대가 밤을 틈타 냇물에 투신하여 부자를 따른다면, 이 또한 즐거워할 만한 것인데 어찌하여 근심스런 기색을 보이시오?"

동선이 말했다.

"저도 그렇게 생각했었습니다."

말이 채 끝나기도 전에 두 시비가 문 앞에 있어 이미 그 낌새를 눈치 채고 잠시도 곁을 떠나지 않으니 계획을 실행할 수가 없었다. 이에 두 시비에게 이렇게 애원하였다.

"뜻이 이미 정해졌으니 너희들은 애석해하지 말거라! 이렇게 하고 나서야 이 마음에 편안할 것이니, 너희들이 좋이 돌아가 나를 낳아 주신 분을 잘 봉양해 천수(天壽)를 마칠 수 있도록 한다면, 이 또한 나에게 후한 덕을 베푸는 것이다."

소진이 말했다.

"지난날의 계획은 유골을 수습하는 것에 불과했습니다. 그런데 지금 이렇게 하신다면 이는 둘 다 버리는 것입니다."

소군이 말했다.

"네 말이 비록 그럴듯하긴 하다만 여기에서 상을 치르기에는 이미 상구(喪具)도 없는데 게다가 하늘이 실로 이렇게 하셨으니[417] 차라리 부자(夫子)와 함께 물고기 뱃속에 함께 장사 지내는 게[418] 편안하다."

추은이 말했다.

"이곳에 응당 부자(富者)가 있을 터이니 저희 두 시비를 팔면 상구를 마련할 수 있을 것입니다. 이것밖에는 계책이 없으니 저희 시비의 말을 따르소서."

의논이 결정되지도 못한 채 서로 부축하면서 나와 냇가를 따라 오르내리며 비로소 곡성(哭聲)을 내니 냇물 또한 슬피 울었다. 그런데 그때 문득 보니, 어떤 손이 상류(上流)에서 떠내려오더니 시신 무더기 옆에 이르러 무더기 속으로 파고들어 시신의 손을 붙잡는 것이 마치 살아 있는 사람이 서로 손을 잡는 것 같았다. 동선이 달려가서 보니, 금가락지[419] 한 쌍이 아직도 그 무명지(無名指)에 끼워져 있었다. 동선이 매우 기이하게 여겨 시험 삼아 잘린 팔목을 드리워 가까이 다가가니 그 손이 팔목과 스스로 붙어 완연(宛然)히 예전과 같이 되었는데, 오히려 시신의 손을 놓지 않고 꼭 붙잡고 있어, 끌어당겨 빼낼 수가 없었다. 소군이 두 시비와 함께 힘을 합쳐 그 시신까지 안고 나오니, 그것은 바로 상객(上客)이었다. 손이 그제야

---

417) 하늘이~하셨으니[天實爲之]: 『시경(詩經)』 패풍(邶風) 「북문(北門)」에서 "북문에서 나가며, 마음 깊이 근심하네. 끝내 가난하고 또 못사는데, 내 어려움 알아주는 이 없네. 그만두자! 하늘이 실로 이렇게 하셨으니, 말한들 무엇하랴?[出自北門, 憂心殷殷. 終窶且貧, 莫知我艱. 已焉哉! 天實爲之, 謂之何哉?]"라고 하였다.

418) 물고기~게[同葬於魚腹中]: 굴원(屈原)의 「어부사(漁父辭)」에서 "차라리 상수에 뛰어들어 강 물고기 뱃속에 장사 지낼지언정, 어찌 결백한 몸으로 세속의 먼지를 뒤집어쓰겠는가?[寧赴湘流, 葬於江魚之腹中, 安能以皓皓之白, 而蒙世俗之塵埃乎?]"라고 하였다.

419) 금가락지[春金指環]: '춘금지환(春金指環)'은 미상이다.

서로 풀어지는지라 물로 시신을 씻었는데 상해(傷害)를 입은 곳이 별로 없었으니, 이는 대개 마구 공격을 당했을 때 난리 통에 휩쓸려 쓰러져 그렇게 된 것이었다. 이에 몸을 편안하게 하고서 백방(百方)으로 치료하니, 한나절쯤 되자 물을 토해 내며 소생(蘇生)하였다. 그 사이 있었던 고생스러운 상황과 하소연하는 말들은 이루 헤아릴 수 없이 많아 다 기록할 수 없다. 동선이 말했다.

"이는 위급하여 존망(存亡)이 달린 때로서[420] 여기에서 오래 머물러서는 안 되니, 어서 행장(行裝)을 꾸리시지요."

상객이 말했다.

"알았소."

이에 돌아다니면서 구걸하는 자 수백여 명을 모아 이렇게 계획하였다.

"너희들 또한 장차 티끌처럼 짓밟힐 터이니, 만약 목숨이 아깝다면 내 뜻을 따르라."

그러자 모두 말했다.

"알겠습니다."

이렇게 한 뒤에 그들을 거느리고 부중(府中)으로 들어가 수리(守吏)를 위협하여 그곳에 보관되어 있던 기물들을 다 꺼내어 그 남아 있던 것들을 거두어들였다. 이에 기마(騎馬) 수십 마리와 활과 검, 깃발과 북, 베와 비단 등속을 얻어 호복(胡服)을 지어 입히고 항오(行伍)를 편성해 인솔하여 길을 떠나니, 성을 지키는 부장(副將)이 급보(急報)를 듣고 적진으로 달려가는 듯하였다. 도로에 바람이 이니 행인들이 물러나 피하였다. 수십 일이 채 못 되어 서주(徐州)에 이르러 이에 특이한 옷을 벗고 밤에 항주성(杭州城)에 들어가니 주모(主母)가 놀랍기도 하고 기쁘기도 하여 허겁지겁 나와 맞이하였다. 그 일자(日字)를 헤아려 보니, 동선 등이 처음 떠났던 때

420) 이는~때로서[此是危急存亡之秋]: 삼국시대 촉한(蜀漢) 제갈량(諸葛亮)의 「출사표(出師表)」에서 "선제께서는 창업이 반도 이루어지지 않았는데 도중에 붕어하셨고, 지금은 천하가 셋으로 나뉜 상황에 익주가 피폐하니, 이는 진실로 위급하여 존망이 달린 때입니다.[先帝創業未半而中道崩殂, 今天下三分, 益州疲弊, 此誠危急存亡之秋也.]"라고 하였다.

부터 지금까지 11개월이었고, 상객이 연경에 들어간 때부터 계산해 보면 13년이었다. 동선이 말했다.

"이끌고 온 기병(騎兵)들을 잃어서는 안 됩니다. 청컨대 가산(家産)을 기울여 노자(路資)를 더 마련하고, 가다가 대부인(大夫人)의 묘(墓)에 들러 제사를 지내어 예를 이룬 뒤에 더 깊숙이 들어가 숨는 것이 좋겠습니다. 제가 들으니 도죽산(桃竹山)이 멀리 바다 가운데 있다고 하는데, 어찌 숨어 살 만한 곳이 아니겠습니까?"

상객이 그 말을 전적으로 따라 일가(一家)를 거두어 즉시 출발하니 이웃 사람 가운데 따르기를 원하는 자가 백여 명이었다. 바닷가에 이르니, 끝없이 아득한 가운데 물과 하늘이 같은 빛이었고, 푸르스름한 이내가 아른거리면서 높이 구름 사이로 들어가는 모습만 바라보일 뿐이었다. 잠시 후에 천(千)으로 헤아릴 정도의 작은 배들이 물 위를 덮으며 내려왔는데 그 배는 매우 협소하여 한 사람만 태울 수 있었다. 동선이 일행을 거느려 각각 배 하나에 탔는데, 그 나머지 따라온 자들은 발을 대자마자 곧 가라앉아 바다를 건너갈 수가 없었다. 그 배들이 바람을 따라 스스로 움직여 하루가 채 못 되어 이미 바다를 건너가니, 그것들은 곧 대나무 잎이었다. 배를 버리고 뭍에 올라 비로소 그 산으로 들어가니, 산은 높아 하늘에 닿았고 그 둘레는 만리(萬里)나 되었다. 위에는 천년 된 복숭아가 붉은 열매 주렁주렁하니 충분히 먹고도 남았고, 아래에는 푸른 대나무가 빽빽한 것이 집을 이루니 살기에 매우 좋았다. 바닷가에 사는 백성들은, 비가 개고 바람이 온화한 날이나 구름이 열고 달이 밝은 밤만 되면 마치 아득한 해도(海島)의 산(山)에서 나오는 듯한 맑은 거문고 소리와 가벼운 피리 소리가 멀리서 들려오는데 지금껏 끊어지지 않고 있다고 하니, 이 어찌 「동선사(洞仙詞)」가 아니겠는가?

「동선기(洞仙記)」 교감(校勘)

洞仙記

洞仙之遺響, 古也. 皇唐之際, 徐、杭[1]人長於詞, 後來傳得而未極其趣. 杭[2]有一妓, 能以理會得之, 悉解星河、月帳[3]之眞響. 後數十年, 捲入桃竹山, 山在海南累[4]千里. 世莫知其所終. 其詳[5]在下.

靖康中[6], 有西門生者, 名勣, 故杭州[7]刺史西門闞之後也. 幼被慈母之教, 夙負名藝, 倜儻不拘. 世居汴京[8]之萬歲山下.

嘗娶山東 劉氏之女, 亦簪纓族. 旣有室家, 不思契活, 酷好吹笛, 飄然有遠去遺世之意. 母崔夫人憂之曰: "丈夫之[9]降世也, 上焉怙恃[10], 下焉妻孥[11], 立揚以[12]顯之, 鞠育以[13]安之, 取高第行邵德, 孝於父忠

---

1) 杭: 저본에는 '抗'으로 되어 있음.
2) 杭: 저본에는 '抗'으로 되어 있음.
3) 帳: 저본에는 '殿'으로 되어 있음.
4) 累: 저본에는 '數'로 되어 있음.
5) 其詳: 저본에는 '具許'로 되어 있음.
6) 中: 저본에는 '之中'으로 되어 있음.
7) 杭州: 저본에는 '抗州'로 되어 있음.
8) 京: 저본에는 없음.
9) 丈夫之: 저본에는 '大丈夫'로 되어 있음.
10) 怙恃: 저본에는 '而怙恃'로 되어 있음.
11) 妻孥: 저본에는 '而妻孥'로 되어 있음.
12) 以: 저본에는 '而'로 되어 있음.

於國, 卽其職分也. 今汝放曠是任, 落落自如, 將欲何爲者? 龍伯高之敦厚, 人所易[14]忽, 杜季良之豪俠, 吾甚不願. 屠龍、椎[15]虎, 雖有其時, 玉堂、金馬, 當在人焉. 廣陵看花之福, 非是盡[16]天之才, 魏家種槐之業, 實有垂昆之望. 汝曾不若, 蔑乃家風, 高閭、大門, 將不得容膝, 郭田、市庄, 將不得置錐, 其可[17]不深思? 而竟[18]將安之?"

生自度雖不能副教, 然且以承順爲意, 事文墨十餘[19]載, 連擧不第. 慨然切歎[20]曰:

"富貴功名, 來不來中, 鬢欲華矣. 吾將何執而稽中分年乎?"

劉氏亦端好人也. 尋常勸勉, 期揭異號. 生有一向意趣, 終莫能展.

同志有張萬夫、崔諗者, 相許極[21]深. 一日, 生置酒邀

---

13) 以: 저본에는 '而'로 되어 있음.
14) 易: 저본에는 '難'으로 되어 있음.
15) 椎: 저본에는 '推'로 되어 있음.
16) 盡: 저본에는 '出'로 되어 있음.
17) 可: 저본에는 '下'로 되어 있음.
18) 竟: 저본에는 '意'로 되어 있음.
19) 餘: 저본에는 없음.
20) 切歎: 저본에는 '而切歎'으로 되어 있음.
21) 極: 저본에는 '樂'으로 되어 있음.

之, 酒三行, 生乃言曰:

"男兒命世, 竟何執而成名乎? 諸君其各自[22]言無隱."

張遽曰:

"立德、立言, 莫如[23]立名, 立名, 又莫如逢時吐氣. 方今北馬南牧, 秦喝不已, 野狐陞榻, 漢頌不絶, 大丈夫得志之秋也. 正欲腰青萍手白羽, 駕八飛披六塵, 鳴玉帳之雄風, 掃金門之腥穢, 身居頗、牧之右, 功出晟、瑊之首, 一則祖先之榮, 二乃子孫之福也."

崔乃尾之曰:

"聲名蓋世, 功施照後, 人各有心, 亦非可必, 何況名立[24]而毁謗[25]起焉, 功成而誅戮隨之, 只爲後來拍掌之資已, 夫[26]何益乎? 若[27]夫鄒、魯傳授[28]之統, 濂、洛興起之文, 蘊三代『詩』、『書』之教, 嘘萬古道德之波. 優優大哉, 不可幾[29]也. 至於江上一絲之風, 克扶九鼎之重, 窓下一張之琴, 能發六經之趣. 跡混漁樵,

---

22) 自: 저본에는 없음.
23) 如: 저본에는 '加'로 되어 있음.
24) 名立: 저본에는 '立名'으로 되어 있음.
25) 謗: 저본에는 '話'로 되어 있음.
26) 夫: 저본에는 '復'로 되어 있음.
27) 若: 저본에는 없음.
28) 授: 저본에는 '受'로 되어 있음.
29) 幾: 저본에서 '幾'를 '期'로 교정하였음.

契合走飛, 得江山之有助, 風月爲資, 瞻甲乙之入舍, 詩酒爲年, 殊不知興亡盛衰之漸, 又安知老之[30]將至乎? 古人所以脫落無累, 一於斯得, 吾欲與子終焉."

生聞而太息, 不復出一言. 張、崔曰:

"願聞主人之志."

生曰:

"殊異乎衆選, 如何猝擧?"

遂引滿而飮, 彈冠而道之曰:

"大丈夫言志, 豈可無先聲而引之乎?"

乃弄玉笛而朗吟曰:

萬歲山高幾千丈? 孕出男兒壯氣魄.
不計身後名, 適取眼前樂.

却傍[31]琴臺聞絶響, 提抱美人共笑語.
曲終携手去, 人間竟何許?

遂曰:

"兩君之志, 要在身後之[32]名, 如吾不佞, 須取眼前樂,

---

30) 之: 저본에는 없음.
31) 傍: 저본에는 '訪'으로 되어 있음.

何者? 兩儀肇判, 人在其間, 五福分疇, 壽居其先. 上壽百歲, 中壽七十, 下壽不過四五十, 得其下者, 頗有之[33]. 故中壽不可期, 況其最上者乎? 信所謂: '旬月之間, 開口而笑者, 不過四五日.' 諸君手中之盞, 誠在於手中者, 適以有今日而已. 今日以[34]後, 無復一日, 則竟是誰家之日月耶? 釋南陽之耒耜[35], 連赤壁之舸艦, 籌畫驚人, 功利蓋世者, 固一時之雄也. 然而惠陵之松楸蕭瑟, 蜀山之風雨晦冥, 恨結妖星, 淚濕冬青. 辭釣坮而投竿, 登將壇[36]而秉鉞, 擁百萬之卒, 創四百之基者, 豈非眞男子耶? 猶且萬人之敵, 屈於雲夢之遊, 千金之質, 委諸兒女之手, 大有功矣, 甚無名也. 燕頷萬里之侯、冠玉六出之才[37], 旺相於乾木之前, 而休囚於塞[38]兌之後. 賈傅一歲之遷、董生三年之學, 章疏而已, 竹帛而已. 兩漢人才, 於斯爲盛, 三國豪傑, 比此居多, 智謀、技藝, 則人所罕及, 功施、德望, 則民

---

32) 之: 저본에는 없음.
33) 之: 저본에는 '多'로 되어 있음.
34) 以: 저본에는 '之'로 되어 있음.
35) 耜: 저본에는 '秬'로 되어 있음.
36) 壇: 저본에는 '坍'으로 되어 있음.
37) 才: 저본에는 '計'로 되어 있음.
38) 塞: 저본에는 '蹇'으로 되어 있음.

不見稱. 間有辟穀而遠引者, 攀赤松而容與, 翼儲皇而辭歸者, 歌「紫芝」而長往, 雖可謂庸鐵, 是亦徒然耳. 唐之房、杜、姚、宋, 宋之趙、魏、韓、富, 鳴於天下者, 不一而足, 卒同歸於破碎而止, 其亦扁鵲自病者歟? 非今日樽前[39] 所可道也. 嗚呼! 世無萬年天子, 官有五日京兆. 夫適取眼前樂, 存其固有者, 槩乎未聞, 竊爲古人惜之. 矧今鐵騎[40] 嘶秋, 刁[41] 斗警夜, 落地人生, 將爲虫鶴, 不如適意遨遊, 自任天放, 隨其所欲, 以寬心地. 言之及此, 意已豁矣. 寓形宇內, 不覺天地之大, 遊[42] 神物表, 不見山川之廣. 方寸之間, 磊轟之志, 駕言而瀉之, 可乎! 竊聞城頭極浦, 西達于[43] 楊子江, 轉出三[44] 百餘里, 自楊至徐, 一潮交滙, 乃抵徐、杭等州, 則耳可飽所未聞之聲, 目可賞所未見之色, 諸君從且未乎[45]?"

張、崔聞之, 心已動矣, 遂有其約. 生以故致辭於夫人

39) 前: 저본에는 '酒'로 되어 있음.
40) 騎: 저본에는 '馬'로 되어 있음.
41) 刁: 저본에는 '刀'로 되어 있음.
42) 遊: 저본에는 '留'로 되어 있음.
43) 于: 저본에는 '於'로 되어 있음.
44) 三: 저본에는 '於'로 되어 있음.
45) 乎: 저본에는 '耶'로 되어 있음.

前, 請暇數朔. 三人各佩輕寶具酒樂, 待縠朝[46]解紼[47], 自汴比[48]至楊, 船上管絃, 渾動天機, 談者指謂水中仙. 晉[49]楊子江頭, 着纜於柳根, 顧謂張、崔曰:

"此當有楊子書堂, 未知的在."

乃詢于土姓, 皆莫之識也. 卽見白旗青帘, 隱見於江樓樹榭之間, 女隊數十輩, 無期而至, 吳綾、蜀貝, 相襲有章. 於是引之開宴, 團欒竟夕. 翌朝, 有一美娥來問曰:

"諸君子是汴人云, 此去敻邈, 猶以楊子書堂, 爲第一說, 堂之在未[50], 何以知之?"

生曰:

"詩不云乎? '楊子談經處, 淮王載酒過.' 此是楊子江, 則當有是堂矣."

娥曰:

"果有之. 此去水上一里許石壁也[51]. 今去楊子, 累千餘載, 堂獨巋然, 只爲水客之所, 人不知其楊子堂也. 惟[52]君子旣[53]擊時事, 又探古蹟, 自非博通, 未易

46) 朝: 저본에는 '潮'로 되어 있음.
47) 紼: 저본에는 '纜'으로 되어 있음.
48) 比: 저본에는 없음.
49) 晉: 저본에는 '至'로 되어 있음.
50) 未: 저본에는 '東'으로 되어 있음.
51) 也: 저본에는 '是也'로 되어 있음.

到[54]也."

生服其解事, 又悅其色, 置一酌而留之曰:

"生居幾甲, 字是爲誰?"

對曰:

"年纔二八, 名則雪英. 雖無知識, 每因樂府古章, 糟粕前事而已."

至夕[55], 生知其意在, 令無釋去. 春夢旣酣, 曉鶯催聲, 轉款之間, 日已高矣. 乃引英及張、崔徑到楊子書堂, 別設一宴. 堂在懸崖百丈[56]之上, 俯聽回波擊折, 常作碎玉聲. 仰見喬[57]松老[58]栢, 互襯盤龍形, 眞是鍊光磨景處也. 英抱琴凭軒, 影在水面, 響徹雲空. 生長嘯吹笛, 夜以繼日, 已經旬餘矣. 一日, 生[59]謂張、崔曰:

"向者之擧, 本爲遍遊名勝, 自此又作, 以賞夙願."

乃語雪英曰:

52) 惟: 저본에는 '佳'로 되어 있음.
53) 旣: 저본에는 '獨'으로 되어 있음.
54) 到: 저본에는 '道'로 되어 있음.
55) 夕: 저본에는 '暮'로 되어 있음.
56) 百丈: 저본에는 '千尺'으로 되어 있음.
57) 喬: 저본에는 '高'로 되어 있음.
58) 老: 저본에는 '古'로 되어 있음.
59) 生: 저본에는 없음.

"娘且好頓. 今適徐、杭, 歷觀而還, 當與偕老."

英含淚而謝曰:

"一顧旋棄, 所不敢怨, 加以重尋之意, 贈以偕老之言, 不勝銘感, 當守孤燈."

遂下江發棹, 諸妓致60)餞, 遍滿洲渚, 皆曰:

"無久稽, 早歸來!"

舟過海、岱, 轉入淮中, 乃徐境也. 直抵城市61), 池臺、樓閣, 極其華敞, 翠衿62)、丹裳, 交相隱暎, 絲管、歌舞, 隨處可觀. 生與二子到, 卽宣言曰:

"汴城63)豪士, 遊戲至此, 倘許初筵之末, 當執奠斝之禮."

衆皆喜64)迎, 安之左右, 三行粉面, 一時回顧, 酒行樂作, 興已酣矣. 生遊目諸班, 遍覓其字, 中有瓊瓊者, 嬌艷出群, 音律絶儔, 作止形影65), 無非可愛. 乃沈思注意, 終莫能捨. 俄而領首者, 離席而言曰:

"此有古風, 言之未妥, 奈何66)?"

60) 致: 저본에는 '送'으로 되어 있음.
61) 市: 저본에는 '中'으로 되어 있음.
62) 衿: 저본에는 '衾'으로 되어 있음.
63) 城: 저본에는 '京'으로 되어 있음.
64) 喜: 저본에는 없음.
65) 影: 저본에는 '容'으로 되어 있음.

生曰:

“賓主一筵, 酒以合歡, 何未妥之有? 第言之.”

領首曰:

“賓即初筵, 當自別設, 則隨其目寓, 便令薦枕.”

生曰:

“諾.”

於是三人, 各具[67]移設於領首之第, 竟夕窮歡. 生曰:

“夜欲分, 睡將集, 所謂古風, 其意安在?”

領首懼然曰:

“醉不省斡, 妾之失也. 第請諸君子, 看取稠中.”

生遽指瓊瓊曰:

“靡瓊娘[68], 無以度良宵.”

瓊起謝曰:

“妾之無狀, 猥蒙至言, 誠不敢當, 請辭.”

遂引身出. 領首曰:

“一徐之風, 由汝興替, 汝何躁率[69], 竟慳片[70]時乎?”

---

66) 奈何: 저본에는 없음.
67) 具: 저본에는 ‘其’로 되어 있음.
68) 靡瓊娘: 저본에는 ‘非美娘’으로 되어 있음.
69) 躁率: 저본에는 ‘踈拙’로 되어 있음.
70) 片: 저본에는 ‘風’으로 되어 있음.

左右交舌强勸, 瓊不得去. 不移時, 張、崔各携件歸寢, 領首繼出. 生乃從容謂瓊曰:

"美秀豪華, 吾得其末, 嬌艶姸彩, 娘得其全. 今之做會[71], 天與其便, 何可固守, 虛遣良辰[72]?"

瓊曰:

"豪士佳賓, 如君者, 罕矣. 其在賤妾, 豈無向趣? 竊想[73]尊君, 意豁心悠, 兼之美風、希韵, 所經便是羅帷、錦席, 所見無非粉黛、紅顔. 昨者之歡, 尙不能保今宵, 今宵之歡, 又安能保明日乎? 今此之行, 當過楊州, 楊有雪英, 獨步一時, 雖欲無私, 得乎? 妾雖不得郎君[74], 誓不作雪英也. 聞諸君子, 將適杭云. 杭之物色, 雖無絶艶, 隨處移情, 固其例[75]也. 計必欲杭, 不敢從命."

生曰:

"指杭者, 適爲歷覽, 非有他思[76], 曾不欲久於彼也."

瓊曰:

---

71) 做會: 저본에는 '邂逅'로 되어 있음.
72) 辰: 저본에는 '宵'로 되어 있음.
73) 想: 저본에는 '想思之'로 되어 있음.
74) 郎君: 저본에는 '君子'로 되어 있음.
75) 例: 저본에는 '然'으로 되어 있음.
76) 非有他思: 저본에는 '非爲他事'로 되어 있음.

"久不久間, 其計必杭, 則意可知也. 到楊之日, 無使來徐, 則雪英是我, 今徐而又杭, 則是我爲雪英也. 雖有猥示, 斷無聽焉."

生以爲: '杭未必賢於徐, 則捨此適彼, 恐見齊、楚之得失也.' 遂擧牢說, 以示無意於彼, 瓊謝之, 始踐雲雨之期. 日復日日[77], 已忘歸矣. 一夕, 張、崔會飮[78], 相謂曰:

"賞心、樂事, 罔知所極, 其奈思親戀鄕何? 屈指而計, 月三團矣, 囊一罄矣, 今可回棹, 若有餘意[79], 異時再訪, 如何?"

生悽然感悟, 遂定歸計. 瓊大備餞具, 泣且送之曰:

"再枉當在何間? 萬萬珍適[80], 好好旋[81]歸, 毋令團扇, 竟貽秋風之怨."

生揮袂而別, 旣出淮、泗, 則[82]水道有三分處[83], 問諸漁人[84], 漁人答曰:

---

77) 日: 저본에는 '兮'로 되어 있음.
78) 飮: 저본에는 '歡'으로 되어 있음.
79) 意: 저본에는 '思'로 되어 있음.
80) 適: 저본에는 '重'으로 되어 있음.
81) 旋: 저본에는 '善'으로 되어 있음.
82) 則: 저본에는 없음.
83) 處: 저본에는 '處也'로 되어 있음.
84) 人: 저본에는 '夫'로 되어 있음.

"發源指[85]楊, 以東則荊, 以南則杭."

生忽記瓊瓊之言, 謂: '其必不欲之[86]杭者, 得無意耶? 豈非有勝己者歟?' 乃謂張、崔曰:

"此行備爲四境, 卽此而還, 殊失夙計. 丈夫[87]章程, 不可半中[88]也. 今取南路, 往復[89]一旬, 如何?"

二人不可, 生强起之, 遂與入杭, 則城郭周遍, 江湖[90]如帶, 棟宇連結, 閭閻如櫛, 彩纜、錦帆, 飄拂於洲間, 玉蹄、金軸, 絡繹于橋上. 荷花十里, 斷續「採蓮」之曲, 芳草四面, 鋪成樽酒之場. 紅粉成行, 爛街巷之花叢, 絲管[91]畢張, 潺石澗之泉聲. 于時纖雲乍起, 殘日欲低, 乃投[92]斷[93]橋傍一店, 呼張、崔語之曰:

"今來物色, 比所經相萬也. 顧惟行李, 所餘無幾, 得此佳地, 何以爲樂?"

呼主人, 傾橐[94]授之曰:

---

85) 指: 저본에는 '自'로 되어 있음.
86) 之: 저본에는 없음.
87) 丈夫: 저본에는 '大丈夫'로 되어 있음.
88) 半中: 저본에는 '中止'로 되어 있음.
89) 往復: 저본에는 '復往'으로 되어 있음.
90) 湖: 저본에는 '潮'로 되어 있음.
91) 絲管: 저본에는 '管絃'으로 되어 있음.
92) 投: 저본에는 '抵'로 되어 있음.
93) 斷: 저본에는 '短'으로 되어 있음.
94) 橐: 저본에는 '囊'으로 되어 있음.

"吾以探勝, 逡巡到此, 時日[95]流邁, 錢資已匱, 冀蒙主恩, 聊此徘徊."

主人曰:

"今見諸君[96], 不是尋常客, 何患無資? 凡茲撲地者, 萬餘戶矣. 自吾爲始, 每日遞寓, 則可遣半百年, 杭之風如此矣."

生聞而幸之, 依此遞舍, 急[97]於一周, 常兼數家, 旬餘累千戶矣. 嬌姿嫩態, 隨處益艶, 非曩時所睹之比, 心融意惑, 莫知所適, 朝東暮西, 未有遍看, 如蜂蝶之貪香, 鳥[98]雀之擇巢也. 畢竟至一處, 叢竹成林, 芙蓉滿塘, 塘隅有一小閣, 以翠簾襲之, 簾內有理曲聲, 琅琅然聞于外, 其音瀏亮, 其詞婉好. 乃側耳恬靜以聞, 則如從竹裡[99]出, 就竹候之, 則宛[100]在荷葉間, 又從而回[101]聽, 則餘韵裊裊, 渾在半空雲烟之中矣. 抽袖中玉笛以和之, 請於主母曰:

95) 日: 저본에는 '月'로 되어 있음.
96) 君: 저본에는 '君子'로 되어 있음.
97) 急: 저본에는 '及'으로 되어 있음.
98) 鳥: 저본에는 '烏'로 되어 있음.
99) 竹裡: 저본에는 '竹裡館'으로 되어 있음.
100) 宛: 저본에는 '完'으로 되어 있음.
101) 回: 저본에는 '曲'으로 되어 있음.

"僕雖無海觀, 亦非井見. 今聞此曲, 非世所有, 願得[102]一見阿娘, 淸心洗耳."

母曰:

"吾女不喜接賓, 請無煩擧[103]."

仍之[104]小閣, 喩以客意. 女曰:

"男女有分, 自非有素, 不宜相對."

母出布之, 生直到簾外, 怡聲[105]曰:

"四海兄弟, 一家胡、越, 豈盡須舊素之儀[106]乎? 適以[107]音律絶異, 不[108]勝欽服, 欲接儀形. 旣發障後[109]之歌, 則何惜鏡中[110]之影乎?"

女在戶內應之曰:

"妾是娼類[111], 君爲貴族, 尊卑定位, 內外有別, 不惟不敢[112]見, 在所不當請, 毋枉焉."

生聞語音, 淸和婉轉, 海棠花下, 如聽流鶯, 王、謝堂

102) 得: 저본에는 없음.
103) 擧: 저본에는 '焉'으로 되어 있음.
104) 之: 저본에는 '至'로 되어 있음.
105) 怡聲: 저본에는 '低聲而言'으로 되어 있음.
106) 儀: 저본에는 '義'로 되어 있음
107) 以: 저본에는 없음.
108) 不: 저본에는 '故不'로 되어 있음.
109) 障後: 저본에는 '帳中'으로 되어 있음.
110) 中: 저본에는 '裏'로 되어 있음.
111) 類: 저본에는 '流'로 되어 있음
112) 惟不敢: 저본에는 '義遽'로 되어 있음.

前, 如對鸗語, 心馳氣逸, 將欲驟入, 而旋恐見忤, 乃言[113]曰:

"蘇學士、王晉卿[114], 豈不學接恭之禮? 琴操、春鶯, 豈不知恬靜之態? 雖然一筵相拜, 便作情好. 杜蘭之於張碩, 文君之於馬卿, 則[115]始有欣慰之詞, 終無忌却之言. 今聽娘言, 截然無媒, 凜乎難犯, 將令遠客, 抱恨虛歸, 其與古人寬惠和柔之德, 遠矣."

女聞而不言, 有頃問之曰:

"君亦善吹[116]笛, 其[117]欲見妾, 非有他旨, 以其有聲韻也. 則凡所謂音律, 其能[118]解之乎?"

答曰:

"事之餘者耳[119]."

女曰:

"日者理曲, 得聞其音耶?"

曰:

113) 言: 저본에는 '語'로 되어 있음.
114) 晉卿: 저본에는 '眞卿'으로 되어 있음.
115) 則: 저본에는 없음.
116) 吹: 저본에는 없음.
117) 其: 저본에는 '期'로 되어 있음.
118) 能: 저본에는 없음.
119) 耳: 저본에는 '矣'로 되어 있음.

"聞之矣[120]."

"然[121]則能識其曲名、詞意未?"

生於曲名不能詳, 猶嫌無辭, 試以臆意答之曰:

"始聞其聲, 琅然在中, 俄若從八方來集, 終則上戛白雲, 餘韻嗷嗷, 從空斷續, 唱如[122]呼仙之響, 和若送賓之辭. 苟非水仙來舞, 洞賓遊[123]歌, 則未必如是. 其意雖不[124]可詳, 其名則[125]當是「洞仙詞」也."

女忽開戶迎之, 起拜曰:

"高明所思, 人所莫逮. 嗚呼! 詞曲之廢, 久矣. 「洞仙」一詞, 尤非世慣. 妾自八歲, 得於樂章, 尋繹[126]其志, 旣通其妙, 仍釋厥名, 樂之無以加者也. 世無師曠, 孰能識之耶? 今遇知音, 「白雪」、「陽春」[127], 從可知矣. 尊君尙[128]明聽之哉! 吾且爲之."

援琴而鼓之[129]. 生聞之, 其音尤絶, 眞仙響也. 生旣

120) 矣: 저본에는 '耳'로 되어 있음.
121) 然: 저본에는 '曰然'으로 되어 있음.
122) 如: 저본에는 '若'으로 되어 있음.
123) 遊: 저본에는 '來'로 되어 있음.
124) 不: 저본에는 '未'로 되어 있음.
125) 則: 저본에는 없음.
126) 繹: 저본에는 '釋'으로 되어 있음.
127) 陽春: 저본에는 '楊春'으로 되어 있음
128) 尙: 저본에는 '詳'으로 되어 있음.
129) 之: 저본에는 '之矣'로 되어 있음.

見其色, 意不在聲, 一向流目, 詳其態度, 則碧月初生, 纖雲無迹, 紅蓮初開, 瑞霞方濃, 遠峀靑烟, 葱蘢乎[130]垂鬟之際, 銀海秋波, 瀅澈於眉宇之間. 風和雪暖, 柳嫩梅嬌, 百媚婷婷, 千態綽綽[131], 眞所謂國色天香也. 生意謂: '大丈夫不得此, 不[132]如無生.' 乃問曰:

"旣得一面, 尙昧名甲, 可乎?"

女鏗爾舍琴而對曰:

"二十春風[133], 楚臺其名. 以妾長於「洞仙詞」, 故人字之謂[134]洞仙."

至夕, 令生就舍, 生逡巡不去. 洞仙曰:

"妾之遇客, 禮莫愆矣. 須愼厥心, 毋自[135]取羞."

生不得已, 出謂其母曰:

"不得洞仙, 當爲此家之鬼. 竊願善爲我[136]說辭."

母夜至女所, 語之曰:

130) 乎: 저본에는 '於'로 되어 있음.
131) 綽綽: 저본에는 '婥婥'으로 되어 있음.
132) 不: 저본에는 '則不'로 되어 있음.
133) 風: 저본에는 '光'으로 되어 있음.
134) 之謂: 저본에는 '謂之'로 되어 있음.
135) 自: 저본에는 '用'으로 되어 있음.
136) 我: 저본에는 없음.

"汝自十五歲, 與人爲歡, 未嘗孤眠, 比年以來, 天不命耦, 浪遣靑陽, 余竊悲之. 今彼郞君, 風裁高秀, 才思遠邁, 所謂男子中眞男子, 汝則美人中眞美人, 惟恨相見之晩. 天風送帆, 河伯回棹, 人力不致, 汝其思之."

洞仙曰:

"嗟呼[137]! 一箇[138]情事, 人各有之, 吾豈木石然哉? 竊嘗思之, 向者所經, 已數人矣. 天不與便, 事亦多魔, 隨會[139]隨分[140], 不得偕老, 旣有許身之愚, 終致噬臍之悔. 已往之咎, 今以爲恨, 恨之不足, 繼以悲嘆, 何可終迷不復, 再蹈前轍乎? 身爲賤俘, 命亦崎薄, 尙不悔悟[141], 更與人歡, 則旣賤之身, 由是益賤, 旣卑之節, 由是益卑矣. 噫! 長信宮中, 春草空碧, 燕子樓頭, 曉月虛照, 紅顏薄命, 自古有之, 寒枕孤眠, 非獨我矣. 牕梅吐紅, 占是爲春, 階葉飛丹, 覺其爲秋. 虛堂閉闃, 黯黯生愁, 則膝上絲桐, 任遣幽趣, 孤燈明滅, 悄悄[142]無寐, 則案上詩章, 摠堪吟咏. 都忘世情, 永

137) 呼: 저본에는 '乎'로 되어 있음.
138) 箇: 저본에는 '介'로 되어 있음.
139) 會: 저본에는 '逢'으로 되어 있음.
140) 分: 저본에는 '別'로 되어 있음.
141) 不復再蹈前轍乎 身爲賤俘 命亦崎薄 尙不悔悟: 저본에는 '不悟'로 되어 있음.
142) 悄悄: 저본에는 '稍稍'로 되어 있음.

謝人事, 靜裡風流, 亦一樂也. 天只不諒, 縱有斯言, 愚蒙所量, 不過如是."

言訖, 擁衾而臥. 生暗投窓櫳下, 已悉其語[143]. 旣出, 無以爲懷. 至夜將半, 曲肱之頃, 忽有黃帽靑衣者, 呼生而言曰:

"洞賓, 洞賓! 汝逢洞仙, 可謂三生好緣矣."

旣覺, 心異之, 坐而待朝, 直抵洞仙曰:

"有夢如是, 三生好緣, 雖云然矣, 呼我謂洞賓, 其旨未可詳也. 娘其釋之."

洞仙聞卽驚歎[144]曰:

"吾亦有是夢, 果有黃冠服靑者, 謂妾曰: '不識西門氏乎? 玉洞 呂仙之靈, 移托萬歲山[145], 孕出西門勣, 乃是洞賓也. 汝則本以桓公之女、玉洞之仙, 據床吹簫, 誤了別曲, 謫來海中, 今數百紀于玆[146]. 降生於[147]妓籍者[148], 特令苦之, 以贖前愆爾. 後十餘年, 當入福地, 其勿捨西門氏云.' 誠若是, 非好緣乎? 以[149]今

143) 語: 저본에는 '言'으로 되어 있음.
144) 聞卽驚歎: 저본에는 '驚愕'으로 되어 있음.
145) 萬歲山: 저본에는 '萬歲山下'로 되어 있음.
146) 玆: 저본에는 '玆矣'로 되어 있음.
147) 於: 저본에는 없음.
148) 者: 저본에는 없음.

思之, 人所以字我者, 殆天意也.”

生聞此言, 異其萬歲山孕出之說, 急搜行李小箱, 得前所賦之[150]詩, 以示之. 洞仙益奇之曰:

“自萬歲山高幾千丈, 至提抱美人共笑語, 甚協時[151]事. 落句云: ‘曲終携手去, 人間竟何許?’ 此亦所謂當入福地之漸也. 但降[152]生妓籍, 酸苦十年云, 其間當[153]有患難分散之弊矣. 雖然神祇默佑, 休祥旣襲, 自今以後[154], 與子爲一, 無我醜兮[155].”

論難移日[156], 不覺欣慰, 及宵同枕, 其喜可掬. 天明, 改桃李之晨粧, 整芙蓉之曉服, 啓香奩而表的, 依畫屛而端拱, 有鏡面澄波, 花影纖纖, 瑤臺彩雲, 月色團團, 芳姿增艶, 嫩態添新, 「和鸞」一曲, 落梅回春, 「會眞」三章, 彩鵲[157]來翔. 生如醉如痴, 任心[158]自適, 戱之曰:

149) 以: 저본에는 ‘伊’로 되어 있음.
150) 之: 저본에는 없음.
151) 時: 저본에는 ‘是’로 되어 있음.
152) 降: 저본에는 없음.
153) 當: 저본에는 ‘多’로 되어 있음.
154) 後: 저본에는 ‘來’로 되어 있음.
155) 兮: 저본에는 ‘乎’로 되어 있음.
156) 日: 저본에는 ‘時’로 되어 있음.
157) 鵲: 저본에는 ‘鶴’으로 되어 있음.
158) 心: 저본에는 ‘意’로 되어 있음.

"非洞賓, 安得洞仙乎?"

對曰:

"非洞仙, 豈致洞賓乎?"

命婢小眞者159) 供具160), 卽見荷葉盤, 金橘、玉筍, 桂花樽, 瓊液、香醪, 與具盡其娛樂. 生倚161) 醉甚歡, 以玉笛鼓琴絃而謂之曰:

"雲雨高唐162) 之會, 我得而當之, 歌姬玉簫之緣, 娘得而續之. 尋月老之芳盟, 踐瀟、湘之宿約, 娘不如我矣. 感六夢之休徵, 許三生之好會, 我不如娘矣. 兩美交爭, 一疊已合, 百歲中間, 雖欲相離, 不可得已."

仙曰:

"敬承君子之言, 祗163) 增妾人之懷. 一宵164) 魂夢、再世因緣, 誠極佳矣. 三日人心、千里消息, 亦可慮也."

生曰:

"纔到風流, 便兼遐思, 興何忽其歸盡? 悲何忽其來結?"

---

159) 者: 저본에는 없음.
160) 供具: 저본에는 '供具以進'으로 되어 있음.
161) 倚: 저본에는 '依'로 되어 있음.
162) 唐: 저본에는 '堂'으로 되어 있음.
163) 祗: 저본에는 '祗'로 되어 있음.
164) 宵: 저본에는 '夜'로 되어 있음.

仙斂衽改容曰:

"手携佳人, 耳得[165]稀聲[166], 窮心所樂, 隨遇[167]而安, 男子之分事也. 身有所許, 意有所屬, 戀戀馳思, 搖搖起懷, 女子之常情也. 憶在年前, 獨守寒櫳[168], 心事不岐, 性情混然. 市橋斜日, 旣無逢迎之喜, 江城微雨, 寧有別離之愁? 卓琴傳意, 莊蝶成媒, 回蓬島之佳期, 踐渭塘之奇遇. 致令方寸之內[169], 百慮[170]交攻, 几席之下, 千愁幷伏. 苦樂本無常, 聚散當有時, 雙鯉無情, 斷腸東流之水, 青鳥失信, 傷心北去之雲, 誰知行樂之境, 反成憂歎之域[171]? 靜言思之, 喜忽生悲."

生爲之[172]動容曰:

"大丈夫, 豈可使一紅顏生百憂哉?"

由是沈湎, 了忘歸意, 荏苒之間, 歲月闌[173]矣. 張、崔

165) 得: 저본에는 '聽'으로 되어 있음.
166) 聲: 저본에는 '音'으로 되어 있음.
167) 遇: 저본에는 '寓'로 되어 있음.
168) 櫳: 저본에는 '燈'으로 되어 있음.
169) 內: 저본에는 '間'으로 되어 있음.
170) 慮: 저본에는 '憂'로 되어 있음.
171) 域: 저본에는 '域乎'로 되어 있음.
172) 之: 저본에는 없음.
173) 闌: 저본에는 '爛'으로 되어 있음.

知生不能[174]去, 先告歸. 生曰:

"諸兄好歸去. 春夢之客, 亦在遲早間."

二人旣歸, 仙謂生曰:

"聞大夫人在高堂, 小君守孤燈, 今君子遠遊, 問聞敻絶, 上貽倚閭之愁, 下有引瓶之怨. 爲人之子, 定省之禮, 寧忍久廢[175]? 作人之夫, 糟糠之義, 何可永阻? 會待天風, 急速歸帆, 奉萬里之晨昏, 看一簾之花月. 妾當守死以俟他日矣, 但願佳期無使遠矣."

生躕躇未果, 又經一旬. 仙更加格言, 使之歸寧. 旣到其家, 渾舍驚喜. 居月餘, 乃以心事, 悉陳于夫人及小君, 期以再訪. 遽見張萬夫, 自宣德門出曰:

"女眞使, 載皮箱到闕下, 啓視之, 乃遼人首也. 其機不可知, 但都下洶洶, 皆將四走云."

生欲行還停, 疑訝數日, 忽有帶甲數千[176], 夜衝闕門, 聲如迅雷, 急起觀之, 乘輿逸出, 疾向西湖. 旣明, 千兵萬馬, 踐踏長安, 聲震天地, 烟焰四塞, 都民顚仆而死者萬計. 生挈家奔竄, 轉入東溟之島. 賊旣據汴, 天

---

174) 能: 저본에는 없음.
175) 廢: 저본에는 '癈'로 되어 있음.
176) 帶甲數千: 저본에는 '甲兵累千'으로 되어 있음.

子南巡. 自行中所發璽書曰:

> 徐、杭等地, 國之巨鎭, 不可失也. 別置宣撫使, 管攝人物, 使不得奔散.

於是, 宣撫駐扎于杭州. 時女眞, 以天子遠遊不可追, 乃許欲修和. 朝廷遂以幣帛、辭命等事, 一托宣撫使爲之. 宣撫乃[177]欲得文武、辯給[178]備具[179]者, 與俱, 急急如渴. 洞仙時在本府, 篤守初心, 不意遭亂, 道路未通, 彼此存亡, 兩不相[180]知, 悲且號泣, 慘慘度日, 意謂: '郎君自是汴人[181], 汴京人物, 死亡無幾, 安知其獨全耶? 或存或亡, 卒不可詳.' 銘念之際, 得聞宣撫求人之急, 乃變服如童子[182]樣, 進叩轅門曰:

"欲見將軍獻一策."

閽者入告, 宣撫使[183]之召入[184]. 仙揖於堂下曰:

---

177) 乃: 저본에는 '方'으로 되어 있음.
178) 給: 저본에는 '口'로 되어 있음.
179) 具: 저본에는 '俱'로 되어 있음.
180) 相: 저본에는 '詳'으로 되어 있음.
181) 汴人: 저본에는 '汴人云'으로 되어 있음.
182) 童子: 저본에는 '小童'으로 되어 있음.
183) 使: 저본에는 '使使'로 되어 있음.
184) 入: 저본에는 없음.

"將軍計得辭命之人, 與俱於女眞, 今旣得之乎?"

曰:

"未也."

仙曰:

"僕之在汴也, 所知西門勣, 國之人傑, 尤長於辭命者也. 況勣故[185]刺史闞[186]之後也, 本以[187]將種, 久處囊中, 今則想必竄伏於[188]非北岳則東溟, 願物色求之."

宣撫悅之, 急發間使百餘人, 求得於東北, 仍問曰:

"汝是何許等[189]人, 能解事機乎?"

對曰:

"明於薦人, 暗於自知."

幕下有部將安琦者, 熟視之曰:

"見汝辭態擧止, 得非女人乎? 不宜入軍門."

對曰:

"古之良將, 編以妻妾, 古之賢妃, 奏以格言. 今僕雖乏

---

185) 故: 저본에는 없음.
186) 闞: 저본에는 '西門闞'으로 되어 있음.
187) 以: 저본에는 없음.
188) 於: 저본에는 '如'로 되어 있음.
189) 等: 저본에는 없음.

行伍之勇, 尙有籌畫之舌矣[190]."

乃出. 安琦知其可愛, 流目注意.

西門生, 喪亂以來, 伏居東溟, 空懷古情, 繼以涕泣. 常陟高崗, 遠送望眼, 則塵埃鴻洞[191], 山海茫茫, 欲爲書辭, 以詳存沒, 則賊勢恣行, 道里隔絕. 徒費驚鴻之夢, 謾灑聞猿之淚, 鬱抑塡胸, 至廢[192]眠[193]食. 時[194]有間使, 到門探之, 授以簡牒, 急令赴杭. 生本欲趨彼, 特緣亂離, 行李無力, 承此宣撫之命, 乘飛龍之馬, 擁猛虎之卒, 踰絕險馳長途, 意氣咆哮, 雖遇賊人, 不爲所害. 得至杭府, 將軍與語, 大悅曰:

"眞有乃家之遺風也."

期以明日適彼. 生心謂: '己與將軍, 素非相識, 發牒求訪, 實可怪也.' 及[195]就別館, 安琦爲伴, 告以童子薦名之由. 生聞之, 知爲洞仙, 旣喜其生, 又感其意, 乃語心[196]曰:

---

190) 矣: 저본에는 없음.
191) 鴻洞: 저본에는 '傾洞'으로 되어 있음.
192) 廢: 저본에는 '癈'로 되어 있음.
193) 眠: 저본에는 '服'으로 되어 있음.
194) 時: 저본에는 없음.
195) 及: 저본에는 '乃'로 되어 있음.
196) 語心: 저본에는 '心語'로 되어 있음.

'萬里相滯, 死生莫知, 已及三年矣. 其爲此計, 特以審存亡冀一見, 其情可知, 其志可哀. 雖然幕府嚴密, 不敢相干, 其於此情, 將奈何?'

琦素有知識, 想人心志, 頗以疑之. 夜半府中盡睡, 生不勝所思, 計欲潛行, 起而視之, 內外衛卒, 作陣假寐, 錦幕重重, 石墻崢嶸. 乃取旋竿數枚, 從幕後出, 則又有圍帳, 凡十餘匝, 其端皆懸大鈴, 觸手作聲, 又以大劍、長槍, 縱橫角立, 隨犯見害. 遂拔[197]衣綿, 每塡鈴口, 又擁皮衾, 以備鋒觸. 得到墻底, 以竿橫立, 緣之上越, 則其外又有巡軍, 周匝相過, 乃俟隙而行, 又未詳街巷, 直訪南大門, 從的而回, 始至洞仙家, 則燭影暎簾徘徊, 乃作扣門聲, 聲未竟, 自內急出迎之, 乃洞仙也. 引之入室, 聚首相對, 但有流涕如雨, 哽氣如潮, 不能措一辭[198]. 頃之, 仙囑生急回去[199]曰:

"似[200]聞軍法, 夜出入者, 輒斬之, 急回去. 旣知其存, 又見其面, 萬死無憾."

卽取案上酒, 侑以大鍾曰:

---

197) 拔: 저본에는 '發'로 되어 있음.
198) 不能措一辭: 저본에는 없음.
199) 去: 저본에는 없음.
200) 似: 저본에는 '已'로 되어 있음.

"急回去."

生欲言[201]未能, 欲去[202]未果. 仙强起之, 推出門外, 還入寢所, 則席上如有坐痕, 戶外似聽履聲, 悵缺之懷, 不能禁得[203]. 乃作一書, 持以待時. 生還至府中, 安琦[204]獨以罷睡, 問曰:

"何故耶?"

對曰:

"遺矢矣."

琦心知之, 暗生猜疑. 明日, 宣撫啓行, 諸客從之, 生在最後. 路左有童子請曰:

"有[205]父在青城, 喪亂以來, 好否茫然, 欲寄音信[206], 恨無其便. 竊想華使, 當到其境, 倘傳一札, 俾審存沒, 則生當殞首, 死當結草."

乃[207]進封書, 生袖[208]之. 夕抵郵亭, 以燭照其書, 書曰:

---

201) 言: 저본에는 '言而'로 되어 있음.
202) 去: 저본에는 '去而'로 되어 있음.
203) 得: 저본에는 '止'로 되어 있음.
204) 安琦: 저본에는 '琦'로 되어 있음.
205) 有: 저본에는 없음.
206) 信: 저본에는 '書'로 되어 있음.
207) 乃: 저본에는 '仍'으로 되어 있음.
208) 袖: 저본에는 '受'로 되어 있음.

薄命[209]妾楚臺, 敬告[210]西門使君. 昔在昇平, 天與其便, 春風繡幕, 夢酣蝴蝶, 暮雨芳池, 浴并鴛鴦. 奈何遠客, 不能無首丘之私情, 不能勝純孝之公義? 一掛淮、泗之帆, 兩阻參、商之影, 篤念再逢之期, 欲償孤眠之怨, 神不助順, 世値交亂, 海水三千, 起鯨鯢之波浪, 長安百萬, 晦兵馬之風塵, 一點蜀山之青, 六龍播越, 千里關河之險, 萬姓奔遑, 離三州之父子, 分一家之妻妾. 西聞巫峽之猿, 啼復啼淚, 南見衡陽之鴈, 歸復歸來. 惘莫知其存亡, 痛無緣乎物色, 趨龍府而薦名, 假虎威而連臂. 旣見君子, 何太悤忙? 恐蹈[211]危機, 乍逢還別, 片時相對之頃, 喜忽生悲, 經年阻積[212]之懷, 抱莫能展. 雷逢電掣, 不如無見, 雨散雲飛, 杳然無跡. 抱嶧陽之舊桐, 哀哀「別鶴」之音, 披蜀錦之遺衫, 斑斑洒淚之痕. 何流水之旣東, 又浮雲之將北? 天限[213]靑城之域, 道阻且躋, 地近黃龍之府, 俗尙可[214]疑. 風塵三[215]尺, 不可輕犯楚鋒, 珍重千金, 俾願生入玉關[216]. 恨不得與子同行, 悲來乎誰與共處[217]? 倚畫

209) 命: 저본에는 '名'으로 되어 있음.
210) 告: 저본에는 '告于'로 되어 있음.
211) 蹈: 저본에는 '踏'으로 되어 있음.
212) 阻積: 저본에는 '積阻'로 되어 있음.
213) 限: 저본에는 '恨'으로 되어 있음.
214) 尙可: 저본에는 '可尙'으로 되어 있음.
215) 三: 저본에는 '咫'로 되어 있음.
216) 玉關: 저본에는 '玉門關'으로 되어 있음.
217) 處: 저본에는 '吐'로 되어 있음.

屛而徘徊, 疑有憑肩之影, 臨玉鏡而瞻悵, 如見對面之形. 驚一夜梅花之發, 歎三春楊柳之色. 中心旣藏, 何日能忘[218]? 只請還旆之早, 毋爲滯淫之人. 然而[219] 兵家事急, 幕府令嚴, 前失可戒, 後會何期? 皇穹庶幾陰騭, 異時可以乘便, 毋用煩惱, 萬分珍衛. 部將安琦, 性有貪淫, 想必謀人, 更加周愼. 語多荒失, 紛若風縷, 心有塡塞, 結如洞雲. 滿腔悲懷, 千不一宣.

生讀且流涕, 紙濕殆破.

至[220] 青城, 見道君皇帝, 青衣[221] 行酒, 南人痛惜, 至於氣絶者, 多有之. 生一聽宣撫[222], 致幣傳命, 悉擧義理, 曲盡無[223] 失. 旣[224] 還, 宣撫[225] 以生爲上客, 置安琦之右. 由是, 琦甚不相能[226], 各處別館. 生命召發行時獻書童子, 還其書曰:

"汝父家屬, 遭亂無去處, 此書空來矣."

---

218) 能忘: 저본에는 '忘之'로 되어 있음.
219) 而: 저본에는 없음.
220) 至: 저본에는 '行至'로 되어 있음.
221) 青衣: 저본에는 '衣青'으로 되어 있음.
222) 宣撫: 저본에는 '宣撫之言'으로 되어 있음.
223) 無: 저본에는 '毋'로 되어 있음.
224) 旣: 저본에는 '其'로 되어 있음.
225) 宣撫: 저본에는 없음.
226) 能: 저본에는 '能合'으로 되어 있음.

童子受而歸其室, 乃披之, 書曰:

三生緣結, 百年盟成, 巫山好事, 洞庭佳期, 永擬團圓, 不計浮沈, 天何不吊, 遭世罔極? 華表摧風, 夢驚巢鶴, 城門失火, 殃及池魚. 燕天夜月, 誰非斷腸之人? 楚峀秋霜, 盡是沾衣之客. 望日下之長安, 烟火四極, 指嶺外之歸路, 山海千里. 幸承府使之逢迎, 竟出讐人之思慮. 稱市橋之童子, 計非偶然, 托青城之爺孃, 情可想矣. 驛亭聞晨鵲, 驚喜一封之書, 樊籠鎖白鷴, 漫灑千行之淚. 向者, 欲做黃昏之約, 勿恤暮夜之戒, 尋叢篁之古道, 入芙蓉之舊帳, 花顏不改, 玉貌猶前. 續玄都之劉郎, 桃有千樹, 踵西山之蘇子, 梅壓一枝. 何迎送之太忽, 若風雨之奔忙? 悲傷不遑, 笑語何暇? 含辭未吐, 飮恨虛歸. 思會遇之欲再, 奈艱險之非一? 不但律令從上, 又有豺狼在中. 若蹈[227]危機, 噬臍莫及, 當待宴安, 沒齒無寃. 日月有明, 必照覆盆, 鬼神尙吉, 將合破鏡. 心焦意渴, 火燃腔子, 痛深[228]哀極, 血滿雙瞳. 紙色悽涼, 書辭草創[229], 有口無言, 不知所云.

227) 蹈: 저본에는 '踏'으로 되어 있음.
228) 深: 저본에는 '甚'으로 되어 있음.
229) 書辭草創: 저본에는 '書辭草愴'으로 되어 있음.

洞仙每閱一行, 輒加嗚咽, 傷痛之心, 倍切於前[230].

不多時, 女眞使來到, 安琦乃詐爲[231]斥和謀敵之書, 使若出於西門之手, 以與彼使潛持歸報. 女眞大怒, 急命縛送西門上客及上將. 宣撫催督之令[232], 疾如雷電. 上客欲逃無暇, 蒼黃顚倒之際[233], 已有甲兵四圍, 驅逐而去. 旣至, 極稱寃昧, 猶不信之. 同時帶去數百, 幷前所虜[234]三千餘人, 皆詣燕京滯獄. 仙聞之, 失聲曰:

"蒼天, 蒼天! 寧有是理哉? 薄命餘生, 復何望乎? 天地茫茫, 且安歸哉?"

遂絶食[235], 幾至莫救. 旣又[236]自解曰:

"十餘年後, 當入福地云云[237]之意, 尙可記也. 今已卽決, 更無萬一, 吾何不自重耶[238]?"

時安琦獨留守城, 僕從、號令, 一出於其手. 乃搜城中,

230) 前: 저본에는 '前矣'로 되어 있음.
231) 爲: 저본에는 '言'으로 되어 있음.
232) 令: 저본에는 '聲'으로 되어 있음.
233) 際: 저본에는 '間'으로 되어 있음.
234) 虜: 저본에는 '擄'로 되어 있음.
235) 食: 저본에는 '飮食'으로 되어 있음.
236) 旣又: 저본에는 '而已'로 되어 있음.
237) 云云: 저본에는 없음.
238) 耶: 저본에는 '乎'로 되어 있음.

得洞仙, 使監供役, 仍通本意. 仙切不應許, 琦不勝其情, 期於必得, 爲書說之曰:

> 身爲府妓, 命[239]懸於公, 禮在從人, 節移於時. 今若從我, 則深宮、廣廈之是安, 紈綺、膏粱之是奉, 名何累[240]於妓籍? 役何煩於鄙事? 榮莫大焉, 樂莫加焉. 如不順之,[241] 則昏朝任事之可苦, 杖撻[242]死傷之可慮. 梁柱之信, 世以爲笑, 溝瀆之諒, 人莫知之, 甚無名也. 況彼西門, 更不可期, 燕天萬里, 去去無涯. 圄籬困苦之中, 愁歎爭攻, 瘴霧、蠻烟之間, 疾疫易乘, 安知不至於溘然耶? 夫以有限之生, 謾守無益之盟, 畢竟有知, 雖悔曷追? 青春荏苒, 白日斯須, 水無西歸之漸, 花無十日之紅, 繁華何處? 行樂誰邊? 獨留青塚, 空歸月夜之魂, 不共楚王, 只沾看花之淚. 苦節不可貞矣, 小諒不可行矣. 其幸思[243]而復思, 無自埋沒.

洞仙爲答書, 以陳其情曰:

239) 命: 저본에는 '名'으로 되어 있음.
240) 累: 저본에는 '陋'로 되어 있음.
241) 之: 저본에는 '從'으로 되어 있음.
242) 撻: 저본에는 '橽'로 되어 있음.
243) 思: 저본에는 없음.

鸞必雙飛, 鵲不孤棲[244], 物皆求耦, 人亦有情. 今承垂教, 敢不從命? 竊有寸丹, 聊以暴白. 妾在靑春, 身[245]事娛樂, 門前舊客, 枕上新人, 一番迎送, 幾度悲歡? 頃緣上客, 自汴而至, 不棄憔悴, 特許心情, 有偕生偕死之盟, 無莫往莫來之歎. 妾於是, 去其舊染之溷[246]濁, 革其前習之紛紜. 周德流行, 雖愧[247]「漢廣」之遊女, 衛俗淫亂, 願絶采唐之餘[248]風. 樂只君子, 實維[249]我儀, 如此良人, 所仰望者. 嗟昊[250]天之不惠, 痛時事之多艱, 値一生之崎運, 悶萬里之離別, 怨不在於天人, 嘆常[251]切於干戈. 蘊此深衷, 惟是篤念, 懷人不見, 俾我可[252]忘? 今將軍胡不諒於人, 自取無良之德[253]? 嚴部伍整干戈, 務急當日, 踰垣墻誘臣妾, 戒在遺書. 夫以顯赫尊貴[254]之盛, 近此染惡卑賤之甚, 於理不合, 於事不當, 何可自貶盛德, 坐失瞻望乎? 何況烈女、忠臣, 異名同道. 今將軍乃宋朝之忠臣, 妾乃西門之烈女也. 將軍食宋之食, 衣宋之衣, 受

244) 棲: 저본에는 '巢'로 되어 있음.
245) 身: 저본에는 '心'으로 되어 있음.
246) 溷: 저본에는 '混'으로 되어 있음.
247) 雖愧: 저본에는 '須醜'로 되어 있음.
248) 餘: 저본에는 '遺'로 되어 있음.
249) 維: 저본에는 '有'로 되어 있음.
250) 昊: 저본에는 '旻'으로 되어 있음.
251) 常: 저본에는 '尙'으로 되어 있음.
252) 可: 저본에는 '敢'으로 되어 있음.
253) 德: 저본에는 '德耶'로 되어 있음.
254) 尊貴: 저본에는 '貴尊'으로 되어 있음.

宋之爵, 宋之於將軍也[255], 固已厚矣, 將軍之於宋也[256], 安得不一心而[257]終始乎? 固不可宴安而[258]向之, 危亡而[259]背之, 寧能[260]忍暗付於北朝强盛之勢, 偸生於犬羊之天乎? 寧能[261]忍岐[262]初心, 而曾不思許身之義乎? 非徒心[263]不忍義不可之甚也. 若夫兒女子瑣屑之辭、卑薄之節, 雖不可同日而語[264]之, 然有是四端, 男女一也. 身體髮膚, 受之[265]父母, 性情、元氣, 稟於[266]天地. 旣有知覺之良, 獨無羞惡之心乎? 旣聞綱常之典, 獨昧夫婦之義乎? 君子之道, 造端乎此, 夫婦之貞, 利見於斯矣. 夫以是故, 猿愁嶺南[267], 裵乃割耳, 非思李德武乎? 蛇變樽中, 盧[268]亦去目, 不爲房玄齡乎? 出刀斷髮, 虛啓侍郎之表, 拔劍剪[269]鼻, 不從貴人之求. 立節太高, 持身極佳. 日斜桑林, 有金來傳, 可笑秋胡子! 水漲漸臺, 無符可信,

---

255) 也: 저본에는 없음.
256) 將軍之於宋也: 저본에는 없음.
257) 而: 저본에는 없음.
258) 而: 저본에는 없음.
259) 而: 저본에는 없음.
260) 能: 저본에는 없음.
261) 能: 저본에는 없음.
262) 岐: 저본에는 '棄'로 되어 있음.
263) 心: 저본에는 없음.
264) 而語: 저본에는 '言'으로 되어 있음.
265) 之: 저본에는 '之於'로 되어 있음.
266) 於: 저본에는 '之於'로 되어 있음.
267) 猿愁嶺南: 저본에는 '猿嘯楚山'으로 되어 있음.
268) 盧: 저본에는 '魯'로 되어 있음.
269) 剪: 저본에는 '斷'으로 되어 있음.

哀哉楚夫人! 三才分位, 室家之道克隆[270], 二族交歡, 貞烈之風斯著. 振高情而獨秀, 魯冊[271]於是[272]飛花, 挺峻節而孤標, 周篇[273]於焉騰茂. 適以純潔而已, 安用[274]汚辱爲哉? 今妾天資朴愚, 不師今而學古, 素性偏嗇[275], 不貴新而求舊. 隔所天於杳茫之際, 寄朝露於風草之間, 悲思、憂嘆, 交攻于內, 邪說、暴行, 又侵其外, 一縷殘喘, 非朝卽夕. 恨不得隨鴻逐鵠, 裂霧穿雲, 碧海、長天, 去去無邊. 重逢舊面, 再敍前事, 一見可飽[276], 萬死何惜? 初心炯如日月, 宿約牢如金石, 炯不可玷, 牢莫[277]能破. 假令甘言悅耳, 華利誘目, 尙不得轉而移之, 白刃當前, 雷電在上, 終莫可搖而[278]奪之, 忠臣之義, 恒於斯盡矣, 烈女之節, 恒於斯畢矣. 夫以將軍之忠, 其許身殉國之誠, 可以通金石蹈水火, 無所往而非[279]大義也. 奈何一見兒女, 暗起私情, 岐[280]循公之初心, 損服人之壯節耶? 其思慮譎[281], 其謀計詐[282]. 向者, 宣撫之見敗、上客之遭

270) 克隆: 저본에는 '極備'로 되어 있음.
271) 冊: 저본에는 '苒'으로 되어 있음.
272) 於是: 저본에는 없음.
273) 篇: 저본에는 '郎'으로 되어 있음.
274) 用: 저본에는 '欲'으로 되어 있음.
275) 嗇: 저본에는 '塞'으로 되어 있음.
276) 飽: 저본에는 '布'로 되어 있음.
277) 莫: 저본에는 '不'로 되어 있음.
278) 而: 저본에는 없음.
279) 非: 저본에는 '不'로 되어 있음.
280) 岐: 저본에는 '棄'로 되어 있음.

禍, 果不[283]出於將軍之手乎? 迎敵人之暴怒, 誤國家之大事, 驅幕賓於鴈塞, 棄衛卒於魚門, 孤人之子孫, 寡人之妻妾, 竊爲將軍不取也. 將數騎而拔之, 慙[284]邵氏, 解桎梏而代之, 悲[285]媛姜, 是則妾之第一愆也. 妾旣不能冒險乘危, 以脫虎口之餘肉, 又不能除兇討奸, 以復所天之深讎. 一向, 慨歎之不暇, 哀悼之不足, 乃敢向人[286]作歡, 引物牽意, 有[287]若爲人臣而[288]懷二心者哉? 臣子而不忠, 婢妾而無貞, 罪不容於天地, 殃莫大[289]於鬼神, 雖欲生, 其可[290]得乎? 余所否者, 殆將[291]死矣. 此外無他, 願[292]將軍卒恕之哉[293]!

琦知其不可搖, 纏鬱之情、慙憤之意, 交戰于中, 寧欲杖撻[294]而違格未果.

---

281) 謫: 저본에는 '謫矣'로 되어 있음.
282) 詐: 저본에는 '詐矣'로 되어 있음.
283) 不: 저본에는 '非'로 되어 있음.
284) 慙: 저본에는 '深慙'으로 되어 있음.
285) 悲: 저본에는 '竊悲'로 되어 있음.
286) 人: 저본에는 없음.
287) 有: 저본에는 '猶'로 되어 있음.
288) 而: 저본에는 없음.
289) 莫大: 저본에는 '及還'으로 되어 있음.
290) 可: 저본에는 '奈'로 되어 있음.
291) 將: 저본에는 '將於'로 되어 있음.
292) 願: 저본에는 '伏願'으로 되어 있음.
293) 哉: 저본에는 없음.
294) 撻: 저본에는 '橽'로 되어 있음.

崔夫人與劉氏, 伏在東溟, 自生赴召遊宦, 日望其歸來, 荏苒數載, 竟無音信. 乃令家僮, 徑往杭州, 訪洞仙詢問之, 始知其滯于[295]燕獄, 一舍驚號, 痛哭度日. 自是杭與東溟, 兩地一書, 互相往來, 以通悲慘之情.

上客自滯燕獄, 心事落漠, 已分必死, 痛擗摧[296]裂之餘, 常與同色[297]切歎曰:

"高堂鶴髮, 春秋已晩, 溫凊、甘旨, 旣[298]無可言, 未知其不至於奄忽耶? 襄事之厚薄, 祭具之精麤, 孰能盡其誠乎? 小君當室, 有子一介[299], 結縭三載, 與我成別, 想其哀傷、怨慕之深, 得無疾病、死亡之慘耶? 琴臺一別, 亦云遠矣, 柳態、花容, 能一樣耶? 梧桐夜雨之思、桃李春風之恨, 靡日靡時, 何可堪居? 屛間眞態, 目可得而再睹耶? 膝上絲桐, 耳可得而再聞耶[300]? 世變風移, 不見鵲巢之鳩, 人亡事去, 得免魚網之鴻, 定續[301]「葛生」之詩, 當戒「行露」之辱. 看花滿眼之淚、掛鏡伴

295) 于: 저본에는 '於'로 되어 있음.
296) 摧: 저본에는 '催'로 되어 있음.
297) 色: 저본에는 '僚'로 되어 있음.
298) 旣: 저본에는 '其'로 되어 있음.
299) 介: 저본에는 '箇'로 되어 있음.
300) 耶: 저본에는 없음.
301) 續: 저본에는 '屬'으로 되어 있음.

影之愁, 歲月積矣, 人生幾何? 哀我[302]一身, 微命三尺, 宜岸宜[303]獄, 且死且生. 望山頭於[304]庭闈[305], 關路萬里, 斷天涯之鱗鴻, 塞雲千里. 深怨當時, 構禍有本, 彼蒼者天, 此何人哉? 銘骨難忘, 死且不瞑[306]."

每擧一辭, 哽噎不措, 聞者爲之流涕. 安琦向無釋於洄仙, 乃設心曰:

"所以不聽者, 徒以西門尙在於彼. 假令聞其旣死, 無復有望, 則庶或變其志也."

遂發一郵卒, 賂喩之, 因作南人同滯燕京之書曰:

> 杭府上客西門勣[307], 爲憂憤所祟, 成疾致死於[308]某月某日云.

令其持去, 使若關外行子[309], 回轉至東溟.

時久失汴城矣, 中原父老, 日望官軍, 相謂曰:

---

302) 我: 저본에는 '哉'로 되어 있음.
303) 宜: 저본에는 '且'로 되어 있음.
304) 於: 저본에는 '之'로 되어 있음.
305) 闈: 저본에는 '圍'로 되어 있음.
306) 瞑: 저본에는 '暝'으로 되어 있음.
307) 上客西門勣: 저본에는 '西門上客'으로 되어 있음.
308) 於: 저본에는 '在於'로 되어 있음.
309) 子: 저본에는 '李'로 되어 있음.

"道君皇帝, 已崩於五國城, 今天子, 又溺於西湖, 耽其佳勝, 但事宴樂, 宗社之耻, 不思所以雪, 先帝之讐, 不思所以報. 四海文物, 將爲胡羯腥膻[310], 百萬蒼生, 將爲被髮左衽矣."

相與痛哭之聲, 不絶於道路. 朝廷雖知之, 安於姑息, 不肯發兵, 岳武穆奮臂請纓, 乃與五百騎. 武穆將[311]率鍛鍊以待[312].

時劉氏一家, 以燕京事, 日夜悲痛, 希望好音. 忽有行子到門曰:

"自燕京來[313], 路尙過[314]此."

仍致一書曰[315]云云. 乃知其死, 呼天痛哭, 慘不忍聞. 崔夫人, 以劉氏秘不發言, 故未能詳知, 數日乃覺, 廢[316]食沈痼. 劉氏盡誠救之, 竟不起. 乃修書, 致之洞仙. 洞仙披其書, 書曰:

310) 膻: 저본에는 '壇'으로 되어 있음.
311) 將: 저본에는 없음.
312) 待: 저본에는 '待其時'로 되어 있음.
313) 來: 저본에는 없음.
314) 過: 저본에는 '來過'로 되어 있음.
315) 曰: 저본에는 없음.
316) 廢: 저본에는 '癈'로 되어 있음.

尙不聞知乎317)? 有此昊天罔極之音. 遙想一體之情, 分送痛哭之淚. 我從318)夫子, 三載食貧, 一自成別, 十年于茲. 篤319)念遠遊之子, 久積空閨之思. 王孫結恨, 年年綠草之時, 帝子含悲, 處處花紅之節. 香愁動於「落梅」之曲, 別怨320)長於「楊柳」之詞. 天降喪亂, 悼顚沛之人生, 地隔荊蠻, 嗟杳茫之消息. 瞻日月之悠悠, 可以歸止321), 駕駟駱而駸駸, 庶幾來諗. 我之懷矣! 予日望之. 何322)圖塞馬未返, 鶗鴂先鳴? 樹忽摧於323)驚風, 露已晞於待日. 慘龍沙之骸骨, 痛蠻324)鄕之魂魄, 不能求於原隰325), 但相泣於中庭, 何況禍不單行, 災忽並至? 予美旣亡, 先妣326)繼殞, 蓋哭子哀痛之深, 乃委命沈痾之故. 攀號擗踊, 撫遺席而疇依? 叩地叫天, 奉畫扇327)而莫逮. 口接杯圈, 若存餘澤, 手持刀尺, 將向328)誰前? 朝哭楚塊之塵, 暮329)啼燕天之月. 烏鳶萃於關塞, 想啄尸之無餘, 風雨暗於

317) 乎: 저본에는 '耶'로 되어 있음.
318) 從: 저본에는 없음.
319) 篤: 저본에는 '獨'으로 되어 있음.
320) 怨: 저본에는 '恨'으로 되어 있음.
321) 止: 저본에는 '遲'로 되어 있음.
322) 何: 저본에는 '河'로 되어 있음.
323) 於: 저본에는 '其'로 되어 있음.
324) 蠻: 저본에는 '蠻'으로 되어 있음.
325) 隰: 저본에는 '濕'으로 되어 있음.
326) 妣: 저본에는 '妃'로 되어 있음.
327) 扇: 저본에는 '屛'으로 되어 있음.
328) 向: 저본에는 '之'로 되어 있음.
329) 暮: 저본에는 '夕'으로 되어 있음.

山海, 欲招魂兮何許? 將負骨而歸瘞, 計與子而同行. 家設几筵, 葬無宗主, 況有豺狼, 遍塞道路. 一向延佇, 五內分崩, 欲決[330]未卽[331], 偸生苟延. 適以義同, 玆用訃聞, 更何言哉? 痛哭而已.

仙覽且驚愕, 不覺失聲, 仆地顚錯, 若無措擧[332]. 其母痛甚呼之, 十分扶護, 俄而聲息, 執其母之手曰:

"吾[333]何以得生乎? 生不得相從, 死可得從矣[334], 今當共遊於地下也."

始能作哭聲, 旣又解之[335]曰:

"向者黃帽之言, 當有其終. 況彼燕京, 訃音未易到也. 此或出於中人之計耶? 然未可詳也[336]. 顧惟劉氏, 與我義同, 不可不往見, 加以夫人之喪, 固當赴哭矣."

乃請暇於安琦, 安琦有意者[337], 特許之, 資以車馬. 仙謝之曰:

---

330) 決: 저본에는 '死'로 되어 있음.
331) 卽: 저본에는 '決'로 되어 있음.
332) 若無措擧: 저본에는 '莫知擧措'로 되어 있음.
333) 吾: 저본에는 없음.
334) 矣: 저본에는 없음.
335) 解之: 저본에는 '自解'로 되어 있음.
336) 也: 저본에는 '知'로 되어 있음.
337) 者: 저본에는 ;者也'로 되어 있음.

"終天痛哭, 奔[338]遑趨哭之不暇, 寧能[339]竢駕而行乎?"

乃捨而徒步. 及[340]至劉第, 徑哭於柩前, 四拜而致辭曰:

"杭之卑[341]妾楚臺, 曾有恩義者, 敢此來哭. 竊惟[342]燕京一書, 當出於白地, 適以慈闈思慮之深, 故不無輕信之失, 致令子孫, 罹此終天之痛, 嗟何及矣? 伏願尊靈, 禫然平安, 無復隱痛於冥冥之中."

劉氏在傍哭, 仍發私怨[343], 將及燕京之事. 仙曰:

"當此几筵之前, 不可以私怨, 感我先靈."

劉氏曰:

"然. 此有別堂, 卽爲[344]夫子所設虛位處也."

引之偕適, 相扶哭擗. 劉氏乃先敍曰:

"如許心腸, 前書略之, 今幸相對, 悲係增新[345]. 嗟我洞仙, 夫子所愛, 曾不識面, 已各知心, 隨時憂喜, 與

338) 奔: 저본에는 '犇'으로 되어 있음.
339) 能: 저본에는 '得'으로 되어 있음.
340) 及: 저본에는 없음.
341) 卑: 저본에는 '鄙'로 되어 있음.
342) 惟: 저본에는 '有'로 되어 있음.
343) 怨: 저본에는 '言'으로 되어 있음.
344) 爲: 저본에는 없음.
345) 悲係增新: 저본에는 없음.

我一般. 茫茫宇內, 幾箇男女, 惟我二人, 逢此百凶, 言之何盡[346]? 聽之何堪? 顧惟方寸之中, 積已久矣, 不言之間, 腸已腐矣. 徒抱其哀, 孰從而問之? 欲道其詳, 孰從而聽之? 今見娘子, 如得燕天萬里之面. 嶺外相思之怨, 天涯永訣之情, 思而復思, 說之重說, 只增悲慘, 無以爲也[347]. 卽惟阿娘, 追感所天之恩, 遠崇堂室之義, 承訃奔哀, 備經險阻, 千里跋涉, 以到於此, 豈非敦素之義、純剛之節, 有以鑠金石而蹈水火哉? 可與共赴沙場, 好收骸骨, 當待襄事之旣卒、邊釁之消息耳."

仙聞而痛之曰:

"妾之罪多矣, 言極惶悚[348], 竊以肺肝之塡結, 欲陳[349]之久矣. 本以小人之質, 引結君子之恩, 令其繼日, 沈湎踰月[350]. 一可咎也. 及遭亂離, 恨其分散, 欲詳[351]存沒, 連臂致召, 使闕趨庭之禮, 兼廢[352]

346) 盡: 저본에는 '盎'으로 되어 있음.
347) 也: 저본에는 '懷也'로 되어 있음.
348) 悚: 저본에는 '恐'으로 되어 있음.
349) 陳: 저본에는 '陳者'로 되어 있음.
350) 沈湎踰月: 저본에는 '沈緬逾月'로 되어 있음.
351) 詳: 저본에는 '知'로 되어 있음.
352) 廢: 저본에는 '癈'로 되어 있음.

在[353]御之琴, 馳冒矢石, 出沒烟塵. 二當誚也. 節未勁於利貞, 身莫瘦於有目, 強暴自此謀之, 僞變於斯作矣. 金人讓[354]國, 鐵索飛來, 玉節辭壇[355], 佩劍哀鳴. 作豺狼之弱肉, 羈鰈[356]域之遊魂, 一去莫返, 伊誰之咎? 蓋思禍亂之根因, 何敢怨尤於天人? 是則三足絞也. 負此三愆, 敢來一拜, 雖有心悃, 寧無顏厚[357]? 而[358]今而後, 所可盡心致力者, 不過收骸於白[359]草之間, 成壠於青松之下, 哭以盡其哀, 祭以竭其誠, 使九原不瞑之魂, 得以翺翔於萬歲[360]之山、杭州之城, 然後下從於黃壤之間, 以償其怨, 足矣. 然秦兵尚強, 楚氛[361]甚惡, 有計無所施, 有怨不能[362]泄, 天何不吊? 地何無[363]言?"

遂拊膺長痛[364], 哭聲甚悲. 四隣來觀, 有[365]似殘花

---

353) 在: 저본에는 '存'으로 되어 있음.
354) 讓: 저본에는 '攘'으로 되어 있음.
355) 壇: 저본에는 '墻'으로 되어 있음.
356) 鰈: 저본에는 '堞'으로 되어 있음.
357) 厚: 저본에는 '厚乎'로 되어 있음.
358) 而: 저본에는 '以'로 되어 있음.
359) 白: 저본에는 '百'으로 되어 있음.
360) 萬歲: 저본에는 '百歲'로 되어 있음.
361) 氛: 저본에는 '氣'로 되어 있음.
362) 不能: 저본에는 '無可'로 되어 있음.
363) 無: 저본에는 '不'로 되어 있음.
364) 痛: 저본에는 '慟'으로 되어 있음.
365) 有: 저본에는 없음.

帶[366]雨, 落葉啼風, 人莫不爲之流涕. 時葬夫人有日矣, 仙佐室擧之, 比卒襄事, 極其誠敬, 觀者皆謂之知[367].

未幾, 自杭州發文, 促其還. 仙旣歸矣, 安琦乃厚遺其母, 使之切勸. 母曰:

"知女莫如母, 吾女心曲, 吾已知之. 龍門之石, 可使轉也[368], 玉井之水, 可使[369]汚也, 至於女心, 不可亂也. 雖有荊楊之金、吳蜀之帛, 積如丘山, 不敢[370]受也[371]."

劉氏之[372]本宅, 有繼母在堂, 繼母之本族, 有鰥夫, 求劉氏甚懇, 乃邀劉來[373], 欲奪其志. 劉氏所操如玉, 托以夫服未闋, 其議[374]雖寢, 然尙有轉環之說, 其勢不已. 欲還西門, 則誘之以好言, 牢不許還. 劉氏心謂: '不祥在邇, 事出[375]難免, 則徒有死而已, 死亦不祥,

366) 帶: 저본에는 '滯'로 되어 있음.
367) 知: 저본에는 '知禮'로 되어 있음.
368) 也: 저본에는 '矣'로 되어 있음.
369) 使: 저본에는 '以'로 되어 있음.
370) 敢: 저본에는 '可'로 되어 있음.
371) 也: 저본에는 없음.
372) 之: 저본에는 없음.
373) 來: 저본에는 '氏'로 되어 있음.
374) 議: 저본에는 '意'로 되어 있음.
375) 出: 저본에는 '勢'로 되어 있음.

將欲潛歸西門, 則必有搜還僇辱之弊. 寧適杭, 一與洞仙同死生, 可也. 然未詳洞仙尙不改初心與否.'
乃以書抵之曰:

> 吾父母憐我靑陽, 將命再適, 事在不免. 將於某日, 適於某人, 未知阿娘獨何爲也?

仙未之信[376], 猶且答之曰:

> 書有[377]云云, 事極可賀. 妾亦[378]自歸來之後, 非不欲終[379]守初心, 而惟以卑賤之故, 爲人所奪, 今已許矣. 府中安將軍, 是也.

書回, 劉氏釋然曰:
"我旣試其意, 彼亦安心釋我愧耳. 否則豈所謂洞仙乎? 觀於此書, 益知其可愛者也."
遂與幸婢秋銀, 潛脫作行. 安琦每招洞仙, 轉環益急,

---

376) 未之信: 저본에는 '姑未信之'로 되어 있음.
377) 書有: 저본에는 '有書'로 되어 있음.
378) 亦: 저본에는 없음.
379) 終: 저본에는 없음.

仙不堪其苦, 謂其母曰:

"吾[380]得死所矣. 今加此弊, 不可獲全, 吾則決[381]矣, 母其千歲."

乃作一書, 書用生綃, 實于粉筩, 瘞[382]於墻底, 祝曰:

"生亦無爲, 死亦呑聲. 皇天有知, 鬼神默佑, 其令君子, 倘得生還, 指發此書, 備[383]知情[384]悃."

遂改粧盛服, 臥而不動. 母痛甚[385], 百分勉之, 强以糊物, 一切不應. 第七日朝視之, 已死矣. 母哭之痛[386]曰:

"人爲之耶? 鬼爲之耶? 從天召之乎? 從地納之乎[387]? 可哀[388]吾女, 何所適歸?"

安琦聞而哀之, 乃大治喪[389]具以與之. 第四日, 襲入棺, 是日架上彈琴, 自鳴成曲, 和氣發越, 衆咸異之. 翌[390]日晡時, 有二女到門, 乃劉氏及秋銀也. 聞仙已

---

380) 吾: 저본에는 없음.
381) 決: 저본에는 '訣'로 되어 있음.
382) 瘞: 저본에는 '痤埋'로 되어 있음.
383) 備: 저본에는 '俾'로 되어 있음.
384) 情: 저본에는 '誠'으로 되어 있음.
385) 痛甚: 저본에는 '慟心'으로 되어 있음.
386) 痛: 저본에는 '慟'으로 되어 있음.
387) 乎: 저본에는 '耶'로 되어 있음.
388) 哀: 저본에는 '愛'로 되어 있음.
389) 喪: 저본에는 '葬'으로 되어 있음.
390) 翌: 저본에는 '翊'으로 되어 있음.

逝, 徑[391] 入拊棺, 大慟之曰:

"吾以不便於家, 將欲穩保[392] 於此, 露宿風餐, 艱關覓至[393], 專恃娘子[394], 義同一家. 前後酸寒[395] 之味, 庶可共吐, 早晚原隰[396] 之求, 曾有其約, 豈意今日已化異物, 却令千里孤蹤, 抱恨長慟虛歸? 歸亦何依? 其死而已."

乃以手撞棺哭之, 至夜兩掌盡破, 淚下如雨, 淚與掌血, 混灑成流. 是夜幾分, 棺忽自開, 珮玉錚然, 驚顧視之, 則所襲之具, 皆盡無有. 卽見玉顔鮮明, 綵服煒煌, 急[397] 拜於劉氏前曰:

"非不知小君夫人行[398], 當到於此, 適以路遠之故, 不能徑[399] 還, 致令候之, 幸勿見失."

劉氏及其母, 驚怪問之, 乃曰:

"昔聞夫子之訃, 思欲相從於泉下, 先至九天, 繼入十

391) 徑: 저본에는 '經'으로 되어 있음.
392) 保: 저본에는 '頓'으로 되어 있음.
393) 至: 저본에는 '來'로 되어 있음.
394) 娘子: 저본에는 '娘'으로 되어 있음.
395) 寒: 저본에는 '苦'로 되어 있음.
396) 隰: 저본에는 '濕'으로 되어 있음.
397) 急: 저본에는 '急起出'로 되어 있음.
398) 行: 저본에는 '之行'으로 되어 있음.
399) 徑: 저본에는 '邀'로 되어 있음.

地, 無處不探, 訖無所見. 乃謁萬歲山神, 神曰: '吾乃杭州400) 上客西門勣之祖也, 豈不知其所在也401)? 洞仙誤入矣. 上客方在燕獄, 曾不死矣.' 於是回至402)燕京, 得見夫子, 神凝愁色, 顏滿枯萃. 見妾甚喜, 先覓舊韵, 妾乃403)援琴而鼓之, 衎衎404)而樂. 夫子謂之曰: '歸哉歸哉! 小君當到爾家.' 乃辭而還, 道路逶遲405), 致令小君, 到卽聞慘, 過加哀傷, 妾之失也."

仍命撤筵, 別供饌味, 遇劉氏甚厚. 由是得知上客之406)生存, 悲歡交極.

上客在燕407)十餘年, 了不得408)南音, 憂思所惱, 日至蕭索. 一夕409), 忽逢洞仙, 且悲且喜, 仍命行酒彈琴. 仙鼓絃而且410)曰:

"我初自兜率天, 次第而還, 遍遊十地, 上見白玉樓臺十二, 中有黃金佛界三千, 下見靑烟人世八萬矣. 仍抵

400) 州: 저본에는 '府'로 되어 있음.
401) 所在也: 저본에는 '生耶'로 되어 있음.
402) 至: 저본에는 '之'로 되어 있음.
403) 乃: 저본에는 없음.
404) 衎衎: 저본에는 '衎衎'으로 되어 있음.
405) 逶遲: 저본에는 '𩜙絶'로 되어 있음.
406) 之: 저본에는 없음.
407) 燕: 저본에는 '燕獄'으로 되어 있음.
408) 得: 저본에는 '聞'으로 되어 있음.
409) 夕: 저본에는 '日'로 되어 있음.
410) 且: 저본에는 '訴'로 되어 있음.

萬歲山, 詢問上客, 至此云云."

上客曰:

"今之邂逅, 出於意外, 誠極佳矣. 但小君方適杭州, 若不速還, 則必將[411]缺望, 其可歸哉!"

仙乃投一[412]書而去, 上客爲答書而贈之, 依俙相別之間, 忽然覺悟, 乃一夢也. 見席上有一[413]封書, 書用生綃, 急[414]取披之. 其書曰:

> 萬死餘生, 一別十年, 長天漠漠, 莫惠我師[415], 天地茫茫, 不駿[416]其德. 生我不辰, 遭世罔極, 奔三千之珠履, 冒百二之天險. 嗟我懷人, 陟彼岨[417]矣. 願言思子, 何日忘之? 想殊方之獷[418]俗, 悶[419]征夫之狐[420]疑. 慘惔九死之餘魂, 凄涼萬里之行色. 雖在[421]縲絏之中, 非其罪也. 久襲瘴癘之氣, 固無恙

411) 將: 저본에는 '得'으로 되어 있음.
412) 一: 저본에는 없음.
413) 一: 저본에는 없음.
414) 急: 저본에는 '忽'로 되어 있음.
415) 師: 저본에는 '思'로 되어 있음.
416) 駿: 저본에는 '峻'으로 되어 있음.
417) 岨: 저본에는 '峴'으로 되어 있음.
418) 獷: 저본에는 '廣'으로 되어 있음.
419) 悶: 저본에는 '憫'으로 되어 있음.
420) 狐: 저본에는 '孤'로 되어 있음.
421) 在: 저본에는 없음.

乎? 生與死兮莫知, 泣且言兮奚極? 月白燕天, 倘有相思之夢, 雲迷極浦, 定[422]結悵望之懷. 在彼當如是, 在此當[423]若何? 行露沾衣, 戒雖切於夙夜, 漢水清珮, 辭有托於橘、柚. 宮中桐葉, 不宜題詩, 河上栢舟, 永矢靡忒. 庭鵲有聲, 庶得[424]歸來之日, 塞鴻傳信, 驚見訃告之書. 淚和瀚海之波, 哭斷燕天之月, 蝴蝶驚萬里[425]之夢, 杜鵑訴三更之哀. 斜風、細雨, 咽山陽之笛聲, 落日、寒[426]雲, 鎖蒼梧之秋[427]色. 十年異室, 怨[428]入三生, 百歲[429]同歸, 計定一死. 況今石季龍之兵甲未解, 宋 康王之貪瀆無窮, 難乎免於濁世, 卷[430]而懷[431]之黃泉. 青陵臺上, 烏鵲紛飛, 綠珠樓邊, 花葉飄落[432]. 閉粧奩塵生之鏡, 晦琴臺日暮之雲. 生亦無爲, 死亦吞聲. 皇天有知, 鬼神默佑, 其令君子, 倘得生還, 指發此書, 備知情悃.

422) 定: 저본에는 '空'으로 되어 있음.
423) 當: 저본에는 '倘'으로 되어 있음.
424) 得: 저본에는 '占'으로 되어 있음.
425) 萬里: 저본에는 '一場'으로 되어 있음.
426) 寒: 저본에는 '塞'로 되어 있음.
427) 秋: 저본에는 '愁'로 되어 있음.
428) 怨: 저본에는 '寃'으로 되어 있음.
429) 歲: 저본에는 '年'으로 되어 있음.
430) 卷: 저본에는 '捲'으로 되어 있음.
431) 懷: 저본에는 '歸'로 되어 있음.
432) 落: 저본에는 '零'으로 되어 있음.

上客泣而覽之, 知是[433]洞仙臨訣[434]時所爲[435]書. 乃謂[436]:

'書之來此, 以其彰明之質、較著之靈, 有以媒[437]之也. 然有夢如是, 其生其死, 實所難測, 心神戰惑, 感愴倍切.'

洞仙與劉氏同處, 每常自抑, 勉加食飮, 爲劉氏也. 偶發墻底所埋[438]書, 實非本草[439]. 其書曰:

> 一別千里, 落落無期, 十生九死, 轉轉經年. 太息、流涕、痛哭, 兼以時事之多艱, 憂愁、鬱悒、慨歎[440], 專爲我懷之貽[441]阻. 蠻烟襲骨, 疾病乘時, 瘴霧[442]凝膚, 死亡無日. 悼浮生之牢絆, 歎夙緣之虛投, 豈意娘子, 尙抱餘情, 重尋舊約, 經越海山[443], 備嘗[444]艱險, 貢然來斯, 亦旣勞止[445]? 黃沙磧裡, 回紫陌之春光,

433) 是: 저본에는 없음.
434) 訣: 저본에는 '訣之'로 되어 있음.
435) 爲: 저본에는 '爲之'로 되어 있음.
436) 謂: 저본에는 '謂曰'로 되어 있음.
437) 以媒: 저본에는 '此謀'로 되어 있음.
438) 墻底所埋: 저본에는 '所埋墻底'로 되어 있음.
439) 本草: 저본에는 '本書'로 되어 있음.
440) 慨歎: 저본에는 '慷慨'로 되어 있음.
441) 貽: 저본에는 '易'로 되어 있음.
442) 霧: 저본에는 '露'로 되어 있음.
443) 海山: 저본에는 '山海'로 되어 있음.
444) 備嘗: 저본에는 '須備'로 되어 있음.

青海城頭, 暎朱欄之花影. 收秦聲於隴樹, 萬恨俱灰, 撤楚吟於巴陵, 兩情何似? 持酒破無聊, 一笑雙璧446), 抱琴來447)有意, 再歌千金. 旣合半鏡, 如錫448)百朋, 雖死之日, 猶生之年. 俄然一去, 會當再逢.

想其手跡、辭意, 乃上客書也. 仙覽之, 琴酒書札等事, 怳如前所見449), 得非兩處魂夢450)之所交感耶? 輒加悲傷.

時金國聞岳武穆鍊習之機, 大怒, 先檄杭, 致其師. 安琦被縲而往, 營一空矣. 仙乃與小君謀曰:

"目今時事, 有如累棋, 方451)來禍福, 未可占也. 旣知夫子尙存452)於彼, 可以趁即跟尋, 萬一接近顏色, 平生之幸也. 不然, 異日所希望者 , 沙場白骨而已. 今當冒險乘危, 天神默佑, 則得遂本意, 如其不幸, 爲虎穴之肉矣. 況以有限之生, 長在別離453)之中, 歲月幾何,

445) 止: 저본에는 '心'으로 되어 있음.
446) 雙璧: 저본에는 '抱琴來'로 되어 있음.
447) 抱琴來: 저본에는 '雙璧'으로 되어 있음.
448) 錫: 저본에는 '賜'로 되어 있음.
449) 前所見: 저본에는 '所覩'으로 되어 있음.
450) 魂夢: 저본에는 '夢魂'으로 되어 있음.
451) 方: 저본에는 '將'으로 되어 있음.
452) 存: 저본에는 '在'로 되어 있음.

無[454]寧死於道路乎[455]? 何可待時延佇, 坐致後悔乎?"

小君深然之, 遂與資輕寶, 諏[456]日作行, 秋銀、小眞, 皆從之. 仙與其母訣曰:

"此行, 與豺狼作伴, 與冥府爲鄰, 無望生還, 毋用自煎. 壽如南山, 千歲千歲."

其母方擧壽杯, 噎不能飮. 時餞客滿堂, 酒樂畢張, 悲歌一聲, 玉淚交下. 出門三顧, 四鄰痛哭. 乃取間路而行. 第四十[457]日, 至一處, 忽逢張萬夫, 喜甚[458], 告以情事. 張曰:

"吾亦被擄, 善承彼意, 乃悅之, 授以[459]一官, 留守是境, 則西河之館也. 今見小君夫人及小娘子, 出於慮不到處, 不覺驚喜, 若接吾尊兄矣. 然[460]萬里長程, 想已勞矣, 未可調攝數日耶?"

仍與歸其館, 別定一舍, 使之安歇, 極備供具. 仙等以

---

453) 別離: 저본에는 '離別'로 되어 있음.
454) 無: 저본에는 없음.
455) 乎: 저본에는 '矣'로 되어 있음.
456) 諏: 저본에는 '涓'으로 되어 있음.
457) 四十: 저본에는 '十四'로 되어 있음.
458) 喜甚: 저본에는 '甚喜'로 되어 있음.
459) 以: 저본에는 없음.
460) 然: 저본에는 '然而'로 되어 있음.

爲幸矣.

張之[461]同僚胡孫橽嬉者, 英傑人也. 張自亂後, 相結爲契, 相[462]與語, 極道洞仙. 橽嬉聞之曰:

"願接天下所未見之色."

張曰:

"有何難哉?"

至[463]夕, 送人於仙曰:

"適有薄具, 欲與慰沃, 其肯來未?"

仙感而卽到. 俄聞閽者趨進曰:

"胡孫使君在門."

張謂仙曰:

"彼與我契厚, 何嫌之有?"

遂令許入. 酒進, 張自擧杯以侑仙, 仙拜受之, 酌大不能卒, 退與小眞. 次及橽嬉, 橽嬉飮且指之[464]曰:

"小娘子遠勞, 特酬之."

仙拜而不受曰:

"適以張使君委召, 惶感而來耳, 本未堪飮."

---

461) 之: 저본에는 없음.
462) 相: 저본에는 '常'으로 되어 있음.
463) 至: 저본에는 '到'로 되어 있음.
464) 之: 저본에는 없음.

仍出, 樣嬉囑張挽留. 張曰:

"未可也. 堅如金石, 皎如霜雪, 未可相瀆, 但見面目, 足矣."

嬉[465]咄咄曰:

"大丈夫不得此, 天下之棄物也."

翌朝, 仙請行. 張曰:

"前日所經, 適由間路, 故得無其梗[466], 自此以北, 非驛路, 則不得到燕, 非鐵騎, 則不得[467]過驛, 吾當出騎護送, 待之如何?"

仙一行, 相與慰喜曰:

"此行, 若不遇張使君, 當奈之何[468]?"

是夕, 一行穩頓牢睡, 忽聞馳突之聲甚急[469], 火光如晝. 衆睡驚覺, 見一武夫驟入, 拿洞仙之手, 星火曳出. 仙隨手而[470]出, 乃樣嬉也. 到其館, 見弓劍､戈斧之屬, 交置左右. 仙急引斧, 斬其手掌, 以抵樣嬉之額上曰:

---

465) 嬉: 저본에는 '樣嬉'로 되어 있음.
466) 得無其梗: 저본에는 '幸得其便'으로 되어 있음.
467) 得: 저본에는 '能'으로 되어 있음.
468) 當奈之何: 저본에는 '誰當出騎何可得達燕京'으로 되어 있음.
469) 急: 저본에는 '速'으로 되어 있음.
470) 而: 저본에는 '以'로 되어 있음.

"是汝之手中物也, 吾將安用哉?"

乃出, 無敢挽者. 其掌着額深入, 欲去不得, 疾痛甚劇, 急訪知者問之, 有一卒曰:

"此[471]是寃魔所結, 未易治之. 必於長流川水[472], 沒入其面, 多不過百日, 可去."

嬉不得已從之. 仙亦以割處痛甚, 自分必死. 小眞、秋銀, 直抵張使君曰:

"吾家娘子, 一向所天, 誠悃備極, 不有[473]一縷之命, 遂作萬里之行. 日出則隱伏於山谷, 昏夜則經涉乎[474]屈曲, 褒斜之際, 輾轉到此, 亦旣勞矣. 天涯絶域, 了無故知, 嶺外他鄕, 靡所依賴, 何幸中道, 奄見令公? 所以有望於令公者, 爲如何者? 奈何令公, 曾無惻怛之意, 反有陰陷之計, 置一杯之[475]酒, 引強暴之客, 使之目成, 許其計詐? 非但辱近[476]於身, 又有痛緣於手, 奄奄弱喘, 殆莫能救, 脫有不幸, 則婢等先食令公之肉, 後服主娘之喪."

---

471) 此: 저본에는 없음.
472) 長流川水: 저본에는 '長川流水'로 되어 있음.
473) 有: 저본에는 '顧'로 되어 있음.
474) 乎: 저본에는 '於'로 되어 있음.
475) 之: 저본에는 없음.
476) 近: 저본에는 '及'으로 되어 있음.

乃大呼痛哭. 小君尤不勝痛切, 使讓使君. 使君雖非自己所預, 無任慚愧, 急進于夫人前, 極稱謝罪. 乃求毒藥治之, 或指一卒, 卽治槤嬉者也. 卒曰:

"治之不難."

乃燒斧煮水, 和以鱉莧丹塗之, 翌日乃瘳.

遂藉張使君所資, 得達于燕. 其俗, 罰士卒一墮馬者, 便令本家, 饋獄一人五日矣. 時[477]南人被縲者, 前後相繼, 已至五千餘人, 饋者雖多, 未及其數, 常[478]兼數人, 其苦頗甚. 洞仙一行, 經投川西之鋪, 自稱乞人, 將欲傭饋. 乃問於諸饋者, 得杭府上客所當[479]人, 請代之, 其人喜諾.

上客在燕年久, 南音漠然, 悲慘之懷, 久而愈[480]切. 一日朝見所饋之飯, 有異於前, 心頗怪之. 其夕又如此, 明日亦如之[481], 乃不食泣下, 同縲問曰:

"何故也?"

上客哽噎不言. 問之不已, 乃曰:

---

477) 時: 저본에는 없음.
478) 常: 저본에는 '尙'으로 되어 있음.
479) 當: 저본에는 '饋之'로 되어 있음.
480) 愈: 저본에는 '益'으로 되어 있음.
481) 之: 저본에는 '是'로 되어 있음.

“吾家妻妾, 想已來到, 獄律如許, 不得相見, 是以悲之.”

又問曰:

“何以知其的來耶?”

曰:

“吾小夫人, 則溫潤而栗然, 良玉之質也. 小娘子, 則細密[482]而燦然, 貝錦之文也. 皆能敦五常以通五行, 通五行[483]以和五音, 和五音以齊五味. 炊飯必有五常之味, 和羹必有五行之味, 作酒必有五音之味, 割肉必使方正, 斷菜必用寸分. 嚮來所對, 一依此樣, 自非其手, 不可到[484]也.”

且言且泣, 人不忍見.

仙謂小君曰:

“吾一行來此之意, 夫子想已[485]知之矣.”

小君曰:

“吾亦意其然也.”

小眞等曰:

---

482) 密: 저본에는 ‘蜜’로 되어 있음.
483) 通五行: 저본에는 없음.
484) 到: 저본에는 ‘然’으로 되어 있음.
485) 已: 저본에는 ‘必已’로 되어 있음.

"敢問何如[486]也?"

仙曰:

"無他. 始饋之, 飯無退味, 是口有本性也. 再饋之, 食不及半, 是心之[487]動也. 至於三饋, 則開味而已, 斯豈非覺悟悲感而然耶?"

遂相與掩泣嗚咽. 然恐見人疑, 常自抑矣. 一夕, 相告曰:

"所以來此, 冀得一面, 律令如是, 計無所施, 奈何?"

秋銀曰:

"猶勝於[488]萬里之外, 無用煩惱, 當有厥終."

小眞曰:

"昔聞岳武穆將兵入汴云. 金人果敗, 則是我福也."

互相酬答, 亹亹[489]不已. 將及半夜, 遽有傳[490]導之聲, 自遠而近, 人馬喧騰, 炬[491]火滿城. 驚起出視之, 已有甲兵, 從獄四面, 圍之數匝[492], 又於獄門外, 盛

---

486) 如: 저본에는 '謂'로 되어 있음.
487) 之: 저본에는 없음.
488) 於: 저본에는 없음.
489) 亹亹: 저본에는 '疊疊'으로 되어 있음.
490) 傳: 저본에는 '轉'으로 되어 있음.
491) 炬: 저본에는 '烟'으로 되어 있음.
492) 匝: 저본에는 '重'으로 되어 있음.

設高座, 威儀[493]甚嚴, 人莫[494]解其由. 仙囑起主人翁[495], 使之往得其詳. 翁至座後, 候之昧爽, 有奉節者先至, 乃問之, 答曰:

"軍在所符書來到, 待天明, 將[496]有事矣."

翁曰:

"第言之. 吾亦老於兵, 非泄言者."

乃附耳曰:

"岳武穆將兵[497]五百[498], 入汴大戰, 無不一當百. 北軍大敗. 將[499]復之, 急招本鎭將卒, 以益兵勢, 旋恐本鎭一空, 則南人繫獄者必叛, 從速盡數斬之[500]云."

翁以通于仙, 仙等大驚失措, 言不能出, 哭不能成[501], 落莫[502]蒼黃之際, 東方已明矣. 已有大將在座, 命從[503]獄門, 隨出隨斬而已. 南人覺其不免, 乃作輩擁出, 連續首尾, 門機盡頹, 垣牆皆破. 持劍行討者, 與

493) 威儀: 저본에는 '儀衛'로 되어 있음.
494) 莫: 저본에는 '莫敢'으로 되어 있음.
495) 翁: 저본에는 '之翁'으로 되어 있음.
496) 將: 저본에는 없음.
497) 兵: 저본에는 없음.
498) 五百: 저본에는 '五百騎'로 되어 있음.
499) 將: 저본에는 '將欲'으로 되어 있음.
500) 盡數斬之: 저본에는 '盡斬'으로 되어 있음.
501) 不能成: 저본에는 '聲'으로 되어 있음.
502) 莫: 저본에는 '漠'으로 되어 있음.
503) 從: 저본에는 '開'로 되어 있음.

圍卒合擊亂斬, 須臾盡之, 尸積川中, 水盡赤矣. 部將盡[504]捲而南, 一城空如. 仙等始出視之, 所見酷矣. 臨川退坐[505], 但[506]長吁一聲, 若[507]無思慮之人. 有頃, 投入水中, 水無太深處, 小眞等力救之, 得不死. 小君令二婢, 第審尸伏處, 乃携仙入鋪曰:

"愁日盡去, 樂日方來. 吾與若, 乘夜入水, 以從夫子, 亦云可樂, 安見其愁[508]?"

仙曰:

"曾吾計也."

言未已, 二婢在門[509], 旣曉其機, 頃刻不離, 計無所施. 乃乞[510]於二婢曰:

"意已定矣, 汝無惜哉[511]! 如是然後, 安於是心, 汝等好好歸去[512], 善養生我者, 以畢天年, 亦所以厚我也."

---

504) 盡: 저본에는 없음.
505) 坐: 저본에는 '座'로 되어 있음.
506) 但: 저본에는 없음.
507) 若: 저본에는 '將若'으로 되어 있음.
508) 愁: 저본에는 '然'으로 되어 있음.
509) 門: 저본에는 '側'으로 되어 있음.
510) 乞: 저본에는 '言'으로 되어 있음.
511) 汝無惜哉: 저본에는 '汝等歸去'로 되어 있음.
512) 好好歸去: 저본에는 '好歸'로 되어 있음.

小眞曰:

"昔者所計, 不過收骸, 今乃如此, 是[513]兩棄之也."

小君曰:

"爾言雖似, 但此治喪[514], 旣無其具, 況天實爲之, 寧與夫子, 同葬[515]於魚腹中, 便也."

秋銀曰:

"此地當有富人, 賣此二婢, 可得喪具. 此外無計, 願從婢言."

論議未定, 相扶而出, 沿川上下, 始做哭聲, 水亦[516]哀鳴. 忽見手掌從水上浮下, 便到積尸旁, 穿入積中[517], 着執尸手, 一[518]如生人相執手矣. 仙趨而觀之, 有春金指環一雙, 尙着其無名指[519]. 仙大異之, 試以所斷臂頭, 垂而向之, 則其掌與之自合, 宛如舊矣, 猶不釋尸手相持[520], 不能引出. 小君與二婢同力, 並其尸擁出, 乃上客也. 手始相解, 以水洗尸, 別無傷害

---

513) 是: 저본에는 없음.
514) 喪: 저본에는 '葬'으로 되어 있음.
515) 葬: 저본에는 없음.
516) 亦: 저본에는 '盡'으로 되어 있음.
517) 穿入積中: 저본에는 없음.
518) 一: 저본에는 '壹'로 되어 있음.
519) 指: 저본에는 '脂矣'로 되어 있음.
520) 相持: 저본에는 없음.

處. 蓋當亂擊時, 從風委靡而然也. 乃安機械, 百方治之, 半日許[521], 吐水而甦. 其間艱楚之狀、陳訴之辭, 萬萬千千, 不可悉記. 仙曰:

"此是[522]危急存亡之秋[523], 不可久稽於此[524], 願急治行李."

上客曰:

"諾."

乃集[525]行乞者數百餘[526]人, 謀曰:

"汝等亦將爲踐踏之[527]塵[528], 若愛其生, 須聽吾旨."

僉曰:

"諾."

然後領入府中, 刦[529]其守吏, 盡發其藏, 收其所餘. 乃得數十騎及弓劍、旗鼓、布帛之屬, 製[530]胡服而衣之, 設行伍而率之[531], 以[532]啓行, 有似[533]守城

---

521) 許: 저본에는 '之許'로 되어 있음.
522) 是: 저본에는 없음.
523) 秋: 저본에는 '秋也'로 되어 있음.
524) 此: 저본에는 '此矣'로 되어 있음.
525) 集: 저본에는 '聚'로 되어 있음.
526) 餘: 저본에는 없음.
527) 之: 저본에는 '腥'으로 되어 있음.
528) 塵: 저본에는 '塵乎'로 되어 있음.
529) 刦: 저본에는 '却'으로 되어 있음.
530) 製: 저본에는 '制'로 되어 있음.
531) 率之: 저본에는 없음.

副[534]將, 聞急赴敵者[535]矣. 道路生風, 行人辟易[536]. 不數旬[537], 至徐州, 乃脫異服, 夜入杭城, 主母驚喜顚倒. 計其日字, 自仙等初發, 至于今, 十[538]有一月, 自上客入燕數之, 則[539]十三年矣. 洞仙曰: "所率騎卒, 不可失也. 請傾家産[540], 益[541]治行資, 行[542]過大夫人墓, 以祭成禮[543], 轉入深藏, 可也. 吾聞桃竹山, 邈[544]在溟海中[545], 豈非可藏處也[546]?" 上客悉倣其言[547], 捲一家卽發, 隣人願從者, 百餘人. 至溟海之頭, 則杳闊無際[548], 水天一色, 望見翠嵐搖曳, 高入雲間而已. 俄有小船[549]千數[550], 蔽流而下,

---

532) 以: 저본에는 없음.
533) 有似: 저본에는 '猶如'로 되어 있음.
534) 副: 저본에는 '部'로 되어 있음.
535) 者: 저본에는 없음.
536) 行人辟易: 저본에는 없음.
537) 旬: 저본에는 '月'로 되어 있음.
538) 十: 저본에는 '凡十'으로 되어 있음.
539) 則: 저본에는 '則已'로 되어 있음.
540) 産: 저본에는 '莊'으로 되어 있음.
541) 益: 저본에는 尤'로 되어 있음.
542) 行: 저본에는 없음.
543) 以祭成禮: 저본에는 '祭以盛禮'로 되어 있음.
544) 邈: 저본에는 '迫'으로 되어 있음.
545) 中: 저본에는 '之中'으로 되어 있음.
546) 也: 저본에는 '乎'로 되어 있음.
547) 悉倣其言: 저본에는 '甚喜其議'로 되어 있음.
548) 杳瀾無際: 저본에는 없음.
549) 船: 저본에는 '舫'으로 되어 있음.
550) 數: 저본에는 '艘'로 되어 있음.

其舟甚窄，容[551]可乘一人[552]．洞仙領一行，各乘一船[553]，其餘從來者，着足旋沒，不可濟也．其舟隨風自行，不日旣濟，則乃是竹葉也．舍之而[554]陸，始入其山，山高插天，其圍萬里．上有千歲桃紅實堆積，餐之有餘，下[555]有翠竹縝[556]密成屋，居之極佳．海涯居民，每當雨霽風和之日、雲纖月白之夜，遙聞琴韵淸亮[557]，笛聲飄搖，似在海山微茫[558]之外，至今不絶云，豈非「洞仙詞」歟?

551) 容: 저본에는 없음.
552) 人: 저본에는 '人矣'로 되어 있음.
553) 一船: 저본에는 '其舟'로 되어 있음.
554) 而: 저본에는 없음.
555) 下: 저본에는 '亦'으로 되어 있음.
556) 縝: 저본에는 '塡'으로 되어 있음.
557) 淸亮: 저본에는 없음.
558) 茫: 저본에는 '花'로 되어 있음.

「동선기(洞仙記)」 전고(典故)

(1)『후한서(後漢書)』「마원전(馬援傳)」

당초에 마원의 조카인 마엄과 마돈이 모두 비판하며 의논하기를 좋아하고 경박하며 호협한 인사들과 사귀었다. 마원이 전에 교지에 있을 때 글을 보내어 경계하였다. "나는 너희들이 남의 과실 듣고서 마치 부모님의 이름을 듣는 듯이 하여, 귀로는 들을 수 있을지언정 입으로는 말하지 않기를 바란다. 남의 장단점을 논의하기를 좋아하며 망령되이 정사와 법을 시비하는 것, 이는 내가 매우 싫어하는 바이니, 차라리 죽을지언정 자손에게 이런 행실이 있다는 말을 듣기를 원치 않는다. 너희들은 내가 이를 매우 싫어함을 알겠지만, 다시 말을 하는 이유는, 딸이 시집갈 때 옷고름을 매고 수건을 채우면서 부모의 훈계를 거듭하듯이 너희들로 하여금 이를 잊지 말게 하려는 것이다. 용백고는 돈후하고 주신하여 입에 가릴 말이 없으며 겸손하고 간약하며 절도 있고 검소하며 청렴하고 공평하며 위엄이 있으니, 내 그를 애지중지하여 너희들이 그를 본받기를 바란다. 두계량은 호협하여 의리를 좋아하여 남의 근심을 근심하며 남의 즐거움을 즐거워하여 청류이든 탁류이든 잃는 바가 없어 부친상에 손님이 왔는데 여러 고을 사람들이 다 왔으니, 내 그를 애지중지하거니와 너희들이 본받기를 바라지는 않는다. 용백고를 본받다가 그렇게 되지 못하여도 오히려 조심하는 선비가 될 것이니, 이른바 고니를 새기다 이루지 못하여도 그래도 따오기를 닮는다는 것이거니와, 두계량을 본받다가 그렇게 되지 못하면 추락하여 천하의 경박자가 될 것이니, 이른바 범을 그리려다 이루지 못하면 도리어 개를 닮는다는 것이다. 지금까지는 두계량을 오히려 알지 못했는데, 군장이 수레에서 내리자마자 이를 가니 주군에서 이를 화제로 삼고 있다. 내가 늘 마음이 서늘한지라 이 때문에 자손이 본받지 않기를 바라는 것이다."

初兄子嚴、敦, 並喜譏議, 而通輕俠客. 援前在交阯, 還書誡之曰: "吾欲汝曹聞人過失, 如聞父母之名, 耳可得聞, 口不可得言也. 好論議人長短, 妄是非正法, 此吾所大惡也, 寧死不願聞子孫有此行也. 汝曹知吾惡之甚矣, 所以復言者, 施衿結褵, 申父母之戒, 欲使汝曹不忘之耳. 龍伯高敦厚周愼, 口無擇言, 謙約節儉, 廉公有威, 吾愛之重之, 願汝曹効之. 杜季良豪俠好義, 憂人之憂, 樂人之樂, 淸濁無所失, 父喪致客, 數郡畢至, 吾愛之重之, 不願汝曹効也. 効伯高不得, 猶爲謹勅之士, 所謂刻鵠不成尙類鶩者也. 効季良不得, 陷爲天下輕薄子, 所謂畫虎不成反類狗者也. 訖今季良尙未可知, 郡將下車輒切齒, 州郡以爲言, 吾常爲寒心, 是以不願子孫効也."

(2)『사기(史記)』「장의열전(張儀列傳)」

진진이 대답하였다. "또한 변장자가 범을 찔러 죽인 일을 왕께 말씀드린 자가 있었습니까? 변장자가 범을 찔러 죽이려 하자 관에서 일하는 아이가 말리면서 말했습니다. '두 마리 범이 소를 잡아먹으려 하는데 먹어서 맛이 좋으면 필시 다툴 것이요 타투면 필시 큰 놈은 다치고 작은 놈은 죽을 것이니, 다친 놈을 찔러 죽인다면 일거에 분명 두 마리 범을 잡았다는 명성이 있을 것입니다.' 변장자가 옳게 여겨 서서 기다렸더니, 얼마 후 두 마리 범이 과연 다투다가 큰 놈은 다치고 작은 놈은 죽었습니다. 변장자가 다친 놈을 찔러 죽이니 일거에 과연 두 마리 범을 잡은 공이 있게 되었습니다. 지금 한나라와 위나라가 서로 공격하여 1년이 되도록 해결되지 않았습니다. 필시 큰 나라는 피해를 입고 작은 나라는 망할 것이니, 피해를 입은 나라를 친다면 일거에 분명 두 가지 실익이 있을 것입니다. 이는 변장자가 범을 찔러 죽인 것과 유사한 일입니다. 신의 군주와 왕께 드리는 말씀이 무슨 차이가 있겠습니까?"

陳軫對曰: "亦嘗有以夫卞莊子刺虎聞於王者乎? 莊子欲刺虎, 館豎子止之, 曰: '兩虎方且食牛, 食甘必爭, 爭則必鬭, 鬭則大者傷, 小者死, 從傷而刺之,一擧必有雙虎之名.' 卞莊子以爲然, 立須之. 有頃, 兩虎果鬪, 大者傷, 小者死. 莊子從傷者而刺之, 一擧果有雙虎之功. 今韓、魏相攻, 期年不解, 是必大國傷, 小國亡, 從傷而伐之, 一擧必有兩實. 此猶莊子刺虎之類也. 臣主與王何異也?"

(3) 『맹자(孟子)』「진심(盡心)」하(下)

제나라에 기근이 들자, 진진이 말하였다. "나라 사람들이 모두 선생님에 대하여 장차 다시 당읍의 창고를 열어 주도록 왕에게 권할 것이라고 여기는데, 아마 다시 하는 것은 불가할 듯합니다." 맹자가 말했다. "이는 풍부가 되는 것이다. 진나라 사람 중에 풍부라는 이가 범을 잘 잡았었다. 그러다 마침내 훌륭한 선비가 되어 어느 날 들판으로 나갔는데 여러 사람들이 범을 쫓고 있었다. 범이 산모퉁이를 등지고 있거늘 사람들이 감히 달려들지 못하여 풍부를 바라보고 달려가서 맞이하자 풍부가 팔뚝을 걷어 붙이고 수레에서 내리니 사람들이 모두 이를 좋아하였고 선비들은 이를 비웃었다."

齊饑, 陳臻曰: "國人, 皆以夫子, 將復爲發棠, 殆不可復." 孟子曰: "是爲馮婦也. 晉人有馮婦者, 善搏虎. 卒爲善士, 則之野, 有衆逐虎, 虎負嵎, 莫之敢攖, 望見馮婦, 趨而迎之. 馮婦攘臂下車, 衆皆悅之, 其爲士者笑之."

(4) 『서경잡기(西京雜記)』「녹술제사어호(籙術制蛇御虎)」

내가 알고 있는 사람 중에 국도룡이란 이가 있는데 환술을 잘했다. 그가 나에게 옛일을 이야기해 주었다. 동해 사람 황공은 젊었을 때 환술을 부려 용과 범을 제어할 수 있었는데, 적금도를 차고 붉은 명주로 머리를 묶었으며, 서서 운무를 일으키고 앉아서 산하를 만들었다. 노쇠해지자 기력이 약해졌고 음주를 과도하게 하여 다시는 그 환술을 행하지 못하였다. 진나라 말년에 백호가 동해에 나타나자, 황공이 이에 적도를 가지고 가서 제압하려 했는데, 환술이 이미 행해지지 않아 마침내 범에게 죽임을 당하였다. 삼보의 민속에 이를 가지고 연희를 만들었는데, 한제 또한 취하여 각저희를 만들었다.

余所知有鞠道龍, 善爲幻術, 向余說古時事: 有東海人黃公, 少時爲術, 能制龍御虎, 佩赤金刀, 以絳繒束髮, 立興雲霧, 坐成山河. 及衰老, 氣力羸憊, 飮酒過度, 不能復行其術. 秦末, 有白虎見于東海, 黃公乃以赤刀厭之, 術旣不行, 遂爲虎所殺. 三輔人俗用以爲戱, 漢帝亦取以爲角抵之戱焉.

(5) 소식(蘇軾), 「삼괴당명(三槐堂銘)」

하늘을 기필할 수 있는가? 현자가 반드시 귀해지는 것은 아니고 인자가 반드시 장수하는 것은 아니다. 하늘을 기필할 수 없는가? 인자에게는 반드시 후손이 있는 것이다. 그렇다면 이 둘 중에 장차 어느 것을 취하여 절충해야 하는가? 내 들으니, 신포서가 말하기를, "사람이 많으면 하늘을 이기고 하늘이 정해지면 사람을 이길 수 있다."라고 했다 하니, 세상에서 하늘을 논하는 이들은 모두 그 정해지기를 기다리지 않고 구하는 것이다. 그러므로 하늘을 아득하다고 여겨 선한 자는 이 때문에 태만하고 악한 자는 이 때문에 방자하니, 도척의 장수와 공자·안자의 곤액은, 이는 모두 하늘이 결정되지 않은 것이다. 소나무와 잣나무가 산림에서 나서 그 처음에는 쑥에게 곤란을 겪고 소·양에게 곤액을 겪다가 그 마지막에는 사계절을 관통하고 천년을 겪으면서도 변하지 않는 것은 그 하늘이 정해진 것이다. 선악의 응보가 자손에게 이르면 그 정해짐이 오래된 것이니, 내 본 바와 들은 바를 가지고 상고해 보건대 그 기필할 수 있음이 분명하다. 나라가 장차 흥성하려 할 적에는 반드시 대대로 덕을 쌓은 신하가 후하게 베풀고서도 그 보답을 받아먹지 못하는 경우가 있는데, 그런 뒤에 그 자손이 문덕을 지키는 태평성세의 군주와 더불어 천하의 복을 함께하는 것이다. 고 병부 시랑 진국공 왕호는 후한·후주 이후에 이름을 드러내어 태조와 태종을 연이어 섬겼고 문무를 겸비하였으며 충성스럽고 효성스러웠기에 천하 사람들이 재상이 되기를 바랐으나, 공은 끝내 곧은 도 때문에 당시에 용납되지 못하였다. 일찍이 뜰에 손수 세 그루의 홰나무를 심으며 말하기를, "내 자손 중에 반드시 삼공이 되는 자가 있으리라."라고 하였는데, 이윽고 그 아들 위국 문정공 왕단이 경덕·상부 연간에 진종황제의 재상이 되니, 조정이 청명하고 천하가 무사한 때인지라 그 복록과 영예를 누리기를 18년 동안 하였다. 지금 다른 사람에게 물건을 맡겼다가 이튿날에 찾아도 얻을 수도 있고 얻지 못할 수도 있는데, 진공은 자기 몸에 덕을 닦고서 하늘에 보답을 구하여 수십 년 후에 기필함을 취하기를 마치 좌계를 가지고서 손을 마주하여 서로 건네듯이 하였으니, 내 이 때문에 하늘은 과연 기필할 수 있음을 아는 것이다. 나는 위공은 미처 뵙지 못하였고 그 아들 의민공을 뵈었는데 직간으로 인종황제를 섬겨 드나들며 시종과 장수를 한 것이 30여 년이었는데도 지위가 그 덕에 차지 못하였다. 하늘이 장차 왕씨를 다시 일으키려는 것인가? 어찌 그 자손 중에 어진 이가 많은가? 세상에는 진공을 이서균에 견주는 자도 있는데, 그 뛰어난 재주와 곧은 기운은 참으로 우열이 없지만 이서균의 아들 길보와 그 손자 덕유는 공명과 부귀가 대략 왕씨와 같으나 충신과 인후는 위공 부자에게 미치지 못하니, 이로 말미암아 보건대 왕씨의 복은 아직 다하지 않은 것이다. 의민공의 아들 공이 나와 교유하였는데 덕을 좋아하고 문장력이 있어 그 집안의 대를 이어가고 있기에 내가 이 때문에 기록한다. 명은 다음과 같다. 아, 아름답구나! 위공의 공업이, 홰나무와 함께 싹텄구나. 흙을 북돋우고 나무를 심은 공이, 기어

코 세대를 지나 이루어졌네. 진종의 재상이 되자, 사방이 숫돌처럼 평평해졌는데, 돌아와 그 집을 보니, 홰나무 그늘이 뜰에 가득하구나. 우리들 소인은, 아침에 저녁도 계획하지 못하여, 때를 엿보아 이익을 추구하니, 그 덕을 걱정할 겨를이 있겠는가? 요행을 바라, 심지도 않고 거두려 하네. 군자가 있지 않으면, 어찌 나라를 다스리랴? 왕성의 동쪽은, 진공이 집 지은 곳. 울창한 세 그루 홰나무여! 덕의 증거로다. 아, 아름답구나!

天可必乎? 賢者不必貴, 仁者不必壽. 天不可必乎? 仁者必有後. 二者將安取衷哉? 吾聞之, 申包胥曰: "人衆者, 勝天, 天定, 亦能勝人." 世之論天者, 皆不待其定而求之, 故以天爲茫茫, 善者以怠, 惡者以肆. 盜跖之壽、孔顔之厄, 此皆天之未定者也. 松柏生於山林, 其始也, 困於蓬蒿, 厄於牛羊, 而其終也, 貫四時閱千歲, 而不改者, 其天定也. 善惡之報, 至於子孫, 則其定也, 久矣. 吾以所見所聞而考之, 其可必也, 審矣. 國之將興, 必有世德之臣, 厚施而不食其報, 然後其子孫, 能與守文太平之主, 共天下之福. 故兵部侍郞晉國王公, 顯於漢、周之餘, 歷事太祖、太宗, 文武忠孝, 天下望以爲相, 而公卒以直道, 不容於時. 蓋嘗手植三槐於庭曰: "吾子孫, 必有爲三公者." 已而其子魏國文正公, 相眞宗皇帝於景德、祥符之間, 朝廷淸明天下無事之時, 享其福祿榮名者, 十有八年. 今夫寓物於人, 明日而取之, 有得有否, 而晉公修德於身, 責報於天, 取必於數十年之後, 如持左契, 交手相付, 吾以是知天之果可必也. 吾不及見魏公, 而見其子懿敏公, 以直諫事仁宗皇帝, 出入侍從將帥三十餘年, 位不滿其德, 天將復興王氏也歟? 何其子孫之多賢也? 世有以晉公, 比李棲筠者, 其雄才直氣, 眞不相上下, 而棲筠之子吉甫, 其孫德裕, 功名富貴, 略與王氏等, 而忠信仁厚, 不及魏公父子, 由此觀之, 王氏之福, 蓋未艾也. 懿敏公之子鞏, 與吾遊, 好德而文, 以世其家, 吾是以錄之. 銘曰: 嗚呼休哉! 魏公之業, 與槐俱萌. 封植之功, 必世乃成. 旣相眞宗, 四方砥平. 歸視其家, 槐陰滿庭. 吾儕小人, 朝不謀夕. 相時射利, 皇恤厥德? 庶幾僥倖, 不種而穫. 不有君子, 其何能國? 王城之東, 晉公所廬. 鬱鬱三槐, 惟德之符. 嗚呼休哉!

(6)『열녀전(列女傳)』 현명전(賢明傳) 「초오릉처(楚於陵妻)」

초나라 오릉자종의 처이다. 초왕이 오릉자종의 현명함을 듣고는 그를 재상으로 삼으려 하여 사자로 하여금 금 백 일을 가지고 가서 초빙하여 맞이해 오도록 했다. 오릉자종이 말했다. "저에게는 아내가 있는데 들어가서 아내와 의논해 보겠습니다." 그리고 바로 들어가 그 아내에게 말했다. "초왕이 나를 재상으로 삼으려고 사자를 보내 금을 가져왔소. 오늘 재상이 되면 내일은 사마가 끄는 수레를 타고 기마들이 줄지을 것이며 음식이 앞에 사방 열 자가 펼쳐질 것인데, 이것이 괜찮겠소?" 아내가 말했다. "당신은 신을 삼아서 먹고사니 물에 대하여 다스림이 없는 게 아니요, 좌우에는 거문고와 책이 있으니 즐거움이 또한 그 가운데 있습니다. 사마가 끄는 수레를 타고 기마들이 줄지어도 편안히 여기는 바는 무릎을 용납할 만한 데에 불과하고, 음식이 앞에 사방 열 자가 펼쳐져 있어도 달게 여기는 바는 한 점 고기에 불과합니다. 이제 무릎을 용납하는 편안함과 한 점 고기의 맛 때문에 초나라의 근심을 품는 것이 옳겠습니까? 난세에는 해가 많으니, 저는 선생께서 명을 보존하지 못할까 두렵습니다." 이에 자종은 나와서 사자에게 사양하고 허락하지 않았다. 그리고 마침내 함께 달아나 남을 위해 정원에 물을 대는 일을 하였다.

楚於陵子終之妻也. 楚王聞於陵子終賢, 欲以爲相, 使使者持金百鎰, 往聘迎之. 於陵子終曰: "僕有箕帚之妾, 請入與計之." 卽入謂其妻曰: "楚王欲以我爲相, 遣使者持金來. 今日爲相, 明日結駟連騎, 食方丈於前, 可乎?" 妻曰: "夫子織屨以爲食, 非與物無治也, 左琴右書, 樂亦在其中矣. 夫結駟連騎, 所安不過容膝, 食方丈於前, 所甘不過一肉. 今以容膝之安、一肉之味, 而懷楚國之憂, 其可乎? 亂世多害, 妾恐先生之不保命也." 於是子終出, 謝使者而不許也. 遂相與逃, 而爲人灌園.

(7) 『장자(莊子)』 잡편(雜篇) 「도척(盜跖)」

도척이 대로하여 말했다. "구야, 앞으로 나오라! 대저 이익으로 바로잡을 수 있고 말로 간할 수 있는 자는 모두 어리석은 범인(凡人)일 뿐이다. 이제 나의 장대하고 아름다움을 사람들이 보고서 기뻐하는 것, 이것은 내 부모가 물려준 덕이니, 그대 구가 비록 나를 칭찬하지 않으나 내 홀로 스스로 알지 못하겠느냐? 또 나는 들으니, '면전에서 남을 칭찬하기를 좋아하는 자는 또한 뒤돌아서서 헐뜯기를 좋아한다.'라고 하였다. 이제 그대 구가 나에게 큰 성과 많은 백성으로 고하니, 이는 나를 이익으로 바로잡아 나를 범인으로 기르려는 것이니, 어찌 장구할 수 있겠는가? 성의 큰 것은 천하보다 큰 것이 없는데, 요임금과 순임금은 천하를 소유하였지만 자손은 송곳을 세울 만한 땅도 없었으며, 탕왕과 무왕은 즉위하여 천자가 되었지만 후손이 멸절되었으니, 그 이익이 너무 컸기 때문이 아니겠는가? (…) 이제 내가 그대에게 사람의 정에 대해 말해 주리라. 눈은 좋은 색을 보려 하며 귀는 좋은 소리를 들으려 하며 입은 좋은 맛을 살피려 하며 지기는 만족하려 한다. 사람은, 상수는 백 세요 중수는 팔십이요 하수는 육십이나, 병들어 여위거나 사람이 죽어 상중에 있거나 근심하고 걱정하는 것을 제외하고서 그중에 입을 벌리고 웃을 수 있는 것은 한 달 중에 네댓새에 불과할 뿐이다. 하늘과 땅은 무궁하고 사람이 죽는 것은 때가 있으니, 죽을 때가 있는 몸을 가지고 무궁한 천지 사이에 의탁하는 것은 그 빠름이 준마가 문틈을 달려 지나는 것과 다름이 없거늘, 그 뜻을 만족시키며 그 수명을 기르지를 못하는 자는 모두 도를 통달한 자가 아니다. 그대 구가 말한 바는 모두 내가 버린 바이니, 어서 떠나 달려 돌아가 다시 말하지 말라. 그대의 도는 본성을 잃고 급급해 하는 것이니 거짓과 허위의 일인지라 참됨을 보전할 수 있는 게 아니니, 어찌 족히 논할 수 있겠는가?"

盜跖大怒曰: "丘, 來前! 夫可規以利, 而可諫以言者, 皆愚陋恒民之謂耳. 今長大美好, 人見而悅之者, 此吾父母之遺德也. 丘雖不吾譽, 吾獨不自知邪? 且吾聞之, 好面譽人者, 亦好背而毀之. 今丘告我以大城衆民, 是欲規我以利, 而恒民畜我也, 安可久長也? 城之大者, 莫大乎天下矣, 堯、舜有天下, 子孫無置錐之地, 湯、武立爲天子, 而後世絶滅, 非以其利大故邪? (…) 今吾告子以人之情, 目欲視色, 耳欲聽聲, 口欲察味, 志氣欲盈. 人, 上壽百歲, 中壽八十, 下壽六十, 除病瘦死喪憂患, 其中開口而笑者, 一月之中, 不過四五日而已矣. 天與地無窮, 人死者有時, 操有時之具, 而託於無窮之間, 忽然無異騏驥之馳過隙也. 不能悅其志意, 養其壽命者, 皆非通道者也. 丘之所言, 皆吾之所棄也, 亟去走歸, 無復言之. 子之道, 狂狂伋伋, 詐巧虛僞事也, 非可以全眞也, 奚足論哉?"

(8)『논어(論語)』「공야장(公冶長)」

안연과 계로가 모시고 있었는데, 공자가 말했다. "어찌 각자 너희들의 뜻을 말해 보지 않느냐?" 자로가 말했다. "수레와 말과 가벼운 갖옷 입는 것을 벗들과 함께하여 해져도 유감이 없고자 합니다." 안연이 말했다. "잘하는 것을 자랑함이 없으며 공로가 있는 것을 떠벌림이 없고자 합니다." 자로가 말했다. "선생님의 생각을 들어보고 싶습니다." 공자가 말했다. "늙은이를 편안하게 해주며 벗을 믿음으로 사귀며 젊은이들을 품어 주겠다."

顏淵、季路侍, 子曰: "盍各言爾志?" 子路曰: "願車馬衣輕裘, 與朋友共, 敝之而無憾." 顏淵曰: "願無伐善, 無施勞." 子路曰: "願聞子之志." 子曰: "老者安之, 朋友信之, 少者懷之."

(9)『논어(論語)』「선진(先進)」

자로·증석·염유·공서화가 공자를 모시고 앉았는데, 공자가 말했다. "내가 너희들보다 조금 나이가 많다 하여 내가 나이가 많다는 이유로 말하기를 어려워하지 말라. 평소에 말하기를, '나를 알아주지 않는다.'라고들 하는데 혹 너희들을 알아준다면 어떻게 하겠느냐?" 자로가 경솔하게 대답했다. "천승의 제후국이 대국 사이에 끼어서 군대의 침략이 가해지고 기근까지 겹쳤거든, 제가 다스리면 3년 정도에 이르러서는 용기를 지니고 또 지향을 알게 할 수 있습니다." 부자가 미소를 지었다. "구야! 너는 어떠하냐?" 염유가 대답했다. "사방 60~70리 혹은 50~60리 되는 작은 나라를 제가 다스리면 3년 정도에 이르러서는 백성들을 넉넉하게 할 수 있거니와 예악 같은 것은 군자를 기다리겠습니다." "적아! 너는 어떠하냐?" 공서화가 대답했다. "잘한다는 게 아니라 배우기를 원하는 것입니다. 종묘의 제사와 제후의 회동에서 현단복을 입고 장보관을 쓰고 작은 보조자가 되고자 합니다." "점아! 너는 어떠하냐?" 증석이 비파를 타기를 천천히 하더니 뎅그렁하며 비파를 내려놓고 일어나 대답하였다. "세 사람들이 가지고 있는 생각과는 다릅니다." 공자가 말했다. "무슨 나쁠 것이 있겠는가? 또한 각자 그 생각을 말하는 것이다." 증석이 말했다. "늦봄에 봄옷이 이루어지고 나면 관을 쓴 어른 대여섯 명, 아이들 예닐곱 명과 기수에서 목욕하고 무우에서 바람을 쐬고서 시를 읊으며 돌아오겠습니다." 공자가 감탄하면서 말했다. "나는 증점을 허여한다." 세 사람들이 나가고 증석이 뒤에 남았는데, 증석이 말했다. "저 세 사람들의 말이 어떻습니까?" 공자가 말했다. "또한 각자 그 생각을 말했을 따름이다." "선생님께서는 어찌하여 유에게 미소를 지으셨습니까?" "나라를 다스림은 예로 하는 것인데, 그 말이 겸양하지 않았는지라 이 때문에 미소를 지은 것이다." "구가 말한 것은 나라를 다스리는 게 아닙니까?" "사방 60~70리 혹은 50~60리인데 나라가 아닌 것을 어디서 보겠느냐?" "적이 말한 것은 나라를 다스리는 게 아닙니까?"

"종묘의 제사와 제후의 회동이 제후의 일이 아니고 무엇이겠느냐? 적이 작은 이가 된다면 누가 큰 이가 될 수 있겠느냐?"

子路、曾晳、冉有、公西華侍坐, 子曰: "以吾一日長乎爾, 毋吾以也. 居則曰不吾知也, 如或知爾, 則何以哉?" 子路率爾而對曰: "千乘之國, 攝乎大國之間, 加之以師旅, 因之以饑饉, 由也爲之, 比及三年, 可使有勇, 且知方也." 夫子哂之. "求! 爾何如?" 對曰: "方六七十, 如五六十, 求也爲之, 比及三年, 可使足民, 如其禮樂, 以俟君子." "赤! 爾何如?" 對曰: "非曰能之, 願學焉. 宗廟之事, 如會同, 端章甫, 願爲小相焉." "點! 爾何如?" 鼓瑟希, 鏗爾舍瑟而作, 對曰: "異乎三子者之撰." 子曰: "何傷乎? 亦各言其志也." 曰: "莫春者, 春服既成, 冠者五六人, 童子六七人, 浴乎沂, 風乎舞雩, 詠而歸." 夫子喟然嘆曰: "吾與點也." 三子者出, 曾晳後, 曾晳曰: "夫三子者之言, 何如?" 子曰: "亦各言其志也已矣." 曰: "夫子何哂由也?" 曰: "爲國以禮, 其言不讓, 是故哂之." "唯求則非邦也與?" "安見方六七十, 如五六十, 而非邦也者?" "唯赤則非邦也與?" "宗廟會同, 非諸侯而何? 赤也爲之小, 孰能爲之大?"

(10) 『춘추좌씨전(春秋左氏傳)』 「양공(襄公)」 24년

24년 봄, 목숙이 진나라로 갔다. 범선자가 그를 맞이하여 물었다. "옛사람이 말하기를 죽어도 썩지 않는다 하였는데, 무엇을 이른 것입니까?" 목숙이 아직 대답하지 않았는데, 선자가 말했다. "옛적에 나의 조상은 우순(虞舜) 이전에는 도당씨였고, 하나라 때에는 어룡씨였고, 상나라 때에는 시위씨였고, 주나라 때에는 당두씨였고, 진나라가 하맹을 주도했을 때에는 범씨였으니, 아마 이를 이르는 것이겠지요." 목숙이 말했다. "제가 들은 바로는, 이는 세록을 이르는 것이지 불후가 아닙니다. 노나라 선대부 가운데 장문중이라는 분이 있었는데, 그는 이미 죽었으나 그가 남긴 말이 세상에 전하니, 아마 이를 이르는 것이겠지요. 제가 듣건대, 최상에는 입덕이 있고 그 다음에는 입공이 있으며 그 다음에는 입언이 있다고 하니, 비록 오래되더라도 없어지지 않기에 이를 불후라고 이릅니다. 성을 보전하고 씨를 받아 종묘를 지켜 대대로 제사가 끊어지지 않게 하는 일은, 그런 게 없는 나라가 없으니, 작록으로서 큰 것이지 불후라고 이를 수 없습니다."

二十四年春, 穆叔如晉, 范宣子逆之, 問焉曰: "古人有言曰: '死而不朽.' 何謂也?" 穆叔未對, 宣子曰: "昔匄之祖, 自虞以上爲陶唐氏, 在夏爲御龍氏, 在商爲豕韋氏, 在周爲唐杜氏, 晉主夏盟爲范氏, 其是之謂乎!" 穆叔曰: "以豹所聞, 此之謂世祿, 非不朽也. 魯有先大夫曰臧文仲, 旣沒, 其言立, 其是之謂乎! 豹聞之, 大上有立德, 其次有立功, 其次有立言. 雖久不廢, 此之謂不朽. 若夫保姓受氏, 以守宗祊, 世不絶祀, 無國無之, 祿之大者, 不可謂不朽."

(11) 『사기(史記)』 「위공자열전(魏公子列傳)」

위 안희왕 20년, 진 소왕은 조나라의 장평 군대를 깨뜨리고 또 진군하여 한단을 포위했다. 위공자의 누이는 조 혜문왕의 아우인 평원군의 부인으로서, 위왕 및 공자에게 누차 편지를 보내 위나라에 구원을 요청하였다. 위왕이 장군 진비로 하여금 병력 10만을 거느리고 조나라를 구원하게 했다. 그러자 진왕이 사자를 위왕에게 보내어 이렇게 말했다. "내가 조나라를 공격하여 조만간에 함락할 것인데, 제후 가운데 감히 구원하는 자는 조나라를 함락한 뒤에 반드시 군대를 옮겨 먼저 공격할 것이다." 위왕이 두려워하여 사람을 보내 진비를 멈추게 하고 군대를 머무르게 하여 업의 성벽에 주둔하게 하고 명목상으로는 조나라를 구원한다고 하면서 실제로는 양쪽의 형세를 관망하였다.

魏 安釐王二十年, 秦 昭王已破趙 長平軍, 又進兵圍邯鄲. 公子姊爲趙 惠文王弟平原君夫人, 數遺魏王及公子書, 請救於魏. 魏王使將軍晉鄙將十萬衆救趙. 秦王使使者告魏王曰: "吾攻趙旦暮且下, 而諸侯敢救者, 已拔趙, 必移兵先擊之." 魏王恐, 使人止晉鄙, 留軍壁鄴, 名爲救趙, 實持兩端以觀望.

(12) 『맹자(孟子)』 「등문공(滕文公)」 하(下)

경춘이 말했다. "공손연과 장의는 어찌 진실로 대장부답지 않겠습니까? 한 번 노함에 제후가 두려워하고 편안히 거함에 천하가 잠잠합니다." 맹자가 말했다. "이 어찌 대장부라 하겠는가? 그대는 예를 배우지 않았는가? 장부가 관례를 할 때에는 아버지가 훈계하고, 여자가 시집을 갈 때에는 어머니가 훈계하는데, 시집갈 적에 문에서 전송하면서 경계하기를, '네 집에 가서 반드시 공경하고 반드시 경계하여 남편의 뜻을 어기지 말라.'라고 하니, 순종함으로 정도를 삼는 것은 첩부의 도이다. 천하의 넓은 집에 거하며 천하의 바른 자리에 서며 천하의 큰 도를 행하여, 뜻을 얻으면 백성과 함께 행하고 뜻을 얻지 못하면 홀로 그 도를 행하니, 부귀가 마음을 방탕하게 할 수 없고 빈천이 절개를 바꾸게 할 수 없고 위무가 지조를 굽히게 할 수 없는 것, 이것을 대장부라고 한다."

景春曰: "公孫衍、張儀, 豈不誠大丈夫哉? 一怒而諸侯懼, 安居而天下熄." 孟子曰: "是焉得爲大丈夫乎? 子未學禮乎? 丈夫之冠也, 父命之, 女子之嫁也, 母命之, 往送之門, 戒之曰: '往之女家, 必敬必戒, 無違夫子.' 以順爲正者, 妾婦之道也. 居天下之廣居, 立天下之正位, 行天下之大道, 得志, 與民由之, 不得志, 獨行其道. 富貴不能淫, 貧賤不能移, 威武不能屈, 此之謂大丈夫."

(13) 『고금원류지론(古今源流至論)』「기절(氣節)」

광무제의 경우는 엄광을 존경하여 예우하고 퇴폐한 풍속을 진작하여 바로잡았다. 양가죽 옷을 입고 천자를 뵈어도 태만하다 하지 않았고 구두로 한 답장을 삼공에게 주어도 오만하다 하지 않았으니, 높다란 낚시터는 천고에 빛나고 동강의 한 가닥 낚싯줄은 한나라의 구정을 부지하였다. 이 기풍이 한 번 창도되자 다투어 명예와 예법을 지니니 절의가 서로 이어지는 게 이상할 게 없다.

若光武, 尊禮嚴光, 起救弊俗, 以羊裘見天子而不爲慢, 以口書授三公而不爲傲, 巖巖釣臺, 照映千古, 桐江一絲, 扶漢九鼎. 此風一唱, 爭持名檢, 是無怪乎節義相望也.

(14) 『세설신어(世說新語)』「아량(雅量)」

혜중산이 동시에서 처형당할 적에 기색조차 변하지 않은 채 거문고를 찾아 타면서 「광릉산」을 연주하였다. 곡이 끝나자 이렇게 말했다. "원효니가 이 「광릉산」을 배우기를 청했었는데, 내 아까워서 전수해 주지 않았다. 「광릉산」이 이제 끊어지는구나!" 태학생 3천 명이 글을 올려 혜중산을 스승으로 삼겠다고 청하였으나, 허락하지 않았다. 문왕 또한 이윽고 후회하였다.

嵇中散, 臨刑東市, 神氣不變, 索琴彈之, 奏「廣陵散」. 曲終曰: "袁孝尼嘗請學此散, 吾靳固未與. 「廣陵散」於今絶矣!" 太學生三千人, 上書請以爲師, 不許. 文王亦尋悔焉.

(15) 제갈량(諸葛亮), 「출사표(出師表)」

신은 본래 포의로서 남양에서 몸소 밭을 갈면서 난세에 구차하게 생명을 보전하였고 제후들에게 알려져 영달하기를 구하지 않았습니다. 선제께서는 신을 비루하다 하지 않으시고 외람되게도 스스로 왕림하시어 초가로 신을 세 번 찾아오시어 신에게 당세의 일을 자문하셨습니다. 이로 인해 감격하여 마침내 선제께 분주히 일할 것을 허락하였습니다. 그 후 나라가 전복되었을 때를 만나 패전한 때에 임무를 맡고 위급한 때에 명을 받든 이래로 20여 년이 되었습니다.

臣本布衣, 躬耕南陽, 苟全性命於亂世, 不求聞達於諸侯. 先帝不以臣卑鄙, 猥自枉屈, 三顧臣於草廬之中, 咨臣以當世之事. 由是感激, 遂許先帝以驅馳. 後値傾覆, 受任於敗軍之際, 奉命於危難之間, 爾來二十有一年矣.

(16) 『사기(史記)』 「회음후열전(淮陰侯列傳)」

회음후 한신은 회음 사람이다. 처음 포의였을 때 가난하고 품행이 단정하지 않아 추천을 받아 관리가 되지 못하고 또 장사를 하여 생계를 꾸리지도 못해 늘 남을 따라다니며 얻어먹으니, 사람들 가운데 그를 싫어하는 이가 많았다. (…) 한신이 성 아래에서 낚시를 하고 있었다. 그때 아낙네들이 빨래를 하고 있었는데, 한 아낙네가 한신이 굶주린 것을 보고는 한신에게 밥을 먹이되 빨래를 마치는 수십 일 동안 그렇게 했다. 한신이 기뻐하여 빨래하는 아낙네에게 말했다. "내 반드시 아주머니에게 후하게 보답하겠소." 아낙네가 노하여 말했다. "대장부가 스스로 먹고살지 못하는지라, 내가 왕손이 불쌍하여 밥을 드린 것인데, 어찌 보답을 바라겠어요?" (…) 한신은 자주 소하와 이야기하였는데, 소하는 한신을 기이하게 여겼다. 남정에 이르렀을 때 장군 가운데 중도에 달아난 자가 수십 명이었는데, 한신은 소하 등이 이미 여러 번 상에게 말했지만 상이 자신을 등용하지 않는다고 여겨 곧 달아났다. 소하는 한신이 달아났다는 말을 듣고 미처 알리지도 못하고 스스로 뒤쫓았다. 어떤 사람이 상에게 말했다. "승상 소하가 달아났습니다." 상이 대로하여 양손을 잃은 듯이 여겼다. 하루에서 이틀이 지나자 소하가 와서 상을 뵈었다. 상이 노하기도 하고 기쁘기도 하여 소하를 꾸짖었다. "그대가 달아난 것은 어째서인가?" 소하가 말했다. "신이 감히 달아난 게 아니라, 달아난 자를 뒤쫓은 것입니다." 상이 말했다. "그대가 뒤쫓은 자가 누구인가?" 소하가 말했다. "한신입니다." 상이 다시 꾸짖었다. "장수들 가운데 달아난 자들이 열로 헤아려지는데 공은 뒤쫓은 바가 없다. 한신을 뒤쫓았다는 것은 거짓말이다." 소하가 말했다. "다른 장수들은 쉽게 얻을 수 있습니다. 하지만 한신으로 말하면 국사로서 둘도 없는 사람입니다. 왕께서 굳이 한중에서 오래도록 왕으로 계시겠다면 한신을 쓸 일이 없겠지만, 기필코 천하를 다투고자 하신다면 한신이 아니고는 함께 일을 계획할 자가 없으니, 다만 왕의 계책이 어디로 결정되느냐에 달려 있을 따름입니다." 왕이 말했다. "나 역시 동진(東進)하고 싶다. 어찌 답답하게 이런 곳에 오래 머무르겠는가?" 소하가 말했다. "왕께서 기필코 동진하실 생각이시라면 한신을 등용할 수 있을 것이니 그러면 한신은 곧 머무를 것입니다. 그러나 등용할 수 없다면 한신은 결국 달아날 것입니다." 왕이 말했다. "내 공을 위하여 그를 장수로 삼겠소." 소하가 말했다. "비록 장수로 삼더라도 한신은 분명 머무르지 않을 것입니다." 왕이 말했다. "그를 대장으로 삼겠소." 소하가 말했다. "그렇다면 매우 다행입니다." 이에 왕이 한신을 불러 임명하려 하였다. 소하가 말했다. "왕께서는 평소에 거만하고 무례하여 이제 대장을 임명하시기를 어린아이를 부르는 것처럼 하시니, 이것이 바로 한신이 떠나간 이유입니다. 왕께서 반드시 그를 임명하고자 하신다면 좋은 날을 가려 재계하고 단장(壇場)을 마련하여 예를 갖추어야 될 것입니다." 왕이 허락하였다. 장수들이 모두 기뻐하여 사람마다 각각 스스로 대장을 얻을 것이라고 여겼는데, 대장을 임명함에 이르러 보니 바로 한신이었는지라 온 군중이 모두 놀랐다. (…) 한 6년에 어떤 사람이 글을 올려 초왕 한신이 모반했다고 밀고했다. 고제는 진평의 계책을 써서 천자가 순행하면서 제후들을 모으기로 했다. 남방에 운몽이라는 호수가 있었는데 사자를 보내어 제후들에게 진에서 모이라고 고하며 "내 장차 운몽에서 노닐 것이다."라고 하였다. 실은 한신을 습격하려는 것이었으나, 한신을 알지 못했다. 고조가 초나라에 도착할 무렵, 한신이 군대를 일으켜 모반하려고 했는데, 스스로 죄가 없다고 여겨 상을 뵙고자 하였지만 사로잡힐까 두려웠다. 어떤 사람이 한신을 설득하였다. "종리매(鍾離眛)의 목을 베고서 상을 뵈면 상께서 반드시 기뻐할 것이니, 그러면 걱정이 없을 것입니다." 한신이 종리매를 만나 일을 의논하니, 종리매가 말했다. "한나라가 초나라를 쳐서 빼앗지 못하는 까닭은 내가 공의 처소에 있기 때문입니다. 만약 나를 붙잡아 한나라에 잘 보이고 싶다면, 내 오늘 죽을 것이지만, 공 또한 곧이어 망할 것입니다." 이에 한신을 꾸짖었다. "공은 장자가 아니오!" 마침내 스스로 목을 찔러 죽었다. 한신이 그의 머리를 가지고 가서 진에서 고조를 뵈니, 상이 무사를 시켜 한신을 포박하고 후거에 실었다. 그러자 한신이 말했다. "과연 사람들의 말과 같구나. '교활한 토끼가 죽으면 훌륭한 사냥개가 삶기고 높이 나는 새가 다 없어지면 좋은 활이 감추어지고 적국이 격파되면 모신이 죽는다.'라고 하였다. 천하가 이미 평정되었으니, 내 진실로 삶기어 죽겠구나." 상이 말했다. "어떤 사람이 공이 모반한다고 밀고하였소." 마침내 한신에게 형구(刑具)를 가하고 포박하였다. 낙양에 도착하여 한신의 죄를 사하고 회음후로 삼았다. (…) 한 10년에 진희가 과연 모반하였다. 상이 스스로 군대를 거느리고 갔는데 한신은 병을 핑계로 따라가지 않았다. 한신은 몰래 사람을 진희의 처소에 보내어 이렇게 말했다. "군대를 일으키기만 하면 내 여기서 공을 돕겠소." 한신이 이에 가신들과 도모하여 거짓으로 조서를 내려 여러 관아의 죄수와 노예를 풀어 주고 그들을 동원하여 여후와 태자를 습격하려 했다. 부서가 이미 정해지자 진희의 회보를 기다렸다. 한신의 사인이 한신에게 죄를 얻었는데, 한신이 그를 가두고 죽이려 했다. 그러자 사인의 아우가 변란이 일어났음을 고발하여 여후에게 한신이 모반하려는 정상을 알렸다. 여후는 한신을 불러들이려 했으나 그 무리가 오지 않을까 염려되어 이에 소상국과 도모하여 거짓으로 사람을 시켜 상의 처소에서 온 것처럼 하여 "진희가 이미 사형을 당하니, 제후들과 신하들이 모두 축하하고 있다."라고 말하게 했다. 소상국이 한신을 속여 말했다. "비록 병이 났으나 억지로라도 들어와 축하하십시오." 한신이 들어가자 여후가 무사들을 시켜 한신을 포박하게 하고 장락궁의 종실에서 목을 베어 죽였다. 한신이 죽임을 당할 때 이렇게 말했다. "내 괴통의 계책을 쓰지 않은 것이 후회된다. 아녀자에게 속임을 당했으니, 어찌 천명이 아니겠는가?" 마침내 한신의 삼족을 멸하였다.

淮陰侯 韓信者, 淮陰人也. 始爲布衣時, 貧無行, 不得推擇爲吏, 又不能治生商賈, 常從人寄食飮, 人多厭之者. (…) 信釣於城下, 諸母漂, 有一母見信飢, 飯信, 竟漂數十日. 信喜, 謂漂母曰: "吾必有以重報母." 母怒曰: "大丈夫不能自食, 吾哀王孫而進食, 豈望報乎?" (…) 信數與蕭何語, 何奇之. 至南鄭, 諸將行道亡者數十人, 信度何等已數言上, 上不我用, 卽亡. 何聞信亡, 不及以聞, 自追之. 人有言上曰: "丞相何亡." 上大怒, 如失左右手. 居一二日, 何來謁上, 上且怒且喜, 罵何曰: "若亡, 何也?" 何曰: "臣不敢亡也, 臣追亡者." 上曰: "若所追者誰何?" 曰: "韓信也." 上復罵曰: "諸將亡者以十數, 公無所追, 追信, 詐也." 何曰: "諸將易得耳. 至如信者, 國士無雙. 王必欲長王漢中, 無所事信, 必欲爭天下, 非信無所與計事者. 顧王策安所決耳." 王曰: "吾亦欲東耳, 安能鬱鬱久居此乎?" 何曰: "王計必欲東, 能用信, 信卽留, 不能用, 信終亡耳." 王曰: "吾爲公以爲將." 何曰: "雖爲將, 信必不留." 王曰: "以爲大將." 何曰: "幸甚." 於是王欲召信拜之. 何曰: "王素慢無禮, 今拜大將如呼小兒耳, 此乃信所以去也. 王必欲拜之, 擇良日, 齋戒, 設壇場, 具禮, 乃可耳." 王許之. 諸將皆喜, 人人各自以爲得大將. 至拜大將, 乃韓信也, 一軍皆驚.

(…) 漢六年, 人有上書告楚王 信反. 高帝以陳平計, 天子巡狩會諸侯, 南方有雲夢, 發使告諸侯會陳: "吾將游雲夢." 實欲襲信, 信弗知. 高祖且至楚, 信欲發兵反, 自度無罪, 欲謁上, 恐見禽. 人或說信曰: "斬眛謁上, 上必喜, 無患." 信見眛計事. 眛曰: "漢所以不擊取楚, 以眛在公所. 若欲捕我以自媚於漢, 吾今日死, 公亦隨手亡矣." 乃罵信曰: "公非長者!" 卒自剄. 信持其首, 謁高祖於陳. 上令武士縛信, 載後車. 信曰: "果若人言: '狡兎死, 良狗亨, 高鳥盡, 良弓藏, 敵國破, 謀臣亡.' 天下已定, 我固當亨!" 上曰: "人告公反." 遂械繫信. 至雒陽, 赦信罪, 以爲淮陰侯. (…) 漢十年, 陳豨果反. 上自將而往, 信病不從. 陰使人至豨所, 曰: "弟擧兵, 吾從此助公." 信乃謀與家臣夜詐詔赦諸官徒奴, 欲發以襲呂后、太子. 部署已定, 待豨報. 其舍人得罪於信, 信囚, 欲殺之. 舍人弟上變, 告信欲反狀於呂后. 呂后欲召, 恐其黨不就, 乃與蕭相國謀, 詐令人從上所來, 言豨已得死, 列侯羣臣皆賀. 相國紿信曰: "雖疾, 彊入賀." 信入, 呂后使武士縛信, 斬之長樂鍾室. 信方斬, 曰: "吾悔不用蒯通之計. 乃爲兒女子所詐, 豈非天哉!" 遂夷信三族.

(17) 『후한서(後漢書)』 「반초전(班超傳)」

반초는 자가 중승이니 부풍 평릉 사람으로 서현 현령 반표의 작은아들이다. 사람됨이 큰 뜻을 지녀 자잘한 예절을 닦지 않았다. 그러나 안으로는 효성스럽고 삼가서 집에 있을 때는 늘 근고한 일을 맡았는데 수고롭고 욕됨을 부끄러워하지 않았다. 그는 구변이 있었으며 서전을 섭렵하였다. 영평 5년에 형 반고가 부름을 입고 교서랑으로 나아가자 반초는 어머니와 함께 낙양으로 따라갔다. 집안이 가난하여 관청에서 글씨를 써 주는 품팔이를 하여 봉양했는데, 오래도록 고생하자 일을 그만두고 붓을 내던지며 탄식했다. "대장부가 별다른 뜻과 계획이 없다면 오히려 부개자와 장건이 이역에서 공을 세운 것을 본받아 봉후를 취해야지 어찌 오래도록 문필에 종사할 수 있겠는가?" 좌우에서 모두 비웃자, 반초가 말했다. "소자들이 어찌 장사의 뜻을 알겠는가?" 그 뒤에 관상쟁이를 찾아갔는데, 그가 이렇게 말하였다. "좨주는 포의의 제생일 뿐이지만, 응당 만리 밖에서 제후에 봉해질 것입니다." 반초가 그 이유를 묻자, 관상쟁이가 가리키며 말했다. "당신은 제비 같은 턱에 범 같은 목으로, 날아서 고기를 먹는 상이니, 이는 만리후의 상입니다." (…) 반초는 오랫동안 절역에 있었는데, 연로하게 되자 고향을 그리워하였다. 12년에 다음과 같이 상소하였다. "신이 들으니, 태공이 제나라에 봉해짐에 5세까지는 주나라로 반장(反葬)하였고 여우는 죽을 때 머리를 고향 언덕으로 돌리며 대마는 고향의 바람을 따른다고 합니다. 주나라와 제나라는 중원 천리의 사이에 함께 있었음에도 그러하였는데, 하물며 멀리 절역에 있으면서 소신이 고향을 그리워하는 마음이 없을 수 있겠습니까? 오랑캐의 풍속은 젊은이를 두려워하고 늙은이를 업신여깁니다. 신 반초는 나이를 먹어 늙었으니, 노쇠한 몸이 어느 날 문득 쓰러져 외로운 혼이 버림을 당할까 늘 두려워하고 있습니다. 옛적에 소무는 흉노에서 19년 동안 억류되었는데, 지금 신은 다행히 부절을 받들고 금은 띠를 차고서 서역을 지키고 있으니, 만일 제가 주둔지에서 천수를 누리다 죽을 수 있다면 진실로 한이 없겠습니다만, 후세에 혹여 명신이 서역에 매몰될까 두렵습니다. 신은 감히 주천군에 이르기를 바라는 게 아니라, 단지 살아서 옥문관에 들어가기를 원합니다. 신은 노병으로 쇠약하여 죽음을 무릅쓰고 어리석은 말씀을 드리오며, 삼가 아들 반용으로 하여금 헌물을 가지고 변새에 들어가게 하오니, 신이 살아 있을 때에 반용이 중원을 목도할 수 있도록 하소서."

班超字仲升, 扶風平陵人, 徐令彪之少子也. 爲人有大志, 不修細節. 然內孝謹, 居家常執勤苦, 不恥勞辱. 有口辯, 而涉獵書傳. 永平五年, 兄固被召詣校書郎, 超與母隨至洛陽. 家貧, 常爲官傭書以供養. 久勞苦, 嘗輟業投筆歎曰: "大丈夫無它志略, 猶當效傅介子、張騫立功異域, 以取封侯, 安能久事筆研間乎?" 左右皆笑之. 超曰: "小子安知壯士志哉?" 其後行詣相者, 曰: "祭酒, 布衣諸生耳, 而當封侯萬里之外." 超問其狀. 相者指曰: "生燕頷虎頸, 飛而食肉, 此萬里侯相也." (…) 超自以久在絶域, 年老思土. 十二年, 上疏曰: "臣聞太公封齊, 五世葬周, 狐死首丘, 代馬依風. 夫周、齊同在中土千里之閒, 況於遠處絶域, 小臣能無依風首丘之思哉? 蠻夷之俗, 畏壯侮老. 臣超犬馬齒殲, 常恐年衰, 奄忽僵仆, 孤魂棄捐. 昔蘇武留匈奴中尙十九年, 今臣幸得奉節帶金銀護西域, 如自以壽終屯部, 誠無所恨, 然恐後世或名臣爲沒西域. 臣不敢望到酒泉郡, 但願生入玉門關. 臣老病衰困, 冒死瞽言, 謹遣子勇隨獻物入塞. 及臣生在, 令勇目見中土."

(18) 『사기(史記)』 「진승상세가(陳丞相世家)」

승상 진평은 양무 호유향 사람이다. (…) 강후와 관영 등이 다 진평을 헐뜯었다. "진평이 비록 미장부로서 관옥과 같으나 그 속은 필시 아무 것도 없습니다. 신이 들으니, 진평이 집에 있을 적에 그 형수와 사통하였고 위나라를 섬기다 용납되지 못하여 달아나 초나라로 갔고 초나라로 갔는데 맞지 않자 다시 달아나 한나라로 왔다고 합니다. 오늘 대왕께서는 그를 높여 벼슬을 주어 호군하게 하셨습니다. 신이 들으니, 진평이 장수들에게 금을 받았는데, 금이 많은 자는 좋은 자리를 얻고 금이 적은 자는 나쁜 자리를 얻었다고 합니다. 진평은 번복하는 난신이니, 왕께서는 잘 살피소서." (…) 그 뒤에도 늘 호군중위로서 따라다니면서 진희 및 경포를 쳤다. 무릇 여섯 번 기이한 계책을 냈는데 그때마다 읍을 더하여 무릇 여섯 번 봉읍을 더하였다. 기이한 계책은 혹 자못 비밀스러워 세상에 그 내용을 들은 이가 없다.

陳丞相平者, 陽武戶牖鄕人也. (…) 絳侯、灌嬰等咸讒陳平曰: "平雖美丈夫,如冠玉耳, 其中未必有也. 臣聞平居家時, 盜其嫂, 事魏不容, 亡歸楚, 歸楚不中, 又亡歸漢. 今日大王尊官之, 令護軍. 臣聞平受諸將金, 金多者得善處, 金少者得惡處. 平, 反覆亂臣也, 願王察之." (…) 其後常以護軍中尉從攻陳豨及黥布. 凡六出奇計, 輒益邑, 凡六益封. 奇計或頗祕, 世莫能聞也.

(19) 『사기(史記)』 「굴원가생열전(屈原賈生列傳)」

가생은 이름이 의니, 낙양 사람이다. 18세에 능히 시를 외고 글을 지어 군에서 소문이 났다. 오정위가 하남태수로 있을 적에 그가 수재라는 말을 듣고 문하에 불러 두고는 매우 총애했다. 효문황제가 막 즉위했을 때 하남태수 오공이 정치가 천하제일이며 본래 이사와 같은 읍에 살면서 배우고 섬겼다는 말을 듣고 불러서 정위로 삼았다. 정위가 이에 가생이 나이가 어리지만 제자백가의 서적에 자못 통달하였다고 말하니, 문제가 불러 박사로 삼았다. 이때 가생은 나이가 20여 세로 가장 어렸다. 조령에 대해 의아할 때마다 노선생들은 말을 꺼내지 못했으나 가생은 모두 대답하였는데, 사람들은 저마다 자기가 내놓고 싶은 의견과 같다고 생각했다. 선생들은 이에 능력이 그에게 미치지 못한다고 여겼다. 효문제가 기뻐하여 초천시키니 1년 내에 벼슬이 태중대부에 이르렀다. 가생은 한나라가 일어나 효문제에 이르기까지 20여 년 동안 천하가 평화로운지라 진실로 마땅히 정삭을 고치고 복색을 바꾸며 제도를 법으로 만들고 관직명을 정하며 예악을 일으켜야 한다고 여겨, 이에 그 일의 의례와 법률을 모두 기초하여 갖추니, 색은 황색을 숭상하고 수는 5를 썼으며 관직명을 정하여 진나라의 법을 다 바꾸려 했다. 효문제는 이제 막 즉위하였으므로 겸양하였던 데다 실행할 겨를도 없었다. 모든 율령을 바꾸어 제정하는 것과 열후를 다 봉국(封國)으로 가게 한 것 같은 주장들이 모두 가생에게서 나온 것이었다. 이에 천자는 의논하여 가생을 공경의 지위에 임명하려 했는데, 강후(絳侯)·관영(灌嬰)·동양후·풍경 등의 무리들이 모두 그를 시기하였으므로 이에 이렇게 가생을 헐뜯었다. "낙양 사람이 나이가 어리고 학문이 일천한데 오로지 권세를 휘두르고자 여러 일들을 어지럽힙니다." 이에 천자는 후에 또한 그를 멀리하고 그 의론을 쓰지 않더니, 마침내 가생을 장사왕의 태부로 삼았다. 가생은 하직한 뒤 길을 가다가 장사가 지대가 낮고 습하다는 말을 듣고는 스스로 수명이 길지 못하리라 여겼으며, 게다가 견책을 당해 떠나는 신세인지라 마음이 울적하였다. 그는 상수를 건널 때 부를 지어 굴원을 조문하였다. (…) 문제는 다시 회남 여왕의 아들 네 명을 봉하여 열후로 삼았다. 가생은 간하여 환난이 이로부터 일어날 것이라고 하였다. 가생은 누차 상소하여 제후들이 혹 여러 군을 연합하는 것은 옛적의 제도가 아니므로 점차 깎아 나가야 한다고 말했으나, 문제는 듣지 않았다.

賈生名誼, 雒陽人也. 年十八, 以能誦詩屬書, 聞於郡中. 吳廷尉爲河南守, 聞其秀才, 召置門下, 甚幸愛. 孝文皇帝初立, 聞河南守吳公治平爲天下第一, 故與李斯同邑而常學事焉, 乃徵爲廷尉. 廷尉乃言賈生年少, 頗通諸子百家之書. 文帝召以爲博士. 是時賈生年二十餘, 最爲少. 每詔令議下, 諸老先生不能言, 賈生盡爲之對, 人人各如其意所欲出. 諸生於是乃以爲能不及也. 孝文帝說之, 超遷, 一歲中至太中大夫. 賈生以爲漢興至孝文二十餘年, 天下和洽, 而固當改正朔, 易服色, 法制度, 定官名, 興禮樂, 乃悉草具其事儀法, 色尙黃, 數用五, 爲官名, 悉更秦之法. 孝文帝初卽位, 謙讓未遑也. 諸律令所更定, 及列侯悉就國, 其說皆自賈生發之. 於是天子議以爲賈生任公卿之位. 絳、灌、東陽侯、馮敬之屬盡害之, 乃短賈生曰: "雒陽之人, 年少初學, 專欲擅權, 紛亂諸事." 於是天子後亦疏之, 不用其議, 乃以賈生爲長沙王太傅. 賈生旣辭往行, 聞長沙卑溼, 自以壽不得長, 又以適去, 意不自得. 及渡湘水, 爲賦以弔屈原. (…) 文帝復封淮南厲王子四人皆爲列侯. 賈生諫以爲患之興自此起矣. 賈生數上疏, 言諸侯或連數郡, 非古之制, 可稍削之. 文帝不聽.

(20) 『한서(漢書)』「동중서전(董仲舒傳)」

동중서는 광천 사람이다. 젊었을 때 『춘추』를 연구하여 효경제 때 박사가 되었다. 휘장을 내리고 강송하였는데, 제자들은 오래된 차서대로 전수하여 수업하였으므로 혹 그의 얼굴을 보지 못한 자도 있었다. 그는 3년 동안 정원을 보지 않았으니, 그 정진함이 이와 같았다. 진퇴할 때의 몸가짐은 예가 아니면 행하지 않았으니, 학사들이 모두 스승으로 존경하였다. (…) 동중서의 저술은 모두 경술의 뜻을 밝힌 것인데, 상소와 조교까지 무릇 123편이다. 『춘추』 기사의 득실을 해설한 것으로 「문거」·「옥배」·「번로」·「청명」·「죽림」 등이 다시 수십 편에 십여만 자인데, 모두 후세에 전한다.

董仲舒, 廣川人也. 少治『春秋』, 孝景時爲博士. 下帷講誦, 弟子傳以久次相授業, 或莫見其面. 蓋三年不窺園, 其精如此. 進退容止, 非禮不行, 學士皆師尊之. (…) 仲舒所著, 皆明經術之意, 及上疏條敎, 凡百二十三篇. 而說『春秋』事得失, 「聞擧」、「玉杯」、「蕃露」、「淸明」、「竹林」之屬, 復數十篇, 十餘萬言, 皆傳於後世.

(21) 『사기(史記)』「유후세가(留侯世家)」

유후 장량은 그 선조가 한나라 사람이다. (…) 한 12년, 상이 경포(鯨布)의 군대를 격파하고 돌아오면서부터 병이 더욱 심해져 더더욱 태자를 바꾸려 했다. 유후가 간하였으나 듣지 않고 병을 핑계로 정사를 보지 않았다. 숙손태부가 이야기할 적에 고금을 인용하면서 죽기로써 태자를 위해 간하니, 상이 거짓으로 허락하는 척하였으나 여전히 태자를 바꾸려 했다. 잔치에서 술자리가 마련되자 태자가 옆에서 모시게 되었다. 네 사람이 태자를 따랐는데, 나이가 모두 80여 세였으며 수염과 눈썹이 희고 의관이 매우 훌륭하였다. 상이 괴이하게 여겨 물었다. "저들을 무엇을 하는 이들인가?" 네 사람이 앞으로 나아가 대답하여 각각 성명을 말하는데 동원공·녹리선생·기리계·하황공이었다. 상이 이에 몹시 놀라 말하였다. "내가 공들을 몇 년 동안 찾았는데 공들은 나를 피하여 달아났소. 그런데 지금 공들은 어찌하여 스스로 내 아들을 따라 노니는 것이오?" 네 사람이 모두 말하였다. "폐하께서 선비를 경시하고 꾸짖기를 잘하시니, 신등은 의리상 욕을 당하지 못하므로 두려워하여 달아나 숨은 것입니다. 삼가 들으니, 태자는 사람됨이 어질고 효성스러우며 공경하여 선비를 사랑하니, 천하 사람들 가운데 목을 늘이고서 태자를 위해 죽고자 하지 않는 이가 없다고 합니다. 그래서 신등이 온 것입니다." 상이 말했다. "번거롭겠지만 공들은 부디 끝까지 태자를 보살펴 주시오." 네 사람은 축수를 마치고 나서 빠른 걸음으로 떠났다. 상이 그들을 바라보며 보내고서 척부인을 불러 네 사람을 가리켜 보이며 말했다. "내가 태자를 바꾸려 했으나 저 네 사람이 태자를 보좌하여 우익이 이미 이루어졌으니 변동하기가 어렵소. 여후는 참으로 그대의 주인이오." 척부인이 눈물을 흘리자 상이 말했다. "나를 위해 초나라 춤을 추시오. 나도 그대를 위해 초나라 노래를 부르겠소." 노래는 다음과 같다. "큰 기러기 높이 날아, 일거에 천리를 가네. 날개가 이미 이루어져, 사해를 가로지르네. 사해를 가로지르니, 응당 어찌하겠는가? 비록 주살이 있더라도, 오히려 어디에 쓰겠는가?" 노래 몇 곡을 부르자 척부인이 흐느껴 우니 상이 일어나 떠나고 술자리를 파하였다. 결국 태자를 바꾸지 못한 것은 유후가 이 네 사람을 부른 덕분이었다. (…) 유후가 이에 이렇게 말했다. "집안 대대로 한나라에서 정승을 하다가 한나라가 멸망하자 만금의 재물을 아끼지 않고 한나라를 위해 강대한 진나라에 원수를 갚으니 천하가 진동하였다. 이제 세 치 혀로 황제의 스승이 되어 만호후에 봉해지고 열후의 지위에 올랐으니, 이는 포의로서는 지극한 것인지라 나에게는 충분하다. 인간의 일을 버리고 적송자를 따라 노닐고 싶다." 이에 벽곡을 배우고

도인으로 몸을 가볍게 하였다.

留侯 張良者, 其先韓人也. (…) 漢十二年, 上從擊破布軍歸, 疾益甚, 愈欲易太子. 留侯諫, 不聽, 因疾不視事. 叔孫太傅稱說引古今, 以死爭太子. 上詳許之, 猶欲易之. 及燕, 置酒, 太子侍. 四人從太子, 年皆八十有餘, 鬚眉皓白, 衣冠甚偉. 上怪之, 問曰: "彼何爲者?" 四人前對, 各言名姓, 曰: 東園公、甪里先生、綺里季、夏黃公. 上乃大驚, 曰: "吾求公數歲, 公辟逃我, 今公何自從吾兒游乎?" 四人皆曰: "陛下輕士善罵, 臣等義不受辱, 故恐而亡匿. 竊聞太子爲人仁孝, 恭敬愛士, 天下莫不延頸欲爲太子死者, 故臣等來耳." 上曰: "煩公幸卒調護太子." 四人爲壽已畢, 趨去. 上目送之, 召戚夫人指示四人者曰: "我欲易之, 彼四人輔之, 羽翼已成, 難動矣. 呂后眞而主矣." 戚夫人泣, 上曰: "爲我楚舞, 吾爲若楚歌." 歌曰: "鴻鵠高飛, 一擧千里. 羽翮已就, 橫絶四海. 橫絶四海, 當可柰何? 雖有矰繳, 尙安所施?" 歌數闋, 戚夫人噓唏流涕, 上起去, 罷酒. 竟不易太子者, 留侯本招此四人之力也. (…) 留侯乃稱曰: "家世相韓, 及韓滅, 不愛萬金之資, 爲韓報讎彊秦, 天下振動. 今以三寸舌爲帝者師, 封萬戶, 位列侯, 此布衣之極, 於良足矣. 願棄人閒事, 欲從赤松子游耳." 乃學辟穀, 道引輕身.

(22) 『한서(漢書)』「장창전(張敞傳)」

장창이 9년 동안 경조윤으로 있으면서 광록훈 양운과 사이가 좋았으므로, 뒤에 양운이 대역죄로 주살당하자, 공경이 양운의 당우로서 직위에 있어서는 안 된다고 아뢰었다. 그리하여 동렬(同列)에 있는 이들이 다 파면되었지만, 상(上)이 장창에 대한 주의(奏議)만은 정지시키고 회부하지 않았다. 창창이 적포연 서순을 시켜 안험하게 한 것이 있었는데, 서순은 장창이 핵주로 인해 파면당할 것이라 여겨 장창을 위해 일을 마무리하려 하지 않고 제멋대로 자기 집으로 돌아갔다. 사람들이 혹 서순에게 충고하였으나, 서순은 이렇게 말했다. "내가 이 공을 위해 힘을 다한 것이 많다. 이제 닷새밖에 못할 경조윤일 뿐이니, 어찌 다시 사건을 조사하겠는가?" 장창이 서순의 말을 듣자마자 부리를 보내 서순을 잡아 옥에 가두었다. 이때는 겨울로 접어든 지 며칠 되지 않았는데 사건을 조사하는 관리가 주야로 서순을 조사하고 다스려 마침내 사죄(死罪)로 얽어 버렸다. 서순이 죽으러 나오자, 장창이 주부로 하여금 문서를 가지고 가서 서순에게 통고하게 했다. "닷새밖에 못할 경조윤이 결국 어떠한가? 겨울이 이미 다 지났으니 연명하겠는가?" 이에 서순을 기시하였다.

爲京兆九歲, 坐與光祿勛楊惲厚善, 後惲坐大逆誅, 公卿奏惲黨友, 不宜處位, 等比皆免, 而敞奏獨寢不下. 敞使賊捕掾絮舜有所案驗. 舜以敎奏當免, 不肯爲敞竟事, 私歸其家. 人或諫舜, 舜曰: "吾爲是公盡力多矣, 今五日京兆耳, 安能復案事?" 敞聞舜語, 卽部吏收舜繫獄. 是時冬月未盡數日, 案事吏晝夜驗治舜, 竟致其死事. 舜當出死, 敞使主簿持敎告舜曰: "五日京兆, 竟何如? 冬月已盡, 延命乎?" 乃棄舜市.

(23) 송옥(宋玉), 「고당부(高唐賦)」 서(序)

옛날에 초 양왕이 송옥과 함께 운몽의 대에서 노닐다가 고당의 관을 바라보았는데, 그 위에 유독 구름 기운이 있어 높이 곧게 올라가다가 갑자기 모습을 바꾸며 잠깐 사이에도 변화가 무궁하였다. 왕이 송옥에게 물었다. "이것이 무슨 기운인가?" 송옥이 대답했다. "이른바 조운이라는 것입니다." 왕이 말했다. "어찌하여 조운이라 하는가?" 송옥이 대답했다. "옛날에 선왕께서 고당에서 노니신 적이 있는데, 피곤하시어 낮잠을 주무셨습니다. 꿈에 한 부인을 보았는데, 그녀는 이렇게 말했습니다. '저는 무산의 여자인데 고당의 객이 되었습니다. 임금께서 고당에서 노니신다는 말을 들었으니 잠자리를 모시고 싶습니다.' 왕께서는 그리하여 그녀를 총애하셨습니다. 그 여자는 떠나면서 작별의 말을 하였습니다. '저는 무산의 남쪽 높은 언덕 험한 곳에 있는데, 아침에는 조운이 되고 저녁에는 행우가 되어 아침 저녁으로 양대의 아래에 있습니다.' 아침이 되어서 보니 그 말과 같기에 그녀를 위해 사당을 세우고 조운이라 하였습니다." 왕이 말했다. "조운이 처음 나올 때 모습이 어떠한가?" 송옥이 대답했다. "그것이 처음 나올 때면 무성하기가 마치 소나무가 선 듯하고, 조금 지나면 빛나기가 마치 미인이 소매를 들어 해를 가리고 그리운 임을 바라보는 듯합니다. 홀연 모습을 바꾸면 빠르기가 마치 사마에 멍에를 메우고 깃발을 꽂은 듯합니다. 시원하기는 바람 같고 서늘하기는 비와 같은데, 바람이 그치고 비가 개면 구름은 있는 곳이 없습니다." 왕이 말했다. "과인이 지금 노닐 수 있겠는가?" 송옥이 말했다. "가능합니다." 왕이 말했다. "거기는 어떠한가?" 송옥이 말했다. "높고도 환하여 멀리까지 내려다볼 수 있으며, 넓고도 끝없어 만물의 시조가 됩니다. 위로는 하늘에 닿아 있고 아래로는 연못을 바라보고 있습니다. 진기하고 괴이하며 기이하고 뛰어난 것을 일컬어 논하기 어려울 정도입니다." 왕이 말했다. "한번 과인을 위하여 부를 지어 보게." 송옥이 대답했다. "예예."

昔者, 楚襄王與宋玉, 遊於雲夢之臺, 望高唐之觀. 其上獨有雲氣, 崒兮直上, 忽兮改容, 須臾之間, 變化無窮. 王問玉曰: "此何氣也?" 玉對曰: "所謂朝雲者也." 王曰: "何謂朝雲?" 玉曰: "昔者, 先王嘗遊高唐, 怠而晝寢, 夢見一婦人. 曰: '妾, 巫山之女也, 爲高唐之客. 聞君遊高唐, 願薦枕席.' 王因幸之. 去而辭曰: '妾在巫山之陽、高丘之阻, 旦爲朝雲, 暮爲行雨, 朝朝暮暮, 陽臺之下.' 旦朝視之, 如言, 故爲立廟, 號曰朝雲." 王曰: "朝雲始出, 狀若何也?" 玉對曰: "其始出也, 曃兮若松榯. 其少進也, 晰兮若姣姬, 揚袂鄣日而望所思. 忽兮改容, 偈兮若駕駟馬建羽旗. 湫兮如風, 凄兮如雨, 風止雨霽, 雲無處所."

王曰: “寡人方今, 可以遊乎?” 玉曰: “可.” 王曰: “其何如矣?” 玉曰: “高矣顯矣, 臨望遠矣, 廣矣普矣, 萬物祖矣. 上屬於天, 下見於淵, 珍怪奇偉, 不可稱論.” 王曰: “試爲寡人賦之.” 玉曰: “唯唯.”

(24) 『개원천보유사(開元天寶遺事)』 천보(天寶) 하(下) 「격장가(隔障歌)」

영왕궁에 악기 총저가 있었는데 자색이 아름다웠고 노래를 잘했다. 외객에게 연회를 베풀 때면 여러 기녀들이 다 눈앞에 있었지만 총저만은 객 가운데 본 사람이 없었다. 사객 이태백이 술을 마시고 거나해지자 농담을 했다. “제가 예전에 들으니 왕에게 노래를 잘하는 총저가 있다고 합니다. 지금 술에 취하고 안주에 배불러 공들이 지루해하는데 왕께서는 어찌 이 여자를 사람들에게 보여주는 것을 아끼십니까?” 영왕이 웃으며 좌우에게 말했다. “칠보화장을 치고 총저를 불러 화장 뒤에서 노래하게 하라.” 이백이 일어나 사례하였다. “비록 얼굴을 보도록 허락하지는 않았으나, 그 목소리라도 들으니 또한 영광입니다.”

寧王宮有樂妓寵姐者, 美姿色, 善謳唱. 每宴外客, 其諸妓女盡在目前, 惟寵姐客莫能見. 飮欲半酣, 詞客李太白恃醉戱曰: “白久聞王有寵姐善歌, 今酒餚醉飽, 群公厭倦, 王何吝此女示於衆?” 王笑謂左右曰: “設七寶花障, 召寵姐於障後歌之.” 白起謝曰: “雖不許見面, 聞其聲亦幸矣.”

(25) 『염이편(豔異編)』 기녀부(妓女部)2 「금조(琴操)」

소자첨이 항주 태수로 있을 때 금조라는 이름의 기녀가 있었는데, 불서에 자못 능통하여 언사를 이해하니, 소자첨이 좋아하였다. 하루는 서호에서 노닐면서 금조에게 농담을 하였다. "내가 장로가 될 테니, 너는 선을 해보라." 금조가 공경히 승낙하였다. 소자첨이 물었다. "호수 속의 경치는 어떠한가?" 금조가 대답했다. "저녁놀은 외로운 따오기와 나란히 날고, 가을 물은 먼 하늘과 한가지 색입니다." "경치 속의 사람은 어떠한가?" "치마에는 여섯 폭 소상강을 끌어왔고, 살쩍에는 무산 한 조각 구름이 잠겼습니다." "사람 속의 뜻은 어떠한가?" "양학사를 따르고, 포참군을 애타게 합니다." 금조가 물었다. "이와 같다면 결국 어떻습니까?" 소자첨이 말했다. "문 앞에는 쓸쓸히 거마(車馬) 드물고, 늙어 시집가서 상인의 아내가 되리라." 금조가 마음속에 크게 깨달아 마침내 삭발하여 비구니가 되었다.

蘇子瞻守杭日, 有妓名琴操, 頗通佛書, 解言辭. 子瞻喜之. 一日遊西湖, 戲語琴操曰: "我作長老, 汝試禪." 琴操敬諾. 子瞻問曰: "何謂湖中景?" 對曰: "落霞與孤鶩齊飛, 秋水共長天一色." "何謂景中人?" 對曰: "裙拖六幅瀟湘水, 鬢鎖巫山一段雲." "何謂人中意?" 對曰: "隨它揚學士, 驚殺鮑參軍." 操問: "如此究竟如何?" 子瞻曰: "門前冷落鞍馬稀, 老大嫁作商人婦." 操於意下大悟, 遂削髮爲尼.

(26) 『언주시화(彥周詩話)』

왕진경이 죄를 얻어 외지로 폄적되었을 때, 전춘앵이라는 이름의 노래를 잘하는 첩은 동파가 본 바였는데, 또한 마침내 밀현 마씨의 소유가 되었다. 훗날 왕진경이 조정으로 돌아와 수소문하여 은밀히 탐지하고는 이런 시를 지었다. "가인은 이미 사타리의 소유가 되었건만, 지금 의사 고압아가 없다네."

王晉卿得罪外謫, 後房善歌者名囀春鶯, 乃東坡所見也, 亦遂爲密縣馬氏所得. 後晉卿還朝, 尋訪微知之, 作詩云: "佳人已屬沙吒利, 義士今無古押衙."

(27) 『수신기(搜神記)』

한나라 때 두난향이라는 사람이 있었는데 자칭 남강 인씨라 하였다. 건업 4년 봄에 자주 장전을 찾아갔는데, 장전은 나이가 17세였다. 문 밖에 있는 그녀의 수레를 바라보고 있었는데 시비가 이렇게 통보하였다. "모친께서 저를 낳으시고 이곳으로 보내 낭군의 배필이 되도록 하셨으니, 삼가 따르지 않을 수 있겠습니까?" 장전은 일찍이 장석으로 개명했었다. 장석이 그녀를 불러 앞으로 나아오게 하고서 보니, 16~17세쯤 되어 보였는데, 이야기하는 일들은 아득히 오래된 것이었다. 두 시비가 있었는데, 큰 사람은 훤지요 작은 사람은 송지였다. 그들은 청우가 끄는 전거를 탔는데 그 위에는 음식이 모두 갖추어져 있었다. 두난향은 다음과 같은 시를 지었다. "모친께서는 영악에 계시면서, 때로 구름 낀 하늘을 노니네. 많은 시녀들은 우의를 들고 모시고 있고, 용궁 밖으로 나오지 않았지. 표표한 바람이 나를 보내 왔으니, 어찌 다시 티끌세상 부끄러워하리? 나를 따르면 복을 누릴 것이요, 나를 싫어하면 화를 입을 것이네." 그해 8월 어느 날 아침에 다시 와서 시를 지었다. "은하수를 소요하다가, 잠깐 숨 쉬는 사이에 구의산을 떠났네. 방황하는 그대 길을 헤아리지 못하고, 약수로 어찌하여 가지 않는가?" 그리고 서여자 3개를 꺼내어 주었는데, 크기가 달걀만 하였다. 그녀는 이렇게 말했다. "이것을 먹으면 당신으로 하여금 풍파를 두려워하지 않고 한온의 병에서 벗어나게 할 수 있습니다." 장석이 2개를 먹고 하나를 남기려고 하자, 두난향이 안 된다며 장석으로 하여금 다 먹도록 하였다. 그리고 이렇게 말했다. "본래 당신의 아내가 되어 정이 소원함이 없으려 했는데, 연명이 합치하지 않으므로 조금 어그러지게 되었습니다. 태세가 동방 묘에 있을 때 마땅히 다시 와서 당신을 찾겠습니다." 두난향이 내려왔을 때 장석이 물었다. "기도와 제사는 어떻게 합니까?" 두난향이 말했다. "소마로 스스로 병을 낫게 할 수 있으나 음사는 무익합니다." 두난향은 약을 소마라 하였다.

漢時有杜蘭香者, 自稱南康人氏. 以建業四年春, 數詣張傳. 傳年十七. 望見其車在門外, 婢通言: "阿母所生, 遣授配君, 可不敬從?" 傳先名改碩, 碩呼女前視, 可十六七, 說事邈然久遠. 有婢子二人, 大者萱支, 小者松支. 鈿車、青牛, 上飮食皆備. 作詩曰: "阿母處靈嶽, 時遊雲霄際. 衆女侍羽儀, 不出墉宮外. 飄輪送我來, 豈復恥塵穢? 從我與福俱, 嫌我與禍會." 至其年八月旦, 復來, 作詩曰: "逍遙雲漢間, 呼吸發九嶷. 流汝不稽路, 弱水何不之?" 出薯蕷子三枚, 大如雞子, 云: "食此, 令君不畏風波, 辟寒溫." 碩食二枚, 欲留一. 不肯, 令碩食盡. 言: "本爲君作妻, 情無曠遠, 以年命未合, 且小乖. 太歲東方卯, 當還求君." 蘭香降時, 碩問: "禱祀何如?" 香曰: "消魔自可愈疾, 淫祀無益." 香以藥爲消魔.

(28) 『사기(史記)』 「사마상여열전(司馬相如列傳)」

사마상여는 촉군 성도 사람으로, 자는 장경이다. 어렸을 때 독서를 좋아하고 격검을 배웠으므로 그의 어버이가 견자라고 이름을 지어주었다. 상여는 공부를 하고 나자 인상여의 사람됨을 흠모하여 상여로 이름을 바꾸었다. (…) 임공에는 부자가 많았는데 탁왕손은 가동이 8백 명이었고 정정 또한 수백 명이 있었다. 두 사람이 서로 이렇게 말했다. "현령에게 귀한 빈객이 있으니 자리를 마련해 불러 봅시다." 그리고 현령까지 불렀다. 현령이 도착해 보니 탁씨는 빈객이 백으로 헤아렸다. 정오가 되자 사마장경을 청하였는데, 장경이 병이 나서 가지 못한다며 사양하자, 임공 현령이 감히 음식을 맛보지 않고 몸소 가서 사마상여를 맞이하였다. 상여가 마지못하여 억지로 가니, 좌중의 사람들이 모두 경도되었다. 술이 거나해지자 임공 현령이 앞으로 나아가 거문고를 주며 말했다. "장경께서 이를 좋아한다는 말을 들었으니, 이로써 스스로 즐겨보고 싶습니다." 상여는 사양하다가 그를 위해 한두 곡조를 연주하였다. 이때 탁왕손에게는 갓 과부가 된 문군이라는 딸이 있었는데, 음악을 좋아하였다. 그러므로 상여는 현령과 서로 존중하는 척하고는 거문고 소리로 그녀를 유혹하였던 것이다. 상여가 임공으로 갈 적에 수레와 말을 뒤따르게 하였는데 온화하고 의젓한 것이 매우 아름다웠다. 탁씨와 술을 마시자 거문고를 탔는데 문군이 몰래 문틈에서 그를 엿보고는 마음속으로 기뻐하고 좋아하여 자기 배필로 삼지 못할까 걱정하였다. 술자리가 끝나자 상여는 사람을 시켜 문군의 시종에게 후하게 선물을 주고는 은근한 마음을 전하게 했다. 문군이 밤에 상여에게로 달아나니, 상여는 그녀와 함께 말을 타고 성도로 돌아왔다. 상여의 집에는 한갓 네 벽만 서 있을 따름이었다. 탁왕손이 매우 노하여 말했다. "딸은 매우 쓸모없다. 내 차마 죽이지는 못하지만 돈 한 푼도 나누어 주지 않겠다." 사람들이 혹 왕손을 설득하기도 했으나 왕손은 끝내 듣지 않았다. 문군은 오랫동안 그러한 생활을 하자 즐겁지가 않아서 이렇게 말했다. "장경께서는 다만 함께 임공으로 가기만 하시지요. 형제들에게서 돈을 빌리면 그래도 생활을 할 수가 있는데 어째서 스스로 이렇게 고생을 해야 합니까?" 상여는 그녀와 함께 임공으로 가서 수레와 말을 다 팔아 술집 하나를 사들여 술을 팔았는데, 문군으로 하여금 화로에 앉아 술을 팔게 하였다. 상여는 몸소 스스로 독비곤을 입고서 고용인들과 함께 잡일을 하여 저자에서 그릇을 씻었다. 탁왕손은 이 소식을 듣고 부끄러워하여 두문불출하였다. 형제와 제공이 번갈아가며 왕손에게 말했다. "일남 이녀가 있으니, 부족한 것은 재물이 아닙니다. 지금 문군이 이미 사마장경에게 몸을 주었고, 장경은 본디 먼 지방에서 벼슬살이하는 것을 싫어하니, 비록 가난하나 그 사람됨과 재능은 의지할 만합니다. 게다가 그는 현령의 빈객이니 유독 어찌하여 이렇게 욕되게 한단 말입니까?" 탁왕손이 마지못하여 문군에게 가동 백 명과 백만 전 및 시집갈 때의 옷·이불과 재물을 나누어 주었다. 문군은 이에 상여와 성도로 돌아가 논밭과 집을 구매하여 부자가 되었다.

司馬相如者, 蜀郡成都人也, 字長卿. 少時好讀書, 學擊劍, 故其親名之曰犬子. 相如旣學, 慕藺相如之爲人, 更名相如. (…) 臨邛中多富人, 而卓王孫家僮八百人, 程鄭亦數百人. 二人乃相謂曰: "令有貴客, 爲具召之." 並召令. 令旣至, 卓氏客以百數. 至日中, 謁司馬長卿, 長卿謝病不能往, 臨邛令不敢嘗食, 自往迎相如. 相如不得已, 彊往, 一坐盡傾. 酒酣, 臨邛令前奏琴曰: "竊聞長卿好之, 願以自娛." 相如辭謝, 爲鼓一再行. 是時, 卓王孫有女文君新寡, 好音, 故相如繆與令相重, 而以琴心挑之. 相如之臨邛, 從車騎, 雍容閒雅甚都, 及飮卓氏, 弄琴, 文君竊從戶窺之, 心悅而好之, 恐不得當也. 旣罷, 相如乃使人重賜文君侍者通殷勤. 文君夜亡奔相如, 相如乃與馳歸成都. 家居徒四壁立. 卓王孫大怒曰: "女至不材, 我不忍殺, 不分一錢也." 人或謂王孫, 王孫終不聽. 文君久之不樂, 曰: "長卿第俱如臨邛, 從昆弟假貸猶足爲生, 何至自苦如此?" 相如與俱之臨邛, 盡賣其車騎, 買一酒舍酤酒, 而令文君當鑪. 相如身自著犢鼻褌, 與保庸雜作, 滌器於市中. 卓王孫聞而恥之, 爲杜門不出. 昆弟諸公更謂王孫曰: "有一男兩女, 所不足者非財也. 今文君已失身於司馬長卿, 長卿故倦游, 雖貧, 其人材足依也, 且又令客, 獨柰何相辱如此?" 卓王孫不得已, 分予文君僮百人、錢百萬, 及其嫁時衣被、財物. 文君乃與相如歸成都, 買田宅, 爲富人.

(29) 『열자(列子)』「탕문(湯問)」

백아는 거문고를 잘 탔고 종자기는 듣기를 잘하였다. 백아가 거문고를 탈 적에 뜻이 높은 산에 있었다. 그러자 종자기가 말했다. "훌륭하다! 우뚝

한 것이 태산 같구나!” 그의 뜻이 흐르는 물에 있었다. 그러자 종자기가 말했다. “훌륭하다. 넘실거리는 것이 강수와 하수 같구나!” 이처럼 백아가 생각하는 바를 종자기는 반드시 알았던 것이다. 백아가 태산의 북쪽에 놀러갔다가 갑자기 소나기를 만나 바위 아래에서 머무르게 되었는데 마음이 슬퍼져 이에 거문고를 가져다가 탔다. 처음에는 장맛비의 곡조가 되었는데 다시 산이 무너지는 음을 만들어냈다. 곡조가 연주될 때마다 종자기는 번번이 그 뜻을 다 알았다. 백아가 이에 거문고를 내려놓고 감탄하였다. “참으로 훌륭하다. 그대의 들음이여! 생각으로 상상하는 것이 내 마음과 같구나. 내가 어디로 소리를 도피시키겠는가?”

佰牙善鼓琴, 鍾子期善聽. 佰牙鼓琴, 志在登高山. 鍾子期曰: “善哉! 峩峩兮若泰山!” 志在流水. 鍾子期曰: “善哉! 洋洋兮若江、河!” 佰牙所念, 鍾子期必得之. 佰牙游於泰山之陰, 卒逢暴雨, 止於巖下, 心悲, 乃援琴而鼓之. 初爲霖雨之操, 更造崩山之音. 曲每奏, 鍾子期輒窮其趣. 佰牙乃舍琴而歎曰: “善哉善哉, 子之聽夫! 志想象猶吾心也. 吾於何逃聲哉?”

(30) 『여씨춘추(呂氏春秋)』 「효행람(孝行覽)」

백아가 거문고를 타자 종자기가 들었다. 한창 거문고를 타는데 뜻이 태산에 있었다. 그러자 종자기가 말했다. “훌륭하구나, 거문고를 탐이여! 높다란 것이 마치 태산 같구나!” 잠시 후에 그의 뜻이 흐르는 물에 있었다. 그러자 종자기가 또 말했다. “훌륭하구나, 거문고를 탐이여! 콸콸거리는 것이 마치 흐르는 물 같구나!” 종자기가 죽자 백아는 거문고를 부수고 줄을 끊고는 종신토록 다시는 거문고를 타지 않았으니, 세상에 다시는 누군가를 위해 거문고를 탈 만한 경우가 없다고 여겼기 때문이다.

伯牙鼓琴, 鍾子期聽之. 方鼓琴而志在太山. 鍾子期曰: "善哉乎鼓琴! 巍巍乎若太山!" 少選之間, 而志在流水. 鍾子期又曰: "善哉乎鼓琴! 湯湯乎若流水!" 鍾子期死, 伯牙破琴絶絃, 終身不復鼓琴, 以爲世無足復爲鼓琴者.

(31) 송옥(宋玉), 「대초왕문(對楚王問)」

초 양왕이 송옥에게 물었다. "선생은 실행(失行)이 있는 것인가? 어찌하여 많은 사민들이 그리도 심히 칭찬하지 않는가?" 송옥이 대답했다. "예. 그렇습니다. 그런 점이 있습니다. 바라건대 대왕께서는 죄를 용서하시고 제가 변명을 다할 수 있게 하소서. 영에서 노래를 하는 객이 있었습니다. 그가 처음에 「하리」와 「파인」을 노래하자 국중에서 이어서 화답하는 자가 수천 명이었습니다. 그가 「양아」와 「해로」를 노래하자 국중에서 이어서 화답하는 자가 수백 명이었습니다. 그가 「양춘」과 「백설」을 노래하자 국중에서 이어서 화답하는 자가 수십 명에 불과했습니다. 상을 늘이고 우를 짧게 하여 유치를 섞자 국중에서 이어서 화답하는 자가 몇 명에 불과했을 따름입니다. 이는 그 곡이 더욱 높아질수록 그 화답함도 더욱 적어진 것입니다. 그러므로 새 중에 봉이 있고 물고기 중에 곤이 있습니다. 봉황은 위로 9천 리를 날개 쳐서 구름과 무지개를 가로지르고 창천을 등져 아득한 상천을 날아다닙니다. 저 울타리 안의 메추라기가 어찌 더불어 천지의 높음을 헤아릴 수 있겠습니까? 곤어는 아침에 곤륜산 기슭에서 떠나 갈석산에서 갈기를 쬐이고 저녁에 맹저에서 묵습니다. 한 자 정도 되는 못의 작은 물고기가 어찌 더불어 강해의 큼을 헤아릴 수 있겠습니까? 그러므로 비단 새 중에 봉이 있고 물고기 중에 곤이 있을 뿐만 아니라 선비 또한 그러함이 있습니다. 성인의 위대한 생각과 훌륭한 행실은 초연히 홀로 처한 것이니, 저 세속의 백성들이 또 어찌 신이 하는 바를 알겠습니까?"

楚 襄王問於宋玉曰: “先生其有遺行與? 何士民衆庶不譽之甚也?” 宋玉對曰: “唯, 然, 有之. 願大王寬其罪, 使得畢其辭: 客有歌於郢中者, 其始曰「下里」、「巴人」, 國中屬而和者, 數千人. 其爲「陽阿」、「薤露」, 國中屬而和者, 數百人. 其爲「陽春」、「白雪」, 國中有屬而和者, 不過數十人. 引商刻羽, 雜以流徵, 國中屬而和者, 不過數人而已. 是其曲彌高, 其和彌寡. 故鳥有鳳而魚有鯤. 鳳皇上擊九千里, 絶雲霓, 負蒼天, 翺翔乎杳冥之上. 夫蕃籬之鷃, 豈能與之料天地之高哉? 鯤魚朝發崑崙之墟, 暴鬐於碣石, 暮宿於孟諸. 夫尺澤之鯢, 豈能與之量江海之大哉? 故非獨鳥有鳳而魚有鯤也, 士亦有之. 夫聖人瑰意、琦行, 超然獨處, 夫世俗之民, 又安知臣之所爲哉?”

(32) 『춘추좌씨전(春秋左氏傳)』 「장공(莊公)」 6년

초 문왕이 신나라를 토벌할 적에 등나라를 지나갔다. 등 기후가 말했다. “문왕은 나의 생질이다.” 그리고 문왕을 머무르게 하여 잔치를 베풀어 주었다. 그때 등나라 기후의 생질인 추생과 담생과 양생이 초자를 죽이자고 요청하였으나 등후가 허락하지 않았다. 삼생이 말했다. “등나라를 멸망시킬 사람은 반드시 이 사람일 것입니다. 만일 일찌감치 처치하지 않으면 뒷날 임금께서는 배꼽을 물어뜯을 것이니, 시기에 미쳐서 처치해야 할 것입니다! 처치하려 한다면 지금이 바로 그 기회입니다.” 등후가 말했다. “내가 생질인 초 문왕을 죽인다면, 사람들이 장차 내가 먹다 남긴 것을 먹지 않을 것이다.” 삼생이 대답했다. “만일 우리 세 사람의 신하가 건의하는 말을 따르지 않으면, 아마 사직이 실로 혈식을 하지 못할 것이니, 그때가 되면 임금께서 어디에서 남길 음식을 취할 것입니까?” 등후가 이 말을 따르지 않았다. 초 문왕이 신나라를 토벌하고 돌아오는 해에 초자가 등나라를 토벌하였고, 노 장공 16년에 초나라가 다시 등나라를 토벌하여 멸망시켰다.

楚文王伐申, 過鄧. 鄧祈侯曰: "吾甥也." 止而享之. 騅甥、聃甥、養甥, 請殺楚子. 鄧侯弗許. 三甥曰: "亡鄧國者, 必此人也. 若不早圖, 後君噬齊. 其及圖之乎! 圖之, 此爲時矣." 鄧侯曰: "人將不食吾餘." 對曰: "若不從三臣, 抑社稷實不血食, 而君焉取餘?" 弗從. 還年, 楚子伐鄧, 十六年, 楚復伐鄧滅之.

(33) 백거이(白居易), 「연자루삼수(燕子樓三首)」 서(序)

서주의 고 장상서에게는 반반이라는 애기가 있었는데, 가무를 잘하였으며 훌륭한 자태가 많았다. 내가 교서랑으로 있었을 적에 서주와 사수 일대를 유람했었다. 장상서가 나에게 연회를 베풀어 주었을 적에 술기운이 거나해지자 반반을 나오게 하여 흥을 도왔는데, 매우 즐거웠다. 내가 인하여 시를 지어 주었다. "술에 취한 교태 가누지 못하니, 바람에 모란꽃 하늘거리네." 한 번 즐기고 떠난 뒤로 전혀 소식을 듣지 못했으니 지금까지 대략 12년이 된다. 어제 사훈원외랑 장중소 궤지가 나를 찾아와 새 시를 읊었는데 「연자루」 세 수가 가사가 매우 완려하였다. 그 연유를 물었더니 관반반을 위해 지은 것이었다. 궤지는 여러 해 무녕군에 종사하여 자못 관반반의 시말을 알고 있었다. 그는 이렇게 말했다. "상서께서 돌아가신 뒤 동락으로 귀장했습니다. 팽성에 장씨의 옛집이 있고 집안에 작은 누각이 있는데 이름이 연자루입니다. 관반반이 옛사랑을 생각해 시집가지 않고 이 누대에서 10여 년 동안 살고 있는데, 홀로 쓸쓸하게 지내며 지금까지 있습니다." 내가 궤지의 새 시를 아끼고 팽성의 옛 유람에 감회가 있어 인하여 그 제목과 같이 절구 세 수를 지었다.

徐州故張尙書有愛妓曰盼盼, 善歌舞, 雅多風態. 予爲校書郎時, 遊徐、泗間. 張尙書宴予, 酒酣, 出盼盼以佐歡, 歡甚. 予因贈詩云: "醉嬌勝不得, 風嫋牡丹花." 一歡而去, 邇後絶不相聞, 迨兹僅一紀矣. 昨日, 司勳員外郎張仲素繢之訪予, 因吟新詩, 有「燕子樓」三首, 詞甚婉麗. 詰其由, 爲盼盼作也. 繢之從事武寧軍累年, 頗知盼盼始末, 云: "尙書旣歿, 歸葬東洛, 而彭城有張氏舊第, 第中有小樓, 名燕子. 盼盼念舊愛而不嫁, 居是樓十餘年, 幽獨塊然, 于今尙在." 予愛繢之新詠, 感彭城舊遊, 因同其題, 作三絶句.

(34) 『태평광기(太平廣記)』 정감(情感) 「위고(韋皐)」

당 서천 절도사 위고가 젊었을 적에 강하를 유람하다가 강사군의 집에 머문 적이 있다. 강씨의 어린 아들인 강형보는 이미 이경을 익혔는데 비록 위고를 형으로 불렀으나 공손히 섬기는 예는 아버지와 같았다. 강형보에게는 옥소라는 어린 여종이 있었는데, 나이가 겨우 10세였다. 강형보는 늘 그녀로 하여금 위형을 공손히 섬기게 하였고, 옥소 또한 정성껏 받들었다. 2년 후에 강사군이 도성으로 들어가 벼슬을 구하였는데 가솔들은 가지 않았다. 위고는 이에 두타사로 거처를 옮겼는데, 형보 또한 때로 옥소를 보내어 가서 받들게 하였다. 옥소가 나이가 점점 많아지자 위고는 인하여 그녀를 사랑하는 감정이 생겼다. 이때 염찰사 진상시가 위고 계부의 편지를 받았는데 거기에는 이렇게 쓰여 있었다. "조카 위고가 귀주에서 오랫동안 객지 생활을 하고 있으니 보내어 귀성(歸省)하도록 해 주기를 간절히 바란다." 염찰사는 편지를 열어 본 뒤 배와 의복·용품 등을 보내주고는 지체할까 걱정이 되어 서로 만나보지 말라고 청하였다. 그리고 강여울에 배를 정박시켜 사공으로 하여금 서둘러 떠나도록 하였다. 위고가 눈앞이 캄캄하여 눈물을 훔치고 이에 편지를 써서 강형보에게 기별하자, 형보가 잠시 후 옥소와 함께 오니, 희비가 교차하였다. 강형보가 여종에게 따라가 모시라고 명하였으나, 위고는 오랫동안 귀성하지 못하였기에 감히 함께 갈 수 없다고 하면서 고사하였다. 그리고 마침내 빠르면 5년, 늦어도 7년 안에 옥소를 데려가겠다고 언약하고는 인하여 옥지환 하나와 시 한 수를 남겨

주었다. 5년이 되도록 위고가 오지 않자 옥소는 이에 앵무주에서 묵묵히 기도하였다. 또 2년이 지나고 8년째 봄이 되자 옥소가 탄식하면서 말했다. "위가 낭군께서 한 번 이별한 지 7년이 되었으니, 이는 오시지 않는 게야." 마침내 곡기를 끊어 운명하였다. 강씨는 그 절조를 불쌍히 여겨 옥지환을 중지에 끼워 주고 함께 장사 지냈다. 뒤에 위고가 촉 지방을 진무하였는데, 부에 도착한 지 사흘째 되는 날 옥수를 국문하여 억울하게 입은 누명을 씻어 주었다. 가벼운 죄와 무거운 죄를 지은 죄수들이 근 3백여 명이었다. 그중 한 사람이 다섯 가지 형구에 구속되어 있었는데 청사를 엿보더니 이렇게 혼잣말하였다. "복야가 당시의 위형이구나." 이에 큰 소리를 질러 말하였다. "복야, 복야! 강씨 집안의 형보를 기억하십니까?" 위고가 말했다. "잘 기억하고 있다." 강형보가 말했다. "제가 바로 아무개입니다." 위공이 말했다. "무슨 죄를 범했기에 무거운 형구에 묶여 있는가?" 강형보가 대답했다. "저는 위공과 작별한 뒤, 얼마 있다가 명경과에 급제하였고 다시 청성 현령으로 부임하였습니다. 그런데 가인이 실수로 관아에 불을 내서 관사·창고와 문서·인장 등을 태워 버렸습니다." 그러자 위공이 말했다. "가인이 범한 것은 진실로 자신의 허물이 아니지." 곧바로 설원해 주고 이어 묵수를 돌려주었으며 마침내 미주목이 되도록 상주하였다. 칙령이 내려왔는데 아직 부임하지 말도록 하고 사람을 보내 감독하게 하였으며 주불의 영예를 주고 우선 빈막에 머물도록 했다. 당시는 크게 군대가 움직인 뒤였기에 새로 일을 시작하느라 번거로워 몇 달이 지나고 나서야 이렇게 물었다. "옥소는 어디에 있는가?" 강형보가 말했다. "복야께서 배를 매어 놓으셨던 그날 저녁에 그녀와 약속하시면서 7년을 기한으로 하셨습니다. 그런데 때가 지나도 오시지 않자 이에 곡기를 끊어 운명하였습니다." 인하여 「유증옥환」 시를 읊었다. "꾀꼬리가 옥지환 물고 온 지도 이미 몇 해, 이별할 때 풀어서 가인에게 주었네. 장강에는 편지도 오지 않고, 그리운 마음 꿈속에 진관(秦關)으로 들어가네." 위고는 이 시를 듣고는 더욱 슬프고 한탄스러워 불경과 불상을 닦아 그녀가 평소 가졌던 마음에 보답하려 하였다. 또 그녀를 그리워하는 마음이 있었지만 다시 만날 길이 없었다. 이때 조산인이라는 사람이 소옹의 술법을 지녀 죽은 사람으로 하여금 산 사람과 만나게 할 수 있었는데, 다만 부공으로 하여금 7일 동안 재계하도록 하였다. 그러자 맑은 밤에 옥소가 찾아와 사례하였다. "복야께서 불경을 베끼고 불상을 만들어 주신 덕분에 열흘 뒤면 곧 환생할 것입니다. 그리고 13년이 지난 뒤에 다시 시첩이 되어 홍은에 보답하겠습니다." 작별할 때에 그녀는 미소를 지으며 말했다. "장부께서 박정하셨기에 사람으로 하여금 유명을 달리하게 하셨어요." 훗날 위고는 농우의 공으로 덕종의 대가 끝날 때까지 벼슬이 갈리지 않고 촉 지방을 다스렸다. 이 때문에 오랜 시간이 지난 뒤 누차 승진하여 중서령이 되니, 천하가 귀부하고 노북이 귀심하였다. 인하여 생일이 되면 절도사들이 모두 진기한 물건을 바치며 축하하였다. 그런데 유독 동천 노팔좌는 가희 하나를 보냈는데 그녀는 파과지년도 되지 않았으며 또한 옥소라고 불렀다. 그래서 살펴보니 정말로 강씨의 옥소였으며, 그 중지에는 옥지환 자국이 살짝 나 있었는데 이별할 때의 옥지환과 다르지 않았다. 위고가 탄식하며 말했다. "내 이제야 알겠다. 삶과 죽음이란 하나가 가면 하나가 오는 것이니, 옥소의 말을 이에 징험할 수 있구나!"

唐 西川節度使韋皐, 少遊江夏, 止於姜使君之館. 姜氏孺子曰荊寶, 已習二經, 雖兄呼於韋, 而恭事之禮, 如父也. 荊寶有小青衣曰玉簫, 年纔十歲, 常令祗侍韋兄, 玉簫亦勲於應奉. 後二載, 姜使入關求官, 家累不行. 韋乃易居頭陀寺, 荊寶亦時遣玉簫往彼應奉. 玉簫年稍長大, 因而有情. 時廉使陳常侍, 得韋季父書云: "姪皐久客貴州, 切望發遣歸覲." 廉使啓緘, 遺以舟檝服用. 仍恐淹留, 請不相見. 泊舟江瀨, 俾篙工促行. 韋昏暝拭淚, 乃裁書以別荊寶. 寶頃刻與玉簫俱來, 既悲且喜. 寶命青衣往從侍之, 韋以曠覲日久, 不敢俱行, 乃固辭之. 遂爲言約: 少則五載, 多則七年, 取玉簫. 因留玉指環一枚并詩一首遺之. 既五年不至, 玉簫乃靜禱於鸚鵡洲. 又逾二年, 至八年春, 玉簫歎曰:

"韋家郎君, 一別七年, 是不來矣." 遂絶食而殞. 姜氏憫其節操, 以玉環著於中指, 而同殯焉. 後韋鎭蜀, 到府三日, 詢鞠獄囚, 滌其冤濫, 輕重之繫, 近三百餘人. 其中一輩, 五器所拘, 偸視廳事, 私語云: "僕射是當時韋兄也." 乃厲聲曰: "僕射, 僕射! 憶姜家荊寶否?" 韋曰: "深憶之." "卽某是也." 公曰: "犯何罪而重繫?" 答曰: "某辭韋之後, 尋以明經及第, 再選靑城縣令. 家人誤爇廨舍庫牌印等." 韋曰: "家人之犯, 固非己尤." 卽與雪寃, 仍歸墨綬, 乃奏眉州牧. 敕下, 未令赴任, 遣人監守, 朱紱其榮, 且留賓幕. 時屬大軍之後, 草創事繁, 凡經數月, 方問: "玉簫何在?" 姜曰: "僕射維舟之夕, 與伊留約, 七載是期. 旣逾時不至, 乃絶食而終." 因吟「留贈玉環」詩云: "黃雀銜來已數春, 別時留解贈佳人. 長江不見魚書至, 爲遣相思夢入秦." 韋聞之, 益增悽歎, 廣修經像, 以報夙心. 且想念之懷, 無由再會. 時有祖山人者, 有少翁之術, 能令逝者相親. 但令府公齋戒七日. 淸夜玉簫乃至, 謝曰: "承僕射寫經造像之力, 旬日便當托生. 却後十三年, 再爲侍妾, 以謝鴻恩." 臨訣微笑曰: "丈夫薄情, 令人死生隔矣." 後韋以隴右之功, 終德宗之代, 理蜀不替. 是故年深累遷中書令, 天下響附, 瀘僰歸心. 因作生日, 節鎭所賀, 皆貢珍奇. 獨東川 盧八座, 送一歌姬, 未當破瓜之年, 亦以玉簫爲號. 觀之, 乃眞姜氏之玉簫也, 而中指有肉環隱出, 不異留別之玉環也. 韋歎曰: "吾乃知存歿之分, 一往一來, 玉簫之言, 斯可驗矣!"

(35)『장자(莊子)』 내편(內篇) 「제물론(齊物論)」

옛적에 장주(莊周)가 꿈에 나비가 되었다. 훨훨 나는 나비였는데, 스스로 즐거워하며 만족스러웠는지라 자기가 장주인 줄을 몰랐다. 그러다 이윽고 잠에서 깨어나 보니, 뻣뻣하게 침상에 누워 있는 장주였다. 모르겠다만 장주가 꿈에 나비가 된 것일까, 아니면 나비가 꿈에 장주가 된 것일까? 장주와 나비는 필시 분별이 있을 것이니, 이를 일러 '물화'라 한다.

昔者, 莊周夢爲蝴蝶, 栩栩然蝴蝶也, 自喩適志與, 不知周也. 俄然覺, 則蘧蘧然周也. 不知周之夢爲蝴蝶與? 蝴蝶之夢爲周與? 周與蝴蝶, 則必有分矣. 此之謂物化.

(36) 『태평광기(太平廣記)』 신선(神仙)20 「양통유(楊通幽)」

양통유는 본명이 십오이니 광한 십빈 사람이다. 어렸을 적에 격소술을 가르치는 도사를 만나 삼황 천문을 받으니 귀신을 부려 명령함에 즉각 응하지 않음이 없었다. 독한 역병을 몰아내고 나쁜 기운을 끊으며 홍수와 가뭄을 물리치고 바람과 비를 불러오는 것 같은 것들이 모두 그의 능력이었다. 그는 질박하고 어눌하며 소탈하고 오만하여 세속에 구애 받지 않았다. 그 술수의 변이를 원근에서 칭송했다. 현종이 촉으로 행행(行幸)하였는데 마외에서 양귀비(楊貴妃)가 죽은 이후로 귀비를 그리워하며 왕왕 음식을 먹지 않고 잠을 자는 것도 잊었다. 가까이서 모시는 신하들이 은밀히 방사를 찾게 하여 성상의 염려를 조금이나마 안정시키기를 바랐다. 혹자가 이렇게 말했다. "양십오에게는 고소법이 있습니다." 양통유를 행조로 불러오자, 상이 그 일을 물었는데, 그가 이렇게 대답했다. "비록 천상과 지하의 깊숙한 구석이나 귀신들 속이라 할지라도 모두 돌아다니면서 찾을 수 있습니다." 상이 크게 기뻐하여 대내에 도장을 설치하고서 그 술법을 행하게 했다. (…) 셋째 날 밤에 양통유가 또 아뢰었다. "인세(人世) 안의 산천·악독·사묘와 십주·삼도·강해를 또한 두루 찾아다녔으나 어디 있는지 알 수가 없었습니다. 뒤에 동해에 있는 봉래산 정상에 가니 남궁 서무에 신선들의 거처가 있었는데, 상원여선 태진이 바로 귀비였습니다. 귀비가 저에게 말했습니다. '나는 태상의 시녀로서 상원궁에 속해 있고, 성상께서는 태양주궁 진인이었다. 그런데 우연히 숙연과 세념으로 그 소원이 자못 중해졌다. 그래서 성상께서는 세상에 내려와 거하시고 나는 인세에 적강(謫降)하여 시위했을 따름이다. 이제 12년 뒤에 자연히 응당 서로 만날 터이니, 원컨대 성체를 잘 보중하시고 더는 그리워하지 마셨으면 한다.' 그러고는 개원 연간에 하사하셨던 금차와 전합 각 반쪽과 옥귀자 하나를 가져다가 주어서 신물로 삼게 하면서 이렇게 말했습니다. '성상께서 이 물건들을 보시면 절로 깨달으실 것이다.' 말을 마치고 눈물을 흘리며 작별했습니다."

楊通幽, 本名什伍, 廣漢 什邡人. 幼遇道士, 教以檄召之術, 受三皇天文, 役命鬼神, 無不立應. 驅毒癘, 剪氛邪, 禳水旱, 致風雨, 是皆能之, 而木訥疎傲, 不拘於俗. 其術數變異, 遠近稱之. 玄宗幸蜀, 自馬嵬之後, 屬念貴妃, 往往輟食忘寐. 近侍之臣, 密令求訪方士, 冀少安聖慮. 或云: "楊什伍有考召之法." 徵至行朝. 上問其事, 對曰: "雖天上、地下, 冥寞之中、鬼神之內, 皆可歷而求之." 上大悅, 於內置場, 以行其術. (…) 三日夜, 又奏曰: "於人寰之中, 山川、岳瀆、祀廟之內, 十洲、三島、江海之間, 亦遍求訪, 莫知其所. 後於東海之上、蓬萊之頂, 南宮西廡, 有群仙所居. 上元女仙 太眞者, 卽貴妃也. 謂什伍曰: '我太上侍女, 隷上元宮, 聖上太陽朱宮眞人, 偶以宿緣、世念, 其願頗重. 聖上降居於世, 我謫於人間, 以爲侍衛耳. 此後一紀, 自當相見, 願善保聖體, 無復意念也.' 乃取開元中所賜金釵鈿合各半、玉龜子一, 寄以爲信曰: '聖上見此, 自當醒憶矣.' 言訖流涕而別."

(37) 『전국책(戰國策)』「제책(齊策)」6

왕손가는 15세 때에 민왕을 섬겼는데, 왕이 도망가자 왕의 처소를 잃었다. 그의 어머니가 말했다. "네가 아침에 나가 늦게 오면 내가 문에 기대어 바라보고, 네가 저녁에 나가 돌아오지 않으면 내가 여문에 기대어 바라본다. 네가 이제 왕을 섬기다가 왕이 도망갔는데 네가 그 처소를 알지 못하니, 네가 그러고도 어찌 돌아온단 말이냐?" 왕손가가 이에 저자 가운데로 들어가 말했다. "요치가 제나라를 어지럽히고 민왕을 시해했으니, 나와 함께 그를 주벌할 자는 오른쪽 어깨를 드러내라!" 저자 사람들로서 그를 따르는 자가 4백 인이었는데 왕손가가 그들과 함께 요치를 주벌하여 찔러서 죽였다.

王孫賈, 年十五事閔王. 王出走, 失王之處. 其母曰: "女朝出而晚來, 則吾倚門而望, 女暮出而不還, 則吾倚閭而望. 女今事王, 王出走, 女不知其處, 女尙何歸?" 王孫賈乃入市中曰: "淖齒亂齊國殺閔王, 欲與我誅者, 袒右!" 市人從者四百人, 與之誅淖齒, 刺而殺之.

(38) 『후한서(後漢書)』「송홍전(宋弘傳)」

그때에 황제의 누나 호양공주가 갓 과부가 되었다. 황제가 그녀와 더불어 조정 신하들에 대해 의논하며 그 뜻을 은밀히 살펴보았다. 공주가 말했다. "송공의 위용과 덕기는 신하들 가운데 미칠 이가 없습니다." 황제가 말했다. "한번 도모해 보겠소." 그 후 송홍이 인견을 받았는데, 황제가 공주를 병풍 뒤에 앉히고서 인하여 송홍에게 말했다. "속담에 귀하게 되면 사귐을 바꾸고 부하게 되면 아내를 바꾸는 것이 인정이라 했던가?" 송홍이 말했다. "신은 들으니, 빈천할 때 알았던 사람은 잊어서는 안 되며 지게미와 쌀겨를 먹으며 고생을 같이한 처는 당에서 내려서는 안 된다고 합니다." 황제가 공주를 돌아보며 말했다. "일이 잘 되지 않는구려."

時帝姊湖陽公主新寡, 帝與共論朝臣, 微觀其意. 主曰: "宋公威容、德器, 羣臣莫及." 帝曰: "方且圖之." 後弘被引見, 帝令主坐屛風後, 因謂弘曰: "諺言貴易交富易妻, 人情乎?" 弘曰: "臣聞貧賤之知不可忘, 糟糠之妻不下堂." 帝顧謂主曰: "事不諧矣."

(39) 『사기(史記)』 「평원군우경열전(平原君虞卿列傳)」

진나라가 한단을 포위하자 조나라에서는 평원군으로 하여금 구원을 요청하고 초나라와 합종하게 했는데, 평원군은 식객과 문하 중에 용력이 있고 문무를 겸비한 자 20명과 함께 가기로 약속했다. 평원군이 말했다. "문으로 승리를 취할 수 있다면 좋을 것입니다. 그러나 문으로 승리를 취할 수 없다면 화옥 아래에서 삽혈을 하고 반드시 합종을 정하고 돌아오겠습니다. 선비는 밖에서 찾지 않겠으니 식객과 문하에서 취하여도 충분합니다." 평원군은 19명을 얻었지만 나머지는 취할 만한 자가 없어 20명을 채울 수가 없었다. 문하에 모수라는 이가 있었는데, 그가 앞으로 나와 평원군에게 자신을 천거하며 말했다. "제가 들으니 군께서는 장차 초나라와 합종하려는데 식객과 문하의 20명과 함께 가기로 약속하고 밖에서 찾지 않기로 했다고 합니다. 지금 한 명이 부족하니, 군께서는 저로 인원을 갖추어 가시기 바랍니다." 평원군이 말했다. "선생이 나의 문하에 있은 지가 이제 몇 해오?" 모수가 말했다. "이제 3년입니다." 평원군이 말했다. "대저 현사가 세상에 있는 것은 비유하자면 송곳이 주머니 안에 있어 그 끝이 바로 드러나는 것과 같소. 지금 선생이 나의 문하에 있은 지가 이에 3년이 되었는데, 좌우에서 칭송하는 바가 있지 않고 내 들은 바가 있지 않으니, 이는 선생이 아무것도 가지고 있는 게 없는 것이오. 선생은 같이 갈 수 없으니, 선생은 머물러 있으시오." 모수가 말했다. "신이 오늘에야 주머니 안에 있기를 청합니다. 만일 제가 진작에 주머니 안에 있을 수 있었다면 송곳 끝이 밖으로 튀어나왔을 것이지 단지 그 끝만 드러날 뿐만이 아닐 것입니다." 평원군은 마침내 모수와 함께 갔다. 19명은 서로 눈짓하며 모수를 비웃었지만 그를 버리지는 못하였다.

秦之圍邯鄲, 趙使平原君求救, 合從於楚, 約與食客門下有勇力文武備具者二十人偕. 平原君曰: "使文能取勝, 則善矣. 文不能取勝, 則歃血於華屋之下,必得定從而還. 士不外索, 取於食客門下足矣.” 得十九人, 餘無可取者, 無以滿二十人. 門下有毛遂者, 前, 自贊於平原君曰: “遂聞君將合從於楚, 約與食客門下二十人偕, 不外索. 今少一人, 願君卽以遂備員而行矣.” 平原君曰: “先生處勝之門下, 幾年於此矣?” 毛遂曰: “三年於此矣.” 平原君曰: “夫賢士之處世也, 譬若錐之處囊中, 其末立見. 今先生處勝之門下, 三年於此矣, 左右未有所稱誦, 勝未有所聞, 是先生無所有也. 先生不能, 先生留.” 毛遂曰: “臣乃今日請處囊中耳. 使遂蚤得處囊中, 乃穎脫而出, 非特其末見而已.” 平原君竟與毛遂偕. 十九人相與目笑之而未廢也.

(40) 『사기(史記)』 「전단열전(田單列傳)」

전단은 사졸들이 쓸 만하다는 것을 알고 이에 몸소 널빤지와 삽을 잡고서 사졸들과 일을 나누었으며, 처첩을 항오 간에 편입시켜 음식을 다 풀어 군사들을 먹였다. 그리고 갑졸들을 다 매복시키고 노약자와 부녀자들을 성 위에 올려 보내고는 사신을 보내 연나라에 항복할 것을 약속하였다. 연나라 군사들은 모두 만세를 불렀다. 전단은 또 백성들에게 돈을 거두어 천 일을 얻어 즉묵의 부호들로 하여금 연나라 장수에게 보내게 하면서 이렇게 말하게 했다. “즉묵이 항복하면 우리 가족들과 처첩들을 포로로 삼지 말고 편히 지내게 해 주십시오.” 연나라 장수가 매우 기뻐하며 허락하였다. 연나라 군대가 이로 말미암아 더욱 해이해졌다.

田單知士卒之可用, 乃身操版插, 與士卒分功, 妻妾編於行伍之閒, 盡散飮食饗士. 令甲卒皆伏, 使老弱女子乘城, 遣使約降於燕, 燕軍皆呼萬歲. 田單又收民金, 得千溢, 令卽墨富豪遺燕將, 曰: “卽墨卽降, 願無虜掠吾族家妻妾, 令安堵.” 燕將大喜, 許之. 燕軍由此益懈.

(41) 『세설신어(世說新語)』「출면(黜免)」

환공(桓公)이 촉으로 들어가 삼협에 이르렀을 적에 부대에 새끼 원숭이를 잡은 자가 있었다. 그 어미가 강기슭을 따라 슬피 울며 백여 리를 가도록 떠나지 않다가 마침내 배 위로 뛰어올랐는데 와서는 곧 죽어 버렸다. 어미 원숭이의 배를 갈라서 보니 창자가 모두 마디마디 끊어져 있었다. 환공이 이 말을 듣고는 노하여 그 사람을 내치라고 명하였다.

桓公入蜀, 至三峽中, 部伍中有得猿子者. 其母緣岸哀號, 行百餘里不去, 遂跳上船, 至便卽絶. 破視其腹中, 腸皆寸寸斷. 公聞之, 怒, 命黜其人.

(42) 『춘추좌씨전(春秋左氏傳)』「선공(宣公)」 15년

당초에 위무자에게 폐첩이 하나 있었는데 자식이 없었다. 위무자가 병이 나자 위과에게 명하였다. "이 사람을 반드시 개가시켜라." 그런데 병이 위중하여서는 곧 이렇게 말했다. "반드시 이 사람을 순장하라." 위무자가 죽자 위과가 그녀를 개가시키며 말했다. "병이 위중해지면 정신이 어지러워지는 것이니, 나는 정신이 맑을 때 내리신 명을 따른다." 보씨에서의 전역(戰役)에서 위과는 어떤 노인이 풀을 묶어 두회를 막는 것을 보았는데, 두회가 거기에 걸려 넘어졌으므로 그를 사로잡았다. 그 노인이 밤에 꿈에 나타나 말했다. "나는 그대가 개가시킨 부인의 아비다. 그대가 선인이 정신이 맑을 때 내리신 명을 따랐는지라, 내가 이 때문에 보답한 것이다."

初魏武子有嬖妾, 無子. 武子疾, 命顆曰: "必嫁是." 疾病, 則曰: "必以爲殉." 及卒, 顆嫁之曰: "疾病則亂, 吾從其治也." 及輔氏之役, 顆見老人結草以亢杜回. 杜回躓而顚, 故獲之. 夜夢之曰: "余, 而所嫁婦人之父也. 爾用先人之治命, 余是以報."

(43)『예기(禮記)』「단궁(檀弓)」상(上)

태공은 영구에 봉해졌는데, 5세에 이르기까지 모두 주나라로 반장하였다. 군자는 말한다. "악은 말미암아 나온 바를 즐거워하는 것이고, 예는 그 근본을 잊지 않는 것이다. 옛사람은 말하기를, '여우가 죽을 때 자기가 살던 언덕을 향해 똑바로 머리를 두는데, 이는 인이다.'라고 하였다."

太公封於營丘, 比及五世, 皆反葬於周. 君子曰: "樂樂其所自生, 禮不忘其本. 古之人有言曰: '狐死正丘首, 仁也.'"

(44)『춘추좌씨전(春秋左氏傳)』「은공(隱公)」원년(元年)

정(鄭) 장공(莊公)이 마침내 어머니 강씨를 성영에 안치하고 맹세하여 말했다. "황천에 가지 않으면 어머니와 서로 만남이 없을 것이다." 얼마 후에 그 말을 한 것을 뉘우쳤다. 영고숙은 영곡의 봉인이었는데, 장공이 그런 말을 했다는 것을 듣고 장공에게 무언가를 가져다 바쳤다. 공이 그에게 음식을 하사하였는데, 영고숙은 음식을 먹을 적에 고기를 제쳐 두었다. 장공이 그 까닭을 물으니, 영고숙이 이렇게 대답하였다. "소인은 어머니가 살아 계시어 소인이 드리는 음식은 모두 맛보셨으나 임금님의 국은 맛보신 적이 없는지라 어머니에게 가져다 드리고자 합니다." 장공이 말했다 "너는 음식을 드릴 어머니가 있는데, 나만이 어머니가 없구나!" 영고숙이 말했다. "감히 여쭙건대 무슨 말씀입니까?" 장공이 그 까닭을 말하고 또 뉘우친다고 말하자, 영고숙이 대답하였다. "임금님께서는 무엇을 근심하십니까? 만약 땅을 파서 샘이 나오는 곳에 이르러 지하도에서 어머니와 서로 만나신다면, 그 누가 황천에서 만나지 않았다고 하겠습니까?" 공이 그 말을 따랐다. 장공이 지하도 안으로 들어가 시를 지어 읊었다. "큰 지하도 안에서 어머니를 만나니, 그 즐거움이 무르익었구나." 강씨가 지하도 밖으로 나와 시를 지어 읊었다. "큰 지하도 밖으로 나와 만나니, 그 즐거움이 확 펴졌다." 마침내 처음처럼 모자 관계를 회복하였다. 군자는 말한다. "영고숙은 독실한 효자이다. 그 어머니를 사랑하여 그 마음이 장공에게까지 뻗어 나가 미쳤다. 『시경』 대아(大雅) 「기취(旣醉)」에서 '효자는 효가 다하지 않아, 길이 너의 동류에게 영향을 준다.'라고 하였으니, 아마 이런 경우를 이르는 말일 것이다."

遂寘姜氏于城潁, 而誓之曰: "不及黃泉, 無相見也." 旣而悔之. 潁考叔, 爲潁谷封人, 聞之, 有獻於公. 公賜之食, 食舍肉. 公問之. 對曰: "小人有母, 皆嘗小人之食矣, 未嘗君之羹, 請以遺之." 公曰: "爾有母遺, 繄我獨無!" 潁考叔曰: "敢問何謂也?" 公語之故, 且告之悔. 對曰: "君何患焉? 若闕地及泉, 隧而相見, 其誰曰不然?" 公從之. 公入而賦: "大隧之中, 其樂也融融." 姜出而賦: "大隧之外, 其樂也洩洩." 遂爲母子如初. 君子曰: "潁考叔, 純孝也. 愛其母, 施及莊公. 『詩』曰: '孝子不匱, 永錫爾類.' 其是之謂乎!"

(45) 『춘추좌씨전(春秋左氏傳)』 「소공(昭公)」 원년(元年)

자산이 말했다. "옛적에 고신씨에게 두 아들이 있었으니, 큰 아들은 알백이고 작은 아들은 실침이었습니다. 그들은 깊은 산림에서 살았는데 서로 화목하지 못해 날마다 방패와 창을 사용하여 서로 공격했습니다. 후제가 좋지 않게 여겨 알백을 상구로 옮겨 진성(辰星)의 제사를 주관하게 하였는데 상인이 이 일을 인습하였으므로 진성이 상나라의 별이 된 것입니다. 후제가 실침을 대하로 옮겨 삼성(參星)의 제사를 주관하게 하였는데 당인이 이 일을 인습하여 하나라와 상나라를 복종하여 섬겼습니다. (…) ”

子産曰: “昔高辛氏有二子, 伯曰閼伯, 季曰實沈, 居於曠林, 不相能也, 日尋干戈, 以相征討. 后帝不臧, 遷閼伯於商丘, 主辰, 商人是因, 故辰爲商星. 遷實沈於大夏, 主參, 唐人是因, 以服事夏、商. (…) ”

(46) 『전국책(戰國策)』 「초책(楚策)」 1

형 선왕이 신하들에게 물었다. “내 들으니 북방이 소해휼을 두려워한다는데, 과연 진실로 어떠한가?” 신하들 중에 대답하는 이가 없었다. 강일이 대답했다. “범이 온갖 짐승들을 찾아 잡아먹으려다가 여우를 만났습니다. 여우가 말하기를 ‘그대는 감히 나를 잡아먹지 못한다. 천제께서 나로 하여금 모든 짐승의 우두머리가 되게 하였으니, 지금 그대가 나를 잡아먹는다면 이는 천제의 명을 거역하는 것이다. 그대가 내 말을 믿지 못하겠거든, 내 그대를 위해 앞서 갈 테니 그대는 내 뒤를 따라오면서 짐승들이 나를 보고서도 감히 달아나지 않는지 살펴보라.’라고 하니, 범은 그럴듯하다고 여겼습니다. 그러므로 마침내 여우와 함께 갔는데 짐승들이 이를 보고는 모두 달아났습니다. 범은 짐승들이 자기를 두려워하여 달아난 줄을 알지 못하고 여우를 두려워한다고 여겼습니다. 지금 왕의 땅은 방 5천 리요 갑병은 백만인데 전적으로 소해휼에게 맡겼습니다. 그러므로 북방이 소해휼을 두려워하는 것은 실제로는 왕의 갑병을 두려워하는 것이니, 이는 모든 짐승이 범을 두려워하는 것과 같습니다.”

荊 宣王問群臣曰: “吾聞北方之畏昭奚恤也, 果誠何如?” 群臣莫對. 江一對曰: “虎求百獸而食之, 得狐. 狐曰: ‘子無敢食我也. 天帝使我長百獸, 今子食我,是逆天帝命也. 子以我爲不信, 吾爲子先行, 子隨我後, 觀百獸之見我而敢不走乎?' 虎以爲然, 故遂與之行, 獸見之皆走. 虎不知獸畏己而走也, 以爲畏狐也. 今王之地方五千里, 帶甲百萬, 而專屬之昭奚恤, 故北方之畏奚恤也, 其實畏王之甲兵也, 猶百獸之畏虎也."

(47)『사기(史記)』「고조본기(高祖本紀)」

전긍이 하례하고 인하여 고조를 설득하였다. "폐하께서 한신을 잡으시고 또 진중에 도읍하시니, 진은 형세가 뛰어난 나라입니다. 험한 산하를 두르고 있으며 천리나 떨어져 있어 창을 잡은 군사가 백만이더라도 진은 백만 명을 2만 명으로 막을 수 있습니다. 지세가 편리한바 제후들에게 출병하는 것은 비유하자면 높은 지붕 위에서 물병의 물을 쏟는 것처럼 쉽습니다. 제는 동으로 낭야와 즉묵의 비옥함 있고 남으로 태산의 험고함이 있으며 서로 탁하의 경계가 있고 북으로 발해의 이로움이 있습니다. 땅은 방 2천 리요 창을 잡은 군사가 백만이며 천리 밖으로 떨어져 있어 제는 백만 명을 20만 명으로 막을 수 있습니다. 그러므로 이는 동쪽과 서쪽의 진인 것이니, 친아들이나 친아우가 아니라면 제의 왕이 되게 해서는 안 됩니다." 고조가 말했다. "옳다." 그리고 황금 5백 근을 하사하였다. (…) 고조가 경포(鯨布)를 칠 때 유시에 맞아 도중에 병이 났다. 병이 심해지자 여후가 양의를 맞이했다. 양의가 들어가 보자 고조가 양의에게 물었다. 양의가 이렇게 말했다. "병은 치료될 수 있습니다." 이에 고조가 깔보고 꾸짖으며 말했다. "내가 포의로 삼척검을 들고 천하를 취했으니, 이는 천명이 아닌가? 명은 곧 하늘에 달려 있으니 비록 편작인들 무슨 도움이 되겠는가?" 마침내 병을 치료하지 못하게 하고 금 50근을 하사하고 물리쳤다.

田肯賀, 因說高祖曰: "陛下得韓信, 又治秦中. 秦, 形勝之國, 帶山河之險, 縣隔千里, 持戟百萬, 秦得百二焉. 地埶便利, 其以下兵於諸侯, 譬猶居高屋之上建瓴水也. 夫齊, 東有琅邪、卽墨之饒, 南有太山之固, 西有濁河之限, 北有勃海之利. 地方二千里, 持戟百萬, 縣隔千里之外, 齊得十二焉. 故此東西秦也. 非親子弟, 莫可使王齊矣." 高祖曰: "善." 賜黃金五百斤. (…) 高祖擊布時, 爲流矢所中, 行道病. 病甚, 呂后迎良醫. 醫入見, 高祖問醫. 醫曰: "病可治." 於是高祖嫚罵之曰: "吾以布衣提三尺劍取天下, 此非天命乎? 命乃在天, 雖扁鵲何益?" 遂不使治病, 賜金五十斤罷之.

(48) 『수신후기(搜神後記)』

정영위는 본디 요동 사람으로서 영허산에서 도를 배웠는데, 뒤에 학으로 화하여 요동으로 돌아와 성문 화표주에 내려앉았다. 이때 어떤 소년이 활을 들어 쏘아 맞히려 하자 학은 이에 날아올라 공중에서 빙 돌며 말했다. "정영위 새가 되어, 집 떠난 지 천년 만에 이제야 돌아왔네. 성곽은 여전한데 사람은 그때 사람 아니니, 어찌 신선을 배우지 않고 무덤만 늘어섰나?" 마침내 하늘 높이 날아올랐다. 지금 요동의 정씨들은 그 선대에 승천한 이가 있었다는데 다만 명자를 알지 못한다고 한다.

丁令威, 本遼東人, 學道于靈虛山. 後化鶴歸遼, 集城門華表柱. 時有少年, 擧弓欲射之. 鶴乃飛, 徘徊空中而言曰: "有鳥有鳥丁令威, 去家千年今始歸. 城郭如故人民非, 何不學仙冢纍纍?" 遂高上沖天. 今遼東諸丁云: 其先世有升仙者, 但不知名字耳.

(49) 『태평광기(太平廣記)』 수족(水族)3 「지중어(池中魚)」

『풍속통』에 다음과 같은 이야기가 있다. "'성문에 불이 나니 재앙이 지중어에 미쳤다.'라고 하였는데, 구설에서는 '지중어는 사람의 성과 자이니, 그가 송나라 성문에 살았는데 성문에 불이나 그 집에까지 뻗어나가 중어가 불에 타 죽었다.'라고 하였고, 또 '송나라 성문에 불이 나니 사람들이 못의 물을 길어다가 부었는지라 못 안이 텅 비어 물고기들이 다 말라 죽었다.'라고 하였으니, 불어난 악이 선량한 이까지 해침을 비유한다."

『風俗通』曰: "'城門失火, 禍及池魚.' 舊說: '池仲魚人姓字也, 居宋城門, 城門失火, 延及其家, 仲魚燒死.' 又云: '宋城門失火, 人汲取池中水, 以沃灌之, 池中空竭, 魚悉露死.' 喩惡之滋, 幷傷良謹也."

(50) 『태평광기(太平廣記)』 기의(氣義)1 「양소(楊素)」

진나라 태자사인 서덕언의 아내는 후주 진숙보의 누이로, 낙창공주에 봉해졌는데 재색이 뛰어났다. 서덕언이 태자사인으로 있을 때 시절이 어지러워지자 서로 보전하지 못할까 두려워 그 아내에게 말하였다. "당신의 재주와 용모로, 나라가 망하면 필시 권세 있는 집안에 들어갈 것이니, 그렇다면 영원히 인연이 끊어질 것이오. 혹 인연이 아직 끊어지지 않아 그래도 서로 만나기를 바란다면, 신표로 삼을 게 있어야 하겠소." 이에 거울 하나를 깨뜨려 각각 반씩 가지며 약속하였다. "훗날 꼭 정월 보름에 도시에서 파시오. 내 살아 있다면 그날 찾아갈 것이오." 진나라가 망하자 그 아내는 과연 월공 양소의 집안으로 들어갔는데, 총애가 매우 후하였다. 서덕언은 떠돌아다니면서 갖은 고생을 한 끝에 간신히 경사에 이르러 마침내 정월 보름에 도시를 찾아가니, 어떤 창두가 반쪽 거울을 팔고 있었는데 그

값을 너무 높게 부르는지라 사람들이 모두 비웃었다. 서덕언은 그를 자기의 거처로 데려와 음식을 대접하면서 그 이유를 자세히 말하고는 반쪽 거울을 꺼내어 맞춰 보았다. 그리고 다음과 같은 시를 지었다. "거울이 사람과 함께 떠났더니, 거울은 돌아왔지만 사람은 돌아오지 못했네. 항아의 모습 다시는 보이지 않고, 부질없이 밝은 달빛만 남았구나." 진씨는 시를 얻어 보고는 눈물을 흘리며 음식을 먹지 못했다. 양소가 이 사실을 알고 서글퍼 안색이 변했는데, 즉시 서덕언을 불러 그 아내를 돌려주고는 후히 대접하니, 듣는 이들이 감탄하지 않음이 없었다. 그리고 서덕언·진씨와 함께 술을 마시면서 진씨에게 시를 지으라 하니, 다음과 같은 시를 지었다. "오늘까지 얼마나 지났나? 신관이 구관을 마주했네. 감히 웃지도 울지도 못하니, 사람 노릇 어려운 줄 알겠네." 마침내 진씨는 서덕언과 강남으로 돌아가 결국 해로하였다.

陳太子舍人徐德言之妻, 後主叔寶之妹, 封樂昌公主, 才色冠絶. 德言爲太子舍人, 方屬時亂, 恐不相保, 謂其妻曰: "以君之才容, 國亡必入權豪之家, 斯永絶矣. 儻情緣未斷, 猶冀相見, 宜有以信之." 乃破一鏡, 各執其半, 約曰: "他日必以正月望賣於都市. 我當在, 卽以是日訪之." 及陳亡, 其妻果入越公楊素之家, 寵嬖殊厚. 德言流離辛苦, 僅能至京. 遂以正月望訪於都市, 有蒼頭賣半鏡者, 大高其價, 人皆笑之. 德言直引至其居, 予食, 具言其故, 出半鏡以合之. 乃題詩曰: "鏡與人俱去, 鏡歸人不歸. 無復嫦娥影, 空留明月輝." 陳氏得詩, 涕泣不食. 素知之, 愴然改容, 卽召德言, 還其妻, 仍厚遺之. 聞者無不感嘆. 仍與德言、陳氏偕飮, 令陳氏爲詩, 曰: "今日何遷次? 新官對舊官. 笑啼俱不敢, 方驗作人難." 遂與德言歸江南, 竟以終老.

(51) 『논어(論語)』 「헌문(憲問)」

자공이 말했다. "관중은 인자가 아닐 것입니다. 환공이 공자 규를 죽였는데 죽지도 못하고 또 환공을 보좌했습니다." 공자가 말했다. "관중이 환공을 보좌하여 제후의 패자가 되어 한 번 천하를 바로잡으니, 백성들이 오늘날까지 그 혜택을 받고 있다. 관중이 없었다면 우리는 머리를 풀고 옷깃을 왼쪽으로 여몄을 것이다. 어찌 필부필부가 작은 신의를 위해 도랑에서 목매어 죽어도 아무도 알아주지 않는 것과 같겠는가?"

子貢曰: "管仲, 非仁者與! 桓公殺公子糾, 不能死, 又相之!" 子曰: "管仲, 相桓公霸諸侯, 一匡天下, 民到于今, 受其賜. 微管仲, 吾其被髮左衽矣. 豈若匹夫匹婦之爲諒也, 自經於溝瀆而莫之知也?"

(52) 『서경잡기(西京雜記)』 「화공기시(畫工棄市)」

원제에게는 후궁이 매우 많아 항상 볼 수가 없었다. 이에 화공으로 하여금 모습을 그리게 하여 그림을 살펴보고 불러 총애하였다. 궁인들이 모두 화공에게 뇌물을 주었는데, 많은 경우는 10만이었으며 적은 경우도 5만 이하로 내려가지 않았다. 그런데 유독 왕장만은 뇌물을 쓰려 하지 않아 끝내 원제를 볼 수가 없었다. 흉노가 입조하여 미인을 구해 연지로 삼으려 하자, 이에 상이 그림을 살펴보고 왕소군(王昭君)을 보내도록 했다. 떠날 때가 되어 불러다 보니 미모가 후궁 가운데 제일이었고 응대를 잘하였으며 몸가짐도 우아하였다. 원제는 뉘우쳤지만 명부(名簿)가 이미 결정된 뒤였다. 또 원제는 외국과의 신의를 중시하였으므로 다시 사람을 바꾸지 못했다. 이에 그 사건을 끝까지 조사하니 화공들이 모두 기시를 당하였으며, 그 가산을 몰수하니 재물이 모두 거만금이었다. 화공 중에 두릉의 모연수는 사람의 모습을 그릴 적에 미추(美醜)와 노소에 있어 반드시 핍진함을 얻었다. 안릉의 진창과 신풍의 유백·공관은 모두 우마와 비조의 여러 모습들을 그렸으나 사람의 미추에 있어서는 모연수에 미치지 못하였다. 하두의 양망 또한 그림을 잘 그렸는데 포색을 더욱 잘하였다. 번육 또한 포색을 잘하였다. 이들이 모두 같은 날에 기시를 당하니, 경사의 화공이 이에 드물어졌다.

元帝後宮既多, 不得常見. 乃使畫工圖形, 案圖召幸之. 諸宮人皆賂畫工, 多者十萬, 少者亦不減五萬. 獨王嬙不肯, 遂不得見. 匈奴入朝, 求美人爲閼氏, 於是上案圖, 以昭君行. 及去召見, 貌爲後宮第一, 善應對, 擧止閑雅. 帝悔之, 而名籍已定. 帝重信于外國, 故不復更人. 乃窮案其事, 畫工皆棄市, 籍其家, 資皆巨萬. 畫工有杜陵 毛延壽, 爲人形, 醜好､老少, 必得其眞. 安陵 陳敞, 新豐 劉白､龔寬, 並工爲牛馬飛鳥衆勢, 人形好醜, 不逮延壽. 下杜 陽望, 亦善畫, 尤善布色. 樊育亦善布色. 同日棄市. 京師畫工, 於是差稀.

(53) 『춘추좌씨전(春秋左氏傳)』「장공(莊公)」 10년

채 애후는 진나라에서 부인을 맞아들였고 식후 또한 거기서 부인을 맞아들였다. 식규가 귀녕(歸寧)하면서 채나라를 지나가게 되었다. 채후가 말하였다. "내 처제다." 그리고 머무르게 하여 만나보았는데 공경스럽게 예우하지 않았다. 식후가 이 소식을 듣고 노하여 사신을 보내 초 문왕에게 이렇게 말했다. "우리나라를 치시면 제가 채나라에 구원을 요청할 것인데, 그때 그들을 정벌하십시오." 초자가 이 제안을 따랐다. 가을 9월, 초나라가 신에서 채나라 군대를 쳐부수고 채후 헌무를 데리고 돌아갔다.

蔡 哀侯娶于陳, 息侯亦娶焉. 息嬀將歸, 過蔡. 蔡侯曰: "吾姨也." 止而見之,弗賓. 息侯聞之, 怒, 使謂楚 文王曰: "伐我, 吾求救於蔡而伐之." 楚子從之. 秋九月, 楚敗蔡師于莘, 以蔡侯 獻舞歸.

(54) 『춘추좌씨전(春秋左氏傳)』「장공(莊公)」 14년

채 애후가 신에서의 일 때문에 식규의 미모를 칭찬하여 초자에게 이야기했다. 초자는 식나라로 갔는데, 음식을 가지고 들어가 대접하다가 드디어 식나라를 멸망시켰다. 초자는 식규를 데리고 돌아왔고, 식규는 도오와 초 성왕을 낳았는데 말을 하지 않았다. 초자가 그 이유를 물으니 이렇게 대답했다. "저는 한 부인으로 두 지아비를 섬겼으니, 비록 죽을 수는 없지만, 또 무슨 말을 하겠습니까?" 초자는 채후 때문에 식나라를 멸망시켰다 하여 드디어 채나라를 정벌하였다. 가을 7월, 초나라가 채나라로 쳐들어갔다.

蔡 哀侯爲莘故, 繩息嬀以語楚子. 楚子如息, 以食入享, 遂滅息. 以息嬀歸, 生堵敖及成王焉, 未言. 楚子問之, 對曰: "吾一婦人而事二夫, 縱弗能死, 其又奚言?" 楚子以蔡侯滅息, 遂伐蔡. 秋七月, 楚入蔡.

(55) 『신당서(新唐書)』「열녀전(列女傳)」

이덕무의 처 배씨는 자가 영숙으로 안읍공 배구의 딸이니, 효성으로 향당에서 이름이 알려졌다. 이덕무가 수나라에서 어떤 사건에 연좌되어 영남으로 유배 가게 되었는데, 당시 배씨는 시집온 지 막 한 해를 넘긴 때였는지라 배구가 이혼을 표청(表請)하였다. 그러자 이덕무가 배씨에게 말했다. "내 이제 폄적(貶謫)되어 돌아올 리가 없으니 그대는 반드시 다른 가문에서 배우자를 찾아야 할 것인바, 이에 영영 이별하노라." 배씨가 답하였다. "지아비는 하늘이니 등질 수가 있겠습니까? 죽어도 다른 사람에게 가지 않겠습니다." 그리고 귀를 베어 맹세하고자 했으나 보모가 붙들며 허락하지 않았다. 시집의 누이에 대해서는 세시와 삭망에 배씨가 예를 다하여 공경하였고, 평소에 집안에 있으면서 치장을 하지 않았다. 『열녀전』을 읽다가 재가하지 않은 자를 칭술함을 보고는 사람들에게 이렇게 말했다. "재가하지 않는 것은 부인의 상도인데 무엇이 특이하다고 책에다 실었는가?" 10년 뒤에도 이덕무가 돌아오지 않자 배구가 배씨를 재가시키기로 결정하였는데, 배씨가 머리를 자르고 음식을 먹지 않으니, 배구가 탈지(奪志)할 수 없음을 알고 배씨의 뜻을 따랐다. 이덕무는 이주씨에게 다시 장가들었는데, 사면을 받아 돌아오다가 도중에 배씨가 절개를 온전히 지켰다는 말을 듣고서 후처를 보내버리니, 처음처럼 부부가 되었다.

李德武妻裴, 字淑英, 安邑公矩之女, 以孝聞鄉黨. 德武在隋, 坐事徙嶺南, 時嫁方逾歲, 矩表離婚. 德武謂裴曰: "我方貶, 無還理, 君必儷它族, 于此長決矣." 答曰: "夫, 天也, 可背乎? 願死無它." 欲割耳誓, 保姆持不許. 夫姻婣, 歲時朔望, 裴致禮惟謹. 居不御薰澤. 讀『列女傳』, 見述不更嫁者, 謂人曰: "不踐二廷, 婦人之常, 何異而載之書?" 後十年, 德武未還, 矩決嫁之, 斷髮不食, 矩知不能奪, 聽之. 德武更娶尒朱氏, 遇赦還, 中道聞其完節, 乃遣後妻, 爲夫婦如初.

(56) 『진서(晉書)』 「악광열전(樂廣列傳)」

악광은 자가 언보이니, 남양 육양 사람이다. (…) 일찍이 친한 객이 있었는데 오래도록 다시 찾아오지 않았다. 악광이 그 이유를 물었더니 이렇게 대답하였다. "전에 자리에 앉아 있을 적에 내려 주신 술을 받았습니다. 술을 마시려고 할 때 술잔 속에 뱀이 있는 것을 보고는 매우 혐오하였는데, 술을 마신 뒤에 병이 들었습니다." 이때에 하남 청사의 벽에 각궁(角弓)이 있었는데 옻칠을 하여 뱀을 그려 놓았다. 악광은 잔 속의 뱀이 바로 각궁의 그림자라고 생각하였다. 그래서 다시 예전의 장소에 술자리를 마련하고 객에게 말했다. "술잔 속에 다시 보이는 게 있는가?" 객이 대답하였다. "보이는 게 처음과 같습니다." 악광이 이에 그 까닭을 이야기해 주자, 객은 마음이 툭 트여 묵은 병이 갑자기 나았다.

樂廣字彦輔, 南陽淯陽人也. (…) 嘗有親客, 久闊不復來, 廣問其故, 答曰: "前在坐, 蒙賜酒, 方欲飮, 見杯中有蛇, 意甚惡之, 旣飮而疾." 于時河南聽事壁上有角, 漆畫作蛇. 廣意杯中蛇卽角影也. 復置酒於前處, 謂客曰: "酒中復有所見不?" 答曰: "所見如初." 廣乃告其所以, 客豁然意解, 沈痾頓愈.

(57) 『신당서(新唐書)』 「열녀전(列女傳)」

방현령의 처 노씨는 그 세계를 잃어버렸다. 방현령이 한미했을 때 병들어 죽게 되자 노씨에게 부탁하였다. "나는 병이 위독해졌고 그대는 나이가 젊으니 과부로 살아서는 안 된다. 후인을 잘 섬기라." 노씨가 울면서 장중으로 들어가 한쪽 눈을 도려내어 방현령에게 보여주어 다른 사람에게 가지 않겠다는 뜻을 분명히 하였다. 방현령이 병이 낫자 종신토록 노씨를 예우하였다.

房玄齡妻盧, 失其世. 玄齡微時, 病且死, 諉曰: "吾病革, 君年少, 不可寡居, 善事後人." 盧泣入帳中, 剔一目示玄齡, 明無它. 會玄齡良愈, 禮之終身.

(58) 『소학(小學)』「선행(善行)」

조상의 종제인 문숙의 아내는 초군 하후문녕의 딸로 이름은 영녀이다. 문숙이 일찍 죽자 상기를 마치고 스스로 나이가 젊고 자식이 없으니 집에서 분명 자기를 개가시킬 것이라 염려하여 이에 머리털을 잘라 맹세하였다. 그 후에 집에서 과연 개가시키려 하자, 영녀는 이 소문을 듣자마자 다시 칼로 두 귀를 자르고 생활을 항상 조상에게 의지하였다. 조상이 죽임을 당해 조씨가 다 죽게 되자, 영녀의 숙부가 글을 올려 조씨와 혼인을 끊고 영녀를 억지로 맞이하여 돌아왔다. 이때 하후문녕이 양나라 정승으로 있었는데, 그녀가 젊은 나이로 절의를 지키는 것이 가련하기도 하고 조씨에게 남은 무리가 없는지라 그녀의 뜻이 꺾이기를 바라서 이에 가만히 사람을 보내 넌지시 이야기하였다. 그러자 영녀가 탄식하고 울면서 말했다. "나 또한 생각해 보니, 허락하는 것이 옳겠다." 집안에서 이 말을 믿고 방비를 조금 느슨히 하자, 영녀가 이에 몰래 침실로 들어가서 칼로 코를 베고는 이불을 뒤집어쓰고 누웠다. 그 어미가 불러 함께 말하여도 응답하지 않자 이불을 걷고서 보니 피가 흘러 침상과 자리에 가득하였다. 온 집안이 놀라고 당황하여 가서 보았는데, 코가 시큰하지 않은 이가 없었다. 어떤 이가 그녀에게 말했다. "사람이 이 세상을 사는 것은 가벼운 먼지가 약한 풀에 붙어 있는 것과 같은데, 어찌하여 이렇게 쓰라린 고통을 당하는가? 게다가 남편의 가문이 멸망하여 이미 사라졌으니, 이를 지켜서 누구를 위하려는가?" 영녀가 말했다. "듣건대 인자는 성쇠 때문에 절개를 고치지 않고 의자는 존망 때문에 마음을 바꾸지 않는다고 한다. 조씨가 전성했을 때에도 끝까지 지키려 했는데, 하물며 이제 쇠망하였으니 어찌 차마 버리겠는가? 금수 같은 짓을 내 어찌 하겠는가?"

曹爽從弟文叔妻, 譙郡 夏侯文寧之女, 名令女. 文叔蚤死, 服闋, 自以年少無子, 恐家必嫁己, 乃斷髮爲信. 其後家果欲嫁之, 令女聞卽復以刀截兩耳, 居止常依爽. 及爽被誅, 曹氏盡死, 令女叔父上書, 與曹氏絶婚, 彊迎令女歸. 時文寧爲梁相, 憐其少執義, 又曹氏無遺類, 冀其意沮, 乃微使人風之. 令女嘆且泣曰: "吾亦惟之, 許之是也." 家以爲信, 防之少懈, 令女於是竊入寢室, 以刀斷鼻, 蒙被而臥. 其母呼與語, 不應, 發被視之, 血流滿牀席. 擧家驚惶, 往視之, 莫不酸鼻. 或謂之曰: "人生世間, 如輕塵棲弱草耳, 何辛苦乃爾? 且夫家夷滅已盡, 守此欲誰爲哉?" 令女曰: "聞仁者, 不以盛衰改節, 義者, 不以存亡易心. 曹氏全盛之時, 尙欲保終, 況今衰亡, 何忍棄之? 禽獸之行, 吾豈爲乎?"

(59) 『열녀전(列女傳)』 절의전(節義傳) 「노추결부(魯秋潔婦)」

결부는 노나라 추호자의 처이다. 추호자가 장가들고 닷새 뒤에 떠나 진나라에서 벼슬하고 5년 만에 돌아왔다. 아직 집에 이르기 전에 보니 길가에서 부인이 뽕을 따고 있었다. 추호자가 기뻐하면서 수레에서 내려 그녀에게 말했다. "이런 뙤약볕에서 뽕을 따는구려. 내 갈 길이 먼데, 뽕나무 그늘 아래에서 밥 먹고 짐을 내려놓고 쉬었으면 하오." 부인은 계속 뽕만 땄다. 추호자가 말했다. "힘써 농사짓는 것은 풍년을 만남만 못하고 힘써 뽕을 따는 것은 국경을 만남만 못하오. 나에게 금이 있는데, 이것을 부인에게 주고 싶소." 부인이 말했다. "아! 뽕을 따면서 열심히 일하고 길쌈하여 옷을 짜서 의식을 공급하는 것은 양친과 남편을 봉양하려는 것입니다. 나는 금을 바라지 않습니다. 바라는 것은 경께서 다른 생각을 가지지 않는 것이니, 첩 또한 음란한 생각이 없습니다. 당신의 짐과 금 상자를 거두어 가십시오." 추호자가 마침내 떠나 집에 도착하여 금을 받들어 어머니에게 드리고 사람을 시켜 부인을 불러오게 하였는데, 부인이 바로 조금 전에 뽕을 따던 부인이었다. 추호자가 부끄러워하자 부인이 말했다. "당신은 머리를 묶고 몸을 닦아 어버이께 하직하고 벼슬하러 떠나 5년 만에 돌아왔으니, 마땅히 기뻐하며 달려와 먼지를 일으키며 속히 왔어야 했습니다. 그런데 지금 길가의 부인을 보고 기뻐하여 당신의 행장을 내려놓고 금을 주려고 했으니 이는 어머니를 잊은 것인바 어머니를 잊음은 불효요, 색을 좋아하여 음란하였으니 이는 더러운 행실인바 더러운 행실은 불의입니다. 어버이를 섬김에 불효하면 임금을 섬김에도 불충할 것이요, 집 안에 있을 적에 불의하다면 백관을 다스릴 적에도 제대로 다스리지 못할 것입니다. 효와 의가 모두 없어졌으니, 분명 제대로 이루어지지 못할 것입니다. 첩은 차마 보지 못하겠으니, 당신은 재취해야 할 것입니다. 첩은 또한 재가하지 않겠습니다." 마침내 떠나 동쪽으로 가서 하수에 몸을 던져 죽었다.

潔婦者, 魯 秋胡子妻也. 旣納之五日, 去而宦於陳, 五年乃歸. 未至家, 見路旁婦人採桑. 秋胡子悅之, 下車謂曰: "若曝採桑. 吾行道遠, 願託桑蔭下, 飡下齎休焉." 婦人採桑不輟. 秋胡子謂曰: "力田不如逢豐年, 力桑不如見國卿. 吾有金, 願以與夫人." 婦人曰: "嘻! 夫採桑力作, 紡績織紝, 以供衣食, 奉二親, 養夫子. 吾不願金. 所願卿無有外意, 妾亦無淫泆之志. 收子之齎與筍金." 秋胡子遂去至家, 奉金遺母, 使人喚婦至, 乃嚮採桑者也. 秋胡子慚, 婦曰: "子束髮脩身, 辭親往仕, 五年乃還, 當所悅馳驟, 揚塵疾至. 今也, 乃悅路傍婦人, 下子之裝, 以金予之, 是忘母也, 忘母不孝, 好色淫泆, 是汚行也, 汚行不義. 夫事親不孝, 則事君不忠, 處家不義, 則治官不理, 孝義並亡, 必不遂矣. 妾不忍見, 子改娶矣. 妾亦不嫁." 遂去而東走, 投河而死.

(60) 『열녀전(列女傳)』 정순전(貞順傳) 「초소정강(楚昭貞姜)」

정강은 제후의 딸이요 초 소왕의 부인이다. 소왕이 출유하였는데 부인을 점대 위에 머무르게 하고 떠났다. 왕은 강물이 크게 불어났다는 말을 듣고 사자를 시켜 부인을 맞아오도록 하였는데 부절을 지니는 것을 깜빡 잊었다. 사자가 도착하여 부인에게 나오도록 청하자, 부인이 말했다. "왕께서 궁인과 약속하여 명하시기를, 궁인을 부를 때에는 반드시 부절로써 하겠다고 하셨습니다. 지금 사자가 부절을 지니지 않았으니, 첩은 감히 사자를 따라서 가지 못하겠습니다." 사자가 말했다. "지금 강물이 크게 불어나고 있으니 돌아가 부절을 가져온다면 아마 때가 늦을 것입니다." 부인이 말했다. "첩이 들으니 정녀의 의는 약속을 어기지 않으며 용자는 죽음을 두려워하지 않고 한 절의를 지킬 따름이라고 합니다. 첩은 사자를 따르면 반드시 살고 머무르면 반드시 죽는다는 것을 압니다. 그러나 약속을 저버리고 의리를 넘어서까지 삶을 추구하는 것은 머물러 죽는 것만 못합니다." 이에 사자가 돌아가 부절을 가지고서 돌아와 보니 물이 크게 불어나 점대는 붕괴되고 부인은 물에 휩쓸려 죽었다. 왕이 말했다. "아! 죽음으로 절의(節義)를 지켜 구차히 살지 않았으며 굳게 약신(約信)을 지켜 그 정절을 이루었다." 이에 그녀를 정강이라 불렀다.

貞姜者, 齊侯之女, 楚昭王之夫人也. 王出遊, 留夫人漸臺之上而去. 王聞江水大至, 使使者迎夫人, 忘持符. 使者至, 請夫人出, 夫人曰: "王與宮人約令, 召宮人必以符. 今使者不持符, 妾不敢從使者行." 使者曰: "今水方大至, 還而取符, 則恐後矣." 夫人曰: "妾聞之: 貞女之義, 不犯約, 勇者不畏死, 守一節而已. 妾知從使者必生, 留必死. 然棄約越義而求生, 不若留而死耳." 於是使者反取符, 還則水大至, 臺崩, 夫人流而死. 王曰: "嗟夫! 守義死節, 不爲苟生, 處約持信, 以成其貞." 乃號之曰貞姜.

(61) 『진서(晉書)』 「열녀전(列女傳)」

대저 삼재가 자리를 나눔에 실가의 도가 능히 융성해지고, 두 집안이 사귀어 즐거워함에 정렬의 기풍(氣風)이 이에 드러난다. 고상한 정조(情操)

를 떨쳐 홀로 빼어나니 노책에서는 이에 영화(英華)의 명성(名聲)을 드날리고, 높은 절조(節操)를 굳게 지켜 외로이 우뚝하니 주편에서는 이에 무성(茂盛)한 실제(實際)를 드높였다.

夫三才分位, 室家之道克隆, 二族交歡, 貞烈之風斯著. 振高情而獨秀, 魯冊於是飛華, 挺峻節而孤標, 周編於焉騰茂.

(62)『진서(晉書)』「유하열전(劉遐列傳)」

유하는 자가 정장이니, 광평 역양 사람이다. (…) 향인인 기주자사 소속이 그를 매우 중하게 여겨 딸을 그에게 시집보냈다. (…) 유하의 아내는 용감하여 부친의 풍도(風度)가 있었다. 유하가 석계룡에게 포위당한 적이 있었는데, 유하의 아내가 홀로 수기(數騎)를 거느리고 가서 수많은 적군 속에서 유하를 구출하였다. 전방 등이 난을 일으키려 하자 유하의 아내가 저지하였는데, 따르지 않자 이에 몰래 불을 질러 무기(武器)를 다 태워 없앴다.

劉遐, 字正長, 廣平 易陽人也. (…) 鄕人冀州刺史邵續深器之, 以女妻焉. (…) 遐妻驍果有父風. 遐嘗爲石季龍所圍, 妻單將數騎, 拔遐出於萬衆之中. 及田防等欲爲亂, 遐妻止之, 不從, 乃密起火燒甲杖都盡.

(63)『후한서(後漢書)』「열녀전(列女傳)」

건위 성도의 처는 같은 군 조씨의 딸로 자는 원강이다. 건안 5년, 익부에 난이 일어나자 성도가 사람들을 모아 군대를 일으켰는데 실패하여 부부가 붙잡혀 사형을 당하게 되었다. 원강이 밤중에 성도에게 말했다. "법에 상형이 있어 살 가망이 전혀 없으니 당신께서는 어서 몰래 달아나 문호를 세우십시오. 첩은 스스로 옥에 머물러 당신을 대신해 죄를 받겠습니다." 성도가 머뭇거리며 결정하지 못하자 원강이 곧 성도의 차꼬와 수갑을 풀고 성도를 위해 가져갈 식량과 물품을 마련해 주었다. 아들 성상은 당시에 나이가 5세였는데 성도로 하여금 데리고 달아나게 하였다. 원강이 성도를 대신하여 밤을 보냈는데 응대함에 있어 실수하지 않았다. 성도가 이미 멀리 달아났으리라는 생각이 들어 이에 옥리(獄吏)에게 이실직고하자, 곧바로 죽임을 당하였다. 성도 부자는 마침 사면을 받아 고향으로 돌아왔다. 성도는 그녀의 절의에 감동하여 종신토록 장가들지 않았다.

犍爲 盛道妻者, 同郡趙氏之女也, 字媛姜. 建安五年, 益部亂, 道聚衆起兵, 事敗, 夫妻執繫, 當死. 媛姜夜中告道曰: "法有常刑, 必無生望, 君可速潛逃, 建立門戶, 妾自留獄, 代君塞咎." 道依違未從. 媛姜便解道桎梏, 爲齎粮貨. 子翔時年五歲, 使道攜持而走. 媛姜代道持夜, 應對不失. 度道已遠, 乃以實告吏, 應時見殺. 道父子會赦得歸. 道感其義, 終身不娶焉.

(64) 『예문유취(藝文類聚)』 조부(鳥部) 상(上) 「난(鸞)」

송나라 범태의 「난조시서」에서 말했다. "옛날에 계빈왕이 준기산에 그물을 쳐서 난조 한 마리를 잡았다. 왕은 난조를 매우 사랑하여 울게 하려 했으나 뜻을 이루지 못했다. 이에 금으로 새장을 꾸미고 진수성찬을 먹였으나, 대할수록 더욱 슬퍼하여 3년 동안 울지 않았다. 그 부인이 말했다. '새는 동류를 본 뒤에야 운다는 말을 들은 적이 있습니다. 어찌 거울을 달아 비춰 보지 않으십니까?' 왕이 그 뜻을 따랐다. 난조가 제 모습을 보고 슬피 우니, 애절한 소리가 하늘 한가운데까지 울려 퍼졌는데, 한 번 떨쳐 날아오르더니 죽어 버렸다."

宋 范泰「鸞鳥詩序」曰: "昔罽賓王, 結罝峻祁之山, 獲一鸞鳥. 王甚愛之, 欲其鳴而不致也. 乃飾以金樊, 饗以珍羞, 對之愈戚 三年不鳴. 其夫人曰: '嘗聞鳥見其類而後鳴, 何不懸鏡以映之?' 王從其意. 鸞覩形悲鳴, 哀響中霄, 一奮而絶."

(65) 『회남자(淮南子)』「인간훈(人間訓)」

변경 근처에 사는 사람 중에 점술을 잘하는 이가 있었는데, 말이 아무 이유 없이 달아나 호 땅으로 들어가자, 사람들이 모두 위로하였다. 그 아비가 말했다. "이 일이 어찌 복이 되지 않겠는가?" 몇 달 있다가 그 말이 호 땅의 준마를 데리고 돌아오자, 사람들이 모두 축하하였다. 그 아비가 말했다. "이 일이 어찌 화가 되지 않을 수 있겠는가?" 집 안에 좋은 말이 많아졌는데, 그 아들이 말 타기를 좋아하다가 말에서 떨어져 넓적다리가 부러지자, 사람들이 모두 위로하였다. 그 아비가 말했다. "이 일이 어찌 복이 되지 않겠는가?" 1년 있다가 호인이 대거 변경에 쳐들어오니 정장들이 활을 당기며 싸웠는데 변경 근처의 사람 중에 죽은 이가 열에 아홉이었지만, 이 사람만은 절름발이였으므로 부자가 함께 보전할 수 있었다. 그러므로 복이 화가 되고 화가 복이 되는 것은, 변화는 끝을 알 수 없고 깊이는 헤아릴 수 없다.

近塞上之人, 有善術者, 馬無故亡而入胡, 人皆弔之. 其父曰: "此何遽不爲福乎?" 居數月, 其馬將胡駿馬而歸, 人皆賀之. 其父曰: "此何遽不能爲禍乎?" 家富良馬, 其子好騎, 墮而折其髀, 人皆弔之. 其父曰: "此何遽不爲福乎?" 居一年, 胡人大入塞, 丁壯者引弦而戰, 近塞之人, 死者十九, 此獨以跛之故, 父子相保. 故福之爲禍, 禍之爲福, 化不可極, 深不可測也.

(66) 『설원(說苑)』 「권모(權謀)」

한 소후가 높은 문을 지었다. 굴의구가 말했다. "소후는 이 문을 나가지 못한다." 누가 물었다. "어째서인가?" 굴의구가 말했다. "때에 맞지 않기 때문이니, 내 이른바 때에 맞지 않는다는 것은 시일을 말하는 게 아니다. 사람에게는 이로움과 불리함이 있다. 소후는 일찍이 이로웠을 때에는 높은 문을 짓지 않더니, 왕년에 진나라가 의양을 함락하고 그 이듬해에 큰 가뭄이 들어 백성들이 굶주렸는데도 이런 때에 백성을 급히 구휼하지 않고 도리어 더욱 사치하니, 이것이 이른바 복은 거듭하여 이르지 않고 화는 반드시 거듭하여 온다는 것이다." 높은 문이 완성되자 소후가 죽으니, 결국 이 문을 나가지 못하였다.

韓 昭侯造作高門. 屈宜咎曰: "昭侯不出此門." 曰: "何也?" 曰: "不時. 吾所謂不時者, 非時日也. 人固有利不利, 昭侯嘗利矣, 不作高門. 往年秦拔宜陽, 明年大旱民飢, 不以此時恤民之急也, 而顧反益奢, 此所謂福不重至, 禍必重來者也." 高門成, 昭侯卒, 竟不出此門.

(67) 『동관한기(東觀漢記)』 「황향열전(黃香列傳)」

황향은 자가 문강이니, 강하 안륙 사람이다. 부친 황황은 효렴으로 천거되어 군의 오관연을 지냈다. 가난하여 노복이 없었으므로 황향이 몸소 부지런히 힘써 마음을 다해 봉양하여, 겨울에는 이불과 바지가 없었지만 어버이에게는 맛있는 음식을 지극히 바쳤으며, 여름에는 침상과 베개에 부채질하고 겨울에는 몸으로 자리를 따뜻하게 해 드렸다.

黃香字文彊, 江夏 安陸人也. 父況擧孝廉, 爲郡五官掾. 貧無奴僕, 香躬執勤苦, 盡心供養, 冬無被袴, 而親極滋味, 暑卽扇牀枕, 寒卽以身溫席.

(68) 『논어(論語)』 「계씨(季氏)」

진강이 백어에게 물었다. "그대는 역시 유달리 들은 내용이 있겠지요?" 백어가 대답했다. "없습니다. 일찍이 홀로 서 계셨을 적에 제가 종종걸음으로 뜰을 지나갔는데, '시를 배웠느냐?'라고 하시기에 '아직 배우지 못하였습니다.'라고 하였더니, '시를 배우지 않으면 말을 할 수가 없다.'라고 하셨습니다. 제가 물러나 시를 배웠습니다. 다른 날에 또 홀로 서 계셨을 적에 제가 종종걸음으로 뜰을 지나갔는데, '예를 배웠느냐?'라고 하시기에 '아직 배우지 못하였습니다.'라고 하였더니, '예를 배우지 않으면 설 수가 없다.'라고 하셨습니다. 제가 물러나 예를 배웠습니다. 이 두 가지를 들었습니다." 진강이 물러나 기뻐하면서 말했다. "하나를 물어 셋을 얻었다. 시를 듣고 예를 들었으며, 또 군자가 그 아들을 멀리한다는 것을 들었다."

陳亢問於伯魚曰: "子亦有異聞乎?" 對曰: "未也. 嘗獨立, 鯉趨而過庭, 曰: '學詩乎?' 對曰: '未也.' '不學詩, 無以言.' 鯉退而學詩. 他日又獨立, 鯉趨而過庭, 曰: '學禮乎?' 對曰: '未也.' '不學禮, 無以立.' 鯉退而學禮. 聞斯二者." 陳亢退而喜曰: "問一得三. 聞詩聞禮, 又聞君子之遠其子也."

(69) 『사기(史記)』 「춘신군열전(春申君列傳)」

조나라 평원군이 사신을 춘신군에게 보냈는데, 춘신군이 그를 상사에 머무르게 하였다. 조나라 사신이 초나라에 자랑하고자 하여 대모잠을 꽂고 칼집을 주옥으로 장식하고서 춘신군의 문객에게 만날 것을 요청했다. 춘신군의 문객은 3천여 인이었는데, 그 상객들이 모두 구슬 신발을 신고서 조나라 사신을 만나니, 조나라 사신이 매우 부끄러워하였다.

趙 平原君使人於春申君, 春申君舍之於上舍. 趙使欲誇楚, 爲瑇瑁簪, 刀劍室以珠玉飾之, 請命春申君客. 春申君客三千餘人, 其上客皆躡珠履以見趙使, 趙使大慙.

(70) 『열선전(列仙傳)』 「강비이녀(江妃二女)」

강비 두 여인은 어디 사람인지 모른다. 그녀들이 강한의 물가에 나와 노닐다가 정교보를 만났다. 정교보는 그녀들을 보고는 마음속으로 좋아하였는데 신인인 줄은 몰랐다. 정교보가 그 마부에게 말했다. "내가 내려서 그 패옥을 청하고자 한다." 마부가 말했다. "이곳 사람들은 모두 말에 능숙하니, 말을 잘하지 못하면 아마 후회를 하게 될 것입니다." 정교보가 그 말을 듣지 않고 마침내 내려가 그녀들에게 말하였다. "두 여인들께서 수고하십니다." 두 여인이 말했다. "객께서 수고하지지 첩들이 무슨 수고랄 게 있겠습니까?" 정교보가 말했다. "귤은 유자, 내 상자에 담네. 한수에 놓아, 장차 흘러 내려가게 한다오. 내 그 옆을 따라가며, 지초를 캐어 먹는다네. 제가 공손하지 못한 줄 알겠지만 당신의 패옥을 청합니다." 두 여인이 말했다. "귤은 유자, 내 둥구미에 담네. 한수에 놓아, 장차 흘러 내려가게 한다오. 내 그 옆을 따라가며, 지초를 캐어 먹는다네." 마침내 손수 패옥을 풀어 정교보에게 주었다. 정교보가 기뻐하며 받아 그것을 가슴 한가운데에 품었다. 종종걸음으로 수십 걸음을 갔다가 패옥을 보니 빈 가슴에 패옥이 없었다. 두 여인을 돌아보니 문득 보이지 않았다.

江妃二女者, 不知何所人也. 出遊於江、漢之湄, 逢鄭交甫. 見而悅之, 不知其神人也. 謂其僕曰: “我欲下請其佩.” 僕曰: “此間之人, 皆習於辭, 不得, 恐罹悔焉.” 交甫不聽, 遂下與之言曰: “二女勞矣.” 二女曰: “客子有勞, 妾何勞之有?” 交甫曰: “橘是柚也, 我盛之以笥. 令附漢水, 將流而下. 我遵其傍, 採其芝而茹之. 以知吾爲不遜也, 願請子之佩.” 二女曰: “橘是柚也, 我盛之以筥. 令附漢水, 將流而下. 我遵其傍, 採其芝而茹之.” 遂手解佩與交甫. 交甫悅受而懷之中當心. 趨去數十步, 視佩, 空懷無佩. 顧二女, 忽然不見.

(71) 『태평광기(太平廣記)』 문장(文章)1 「고황(顧況)」

당나라 고황이 낙양에 있을 때, 틈을 타서 한두 명의 시우와 금원(禁苑)에서 노닐다가 흐르는 물 위에서 큰 오동잎을 얻었는데, 그 위에 다음과 같은 시가 적혀 있었다. “한 번 깊은 궁궐 속에 들어가니, 해마다 봄을 보지 못하네. 애오라지 한 조각 나뭇잎에 시를 써서, 정 있는 사람에게 부친다오.” 고황이 이튿날 상류에서 또한 나뭇잎 위에 시를 써서 물결에 띄워 보냈는데, 그 시는 다음과 같다. “우는 꾀꼬리와 날리는 버들개지 시름겹게 바라보며, 상양궁의 궁녀는 애가 끊어지는구나. 임금의 은혜는 동으로 흐르는 물처럼 그치지 않는데, 나뭇잎 위에 쓴 시는 누구에게 부친 것일까?” 10여 일 뒤에 어떤 객이 금원으로 봄놀이를 왔다가 또 잎 위 쓰인 시를 얻었으므로 그것을 고황에게 보여주었는데, 그 시는 다음과 같다. “잎에 시를 써서 궁궐 밖으로 내보냈더니, 누가 근심스레 화답하며 홀로 정을 머금었나? 한스럽게도 물결 위의 나뭇잎처럼, 흔들리는 물결에 바람 타고 다니지 못한다네."

唐 顧況在洛, 乘閒與一二詩友遊於苑中, 流水上得大梧葉, 上題詩曰: "一入深宮裏, 年年不見春. 聊題一片葉, 寄與有情人." 況明日於上游, 亦題葉上, 泛於波中. 詩曰: "愁見鶯啼柳絮飛, 上陽宮女斷腸時. 君恩不禁東流水, 葉上題詩寄與誰?" 後十餘日, 有客來苑中尋春, 又於葉上得一詩, 故以示況. 詩曰: "一葉題詩出禁城, 誰人愁和獨含情? 自嗟不及波中葉, 蕩漾乘風取次行."

(72) 『진서(晉書)』 「상수열전(向秀列傳)」

상수는 자가 자기이니 하내 회 사람이다. (…) 혜강(嵇康)은 쇠 불리는 일을 잘하였고 상수가 그를 보좌하였는데 서로 기쁜 마음으로 대하여 곁에 사람이 없는 듯하였다. 또 여안과 함께 산양에서 채마밭에 물을 뿌렸다. 혜강이 주살되자 상수는 계리(計吏)로 부름에 응하여 낙양(洛陽)으로 들어갔다. 문제가 물었다. "듣자 하니 기산의 뜻을 지녔다는데, 어찌하여 여기에 있는가?" 상수가 말했다. "생각건대 소보(巢父)와 허유(許由)는 견개한 선비로서 요임금의 마음을 깨닫지 못했으니, 어찌 사모할 점이 많다 할 수 있겠습니까?" 문제가 매우 기뻐하였다. 상수는 이에 이로부터 벼슬을 하였는데, 「사구부」를 지어 이렇게 말했다. "나는 혜강·여안과 가까이 살았는데, 그 사람들은 모두 남에게 얽매이지 않는 뛰어난 재주를 가지고 있었다. 혜강은 뜻이 고원하고 소탈하였으며 여안은 마음이 활달하고 호탕하였더니, 훗날 모두 어떤 일로 법망에 걸려들었다. 혜강은 기예에 널리 통달했지만 사죽에 특히 뛰어났는데, 운명할 때를 당하여 해그림자를 돌아보고는 거문고를 찾아 연주하였다. 내가 서쪽으로 가는 길에 그의 옛집을 지나게 되었는데, 이때 해는 우천으로 넘어가고 날씨는 추워 싸늘하였다. 이웃 사람이 피리를 부니 소리가 맑게 울려 퍼졌다. 옛적에 즐겁게 놀고 잔치하던 일을 추념하다가 피리 소리에 느낌이 있어 탄식하였다. 그러므로 부를 지었다. (…)”

向秀字子期, 河內懷人也. (…) 康善鍛, 秀爲之佐, 相對欣然, 傍若無人. 又共呂安灌園於山陽. 康旣被誅, 秀應本郡計入洛. 文帝問曰: “聞有箕山之志, 何以在此?” 秀曰: “以爲巢、許狷介之士, 未達堯心, 豈足多慕?” 帝甚悅. 秀乃自此役, 作「思舊賦」云: “余與嵇康、呂安居止接近, 其人並有不羈之才. 嵇意遠而疏, 呂心曠而放, 其後並以事見法. 嵇博綜伎藝, 於絲竹特妙, 臨當就命, 顧視日影, 索琴而彈之. 逝將西邁, 經其舊廬. 于時日薄虞泉, 寒冰凄然. 鄰人有吹笛者, 發聲寥亮. 追想曩昔游宴之好, 感音而歎, 故作賦曰: (…) ”

(73) 『사기(史記)』 「송미자세가(宋微子世家)」

군언은 11년에 자립하여 왕이라 하였다. 동으로 제나라를 패퇴시켜 다섯 성을 취하고 남으로 초나라를 패퇴시켜 땅 3백 리를 취하였으며 서로 위나라 군대를 패퇴시켜 이에 제나라·위나라와 적국이 되었다. 가죽 주머니에 피를 담아서 매달아 쏘아 맞히면서 ‘석천’이라 명하였고, 술과 부인에 빠졌는데, 신하들 중에 간하는 자가 있을 경우 바로 쏘아 맞혔다. 이에 제후들이 모두 ‘걸송’이라 하면서 “송나라가 다시 주가 했던 짓을 하고 있으니 주벌하지 않을 수 없다.”라고 하였고, 제나라에 고하여 송나라를 정벌하게 했다. 왕언 즉위 47년에 제 민왕이 위나라·초나라와 함께 송나라를 정벌하여 왕언을 죽이고, 마침내 송나라를 멸하여 그 땅을 셋으로 나누었다.

君偃十一年, 自立爲王. 東敗齊, 取五城, 南敗楚, 取地三百里, 西敗魏軍, 乃與齊、魏爲敵國. 盛血以韋囊, 縣而射之, 命曰射天. 淫於酒、婦人. 群臣諫者輒射之. 於是諸侯皆曰桀宋. "宋其復爲紂所爲, 不可不誅." 告齊伐宋. 王偃立四十七年, 齊 湣王與魏､楚伐宋, 殺王偃, 遂滅宋而三分其地.

(74) 『수신기(搜神記)』

송 강왕의 사인 한빙은 하씨를 아내로 맞아들였는데 아름다웠다. 강왕이 하씨를 빼앗자 한빙이 원망하였는데 강왕은 한빙을 가두고는 논죄하여 성단의 형벌에 처하였다. 아내가 몰래 한빙에게 편지를 보내 다음과 같이 에둘러 말하였다. "비는 음산하게 내리고, 하수는 불어나 깊어졌는데, 해가 뜨면 내 마음 비추리라." 이윽고 왕이 그 편지를 입수하여 좌우에게 물어보았으나 아무도 그 뜻을 이해하지 못했는데, 신하 소하가 이렇게 대답하였다. "비가 음산하게 내린다는 것은 수심에 젖어 그리워함을 말한 것이고, 하수가 불어나 깊어졌다는 것은 왕래할 수 없다는 것이며, 해가 뜨면 내 마음 비추리라는 것은 마음에 죽을 뜻이 있다는 것입니다." 얼마 후 한빙이 자살하자, 그 아내는 몰래 자기 옷을 부식시켜 놓았다. 왕이 그녀와 함께 대에 오르자 한빙의 아내는 스스로 대에서 뛰어내렸는데 좌우에서 붙잡았으나 옷이 손에 잡히지 않아 죽고 말았다. 그녀는 띠에 다음과 같은 유서를 써 놓았다. "왕께서는 살아 있음을 이롭게 여기시나, 첩은 죽음을 이롭게 여깁니다. 시신이라도 한빙과 합장시켜 주소서." 왕이 노하여 들어주지 않고 마을 사람으로 하여금 매장하도록 하되 무덤이 서로 바라보도록 하였다. 왕이 말했다. "너희 부부가 사랑이 그치지 않으니, 만약 무덤이 합쳐질 수 있다면 내 그것까지 막지는 않겠다." 그런데 얼마 후 큰 가래나무가 두 무덤 끝에서 나더니 열흘이 되자 아름드리나무가 되어 몸을 굽혀 서로 접근하여 뿌리는 지하에서 얽히고 가지는 지상에서 휘감겼다. 또 암수 원앙 한 쌍이 늘 나무 위에 깃들여 조석으로 떠나지 않고 목을 포개면서 슬피 우니 그 소리가 사람을 감동시켰다. 송나라 사람들이 슬퍼하여 마침내 그 나무를 '상사수'라 부르니, 상사라는 이름이 여기에서 나왔다. 남쪽 사람들은 이 새가 바로 한빙 부부의 정혼이라고 말한다. 지금 수양에 한빙성이 있는데, 그 가요가 아직까지도 있다.

宋康王舍人韓憑, 娶妻何氏, 美. 康王奪之. 憑怨, 王囚之, 論爲城旦. 妻密遺憑書, 繆其辭曰: "其雨淫淫, 河大水深, 日出當心." 既而王得其書, 以示左右, 左右莫解其意. 臣蘇賀對曰: "其雨淫淫, 言愁且思也, 河大水深, 不得往來也, 日出當心, 心有死志也." 俄而憑乃自殺. 其妻乃陰腐其衣. 王與之登臺, 妻遂自投臺, 左右攬之, 衣不中手而死. 遺書於帶曰: "王利其生, 妾利其死, 願以屍骨, 賜憑合葬." 王怒, 弗聽, 使里人埋之, 冢相望也. 王曰: "爾夫婦相愛不已, 若能使冢合, 則吾弗阻也." 宿昔之間, 便有大梓木生於二冢之端, 旬日而大盈抱, 屈體相就, 根交於下, 枝錯於上. 又有鴛鴦雌雄各一, 恒棲樹上, 晨夕不去, 交頸悲鳴, 音聲感人. 宋人哀之, 遂號其木曰相思樹. 相思之名, 起於此也. 南人謂此禽卽韓憑夫婦之精魂. 今睢陽有韓憑城, 其歌謠至今猶存.

(75) 『진서(晉書)』 「석숭열전(石崇列傳)」

가밀이 주살되자 석숭은 당여라는 이유로 면관되었다. 당시 조왕 사마륜(司馬倫)이 권세를 휘둘렀는데, 석숭의 생질(甥姪)인 구양건이 사마륜과 불화하였다. 석숭에게는 녹주라는 기녀가 있었다. 그녀는 아름답고 고왔으며 피리를 잘 불었다. 손수가 사람을 보내어 그녀를 요구하였는데, 석숭은 그때 금곡의 별관에 있으면서 서늘한 대에 올라 맑은 강물을 내려다보고 있었으며 부인이 곁에서 모시고 있었다. 사자가 손수의 말을 석숭에게 고하자, 석숭은 비첩 수십 명을 다 나오게 하여 보여주었는데, 그녀들은 모두 사향을 품었으며 비단옷을 입고 있었다. 석숭이 말했다. "마음대로 고르라." 사자가 말했다. "군후의 복어가 아름답기는 합니다만, 본디 녹주를 골라 찾아오라는 명을 받았습니다. 모르겠습니다만 누구입니까?" 석숭이 발끈하여 말했다. "녹주는 내가 총애하는 사람이므로 안 된다." 사자가 말했다. "군후께서는 고금을 달통하고 원근을 잘 살피시니, 심사숙고하십시오." 석숭이 말했다. "그렇게는 안 된다." 사자가 나갔다가 다시 돌아왔으나 석숭은 끝내 허락하지 않았다. 손수가 노하여 이에 사마륜에게 석숭과 구양건을 주살하도록 권하였다. 석숭과 사마건 또한 그 계책을 짐작하고는 이에 황문랑 반악과 함께 회남왕 사마윤(司馬允)과 제왕 경에게 사마륜과 손수를 도모하라고 은밀히 권하였다. 손수가 이 사실을 알고 마침내 조서를 위조하여 석숭 및 반악·구양건 등을 체포하였다. 석숭이 누각 위에서 잔치를 벌이고 있었는데 갑사(甲士)가 문 앞에 이르렀다. 석숭이 녹주에게 말했다. "내가 지금 너 때문에 죄를 얻었다." 녹주가 울며 말했다. "응당 나리 앞에서 목숨을 바칠 것입니다." 인하여 누각 아래로 스스로 몸을 던져 죽었다.

及賈謐誅, 崇以黨與免官. 時趙王 倫專權, 崇甥歐陽建與倫有隙. 崇有妓曰綠珠, 美而艷, 善吹笛. 孫秀使人求之. 崇時在金谷別館, 方登涼臺, 臨淸流, 婦人侍側. 使者以告. 崇盡出其婢妾數十人以示之, 皆蘊蘭麝, 被羅縠, 曰: "在所擇." 使者曰: "君侯服御麗則麗矣, 然本受命指索綠珠, 不識孰是?" 崇勃然曰: "綠珠吾所愛, 不可得也." 使者曰: "君侯博古通今, 察遠照邇, 願加三思." 崇曰: "不然." 使者出而又反, 崇竟不許. 秀怒, 乃勸倫誅崇、建. 崇、建亦潛知其計, 乃與黃門郎潘岳陰勸淮南王 允、齊王 冏以圖倫、秀. 秀覺之, 遂矯詔收崇及潘岳、歐陽建等. 崇正宴於樓上, 介士到門. 崇謂綠珠曰: "我今爲爾得罪." 綠珠泣曰: "當效死於官前." 因自投于樓下而死.

참고문헌(參考文獻)

이본(異本)

「洞仙記」(한문필사본, 경북대학교 도서관 소장, 古 811.8 동53).
「洞仙記」(한문필사본, 標題: 洞仙辭, 국립중앙도서관 소장, 한古朝48-205).
「洞仚記」(한문필사본, 국립중앙도서관 소장, 한古朝48-219).
「洞僊記」(한문필사본, 김기동 소장, 김기동 편, 『필사본고전소설전집』2, 아세아문화사, 1980).
「洞仙記」(한문필사본, 미국 Harvard-Yenching Library 소장, TK5973.5-3220).
「洞仙記」(한문필사본, 『花夢集』 所載, 북한 김일성종합대학 소장).
「洞仙記」(한문필사본, 일본 天理大學 소장).
「洞仙記」(한문필사본, 전남대학교 도서관 소장, OC 3Q2 동53).
「동션긔」(국문필사본, 이종철 소장, 국사편찬위원회, MF A지수275).

자료(資料)

『開元天寶遺事』(王仁裕 撰, 姚汝能 撰, 『開元天寶遺事·安祿山事迹』, 中華書局, 2006).
『古今源流至論』(林駉 撰, 四庫全書).
『古文眞寶』(『詳說古文眞寶大全』, 保景文化社, 1986).
『舊唐書』(劉昫 等 撰, 『舊唐書』, 中華書局, 1975).
『論語』(『經書』, 成均館大學校 大東文化研究院, 1965).

『大學』(『經書』, 成均館大學校 大東文化研究院, 1965).
『東觀漢記』(劉珍 等 撰, 四部備要).
『呂氏春秋』(呂不韋 撰, 四部備要).
『列女傳』(劉向 撰, 梁端 校注, 四部備要).
『列仙傳』(劉向 撰, 王照圓 校正, 『列仙傳校正本』).
『列子』(楊伯峻 撰, 『列子集釋』, 中華書局, 1979).
『孟子』(『經書』, 成均館大學校 大東文化研究院, 1965).
『文選』(蕭統 編, 李善 注, 『文選』, 中華書局, 1977).
『史記』(司馬遷 撰, 『史記』, 中華書局, 1959).
『西京雜記』(無名氏 撰, 葛洪 撰, 『燕丹子·西京雜記』, 中華書局, 1985).
『書經』(『三經』, 成均館大學校 大東文化研究院, 1973).
『說苑』(劉向 撰, 四部備要).
『世說新語』(劉義慶 撰, 劉峻 注, 四部備要).
『小學』(朱熹·劉子澄 編, 李家浩 注, 『諺解小學集註增解』, 震友會, 1983).
『續玄怪錄』(牛僧孺 撰, 李復言 撰, 『玄怪錄·續玄怪錄』, 中華書局, 2006).
『搜神記』(干寶 撰, 四庫全書).
『搜神後記』(陶潛 撰, 四庫全書).
『詩經』(『三經』, 成均館大學校 大東文化研究院, 1973).
『新唐書』(歐陽脩·宋祁 撰, 『新唐書』, 中華書局, 1975).
『彦周詩話』(何文煥 撰, 『歷代詩話』, 中華書局, 1981).
『艶異編』(王世貞 編, 『古本小說集成』365~368, 上海古籍出版社, 1990).
『禮記』(成均館大學校 大東文化研究院, 1985).
『藝文類聚』(歐陽詢 撰, 『藝文類聚』, 上海古籍出版社, 1999).
『資治通鑑』(司馬光 編著, 胡三省 音註, 『資治通鑑』, 中華書局, 1956).
『莊子』(林希逸 著, 周啓成 校注, 『莊子鬳齋口義校注』, 中華書局, 1987).
『戰國策』(劉向 撰, 四部備要).
『周易』(『三經』, 成均館大學校 大東文化研究院, 1973).
『中庸』(『經書』, 成均館大學校 大東文化研究院, 1965).
『晉書』(房玄齡 等 撰, 『晉書』, 中華書局, 1974).
『楚辭』(朱熹 撰, 『楚辭集注』, 上海古籍出版社·安徽教育出版社, 2001).

『春秋公羊傳』(十三經注疏).
『春秋左氏傳』(楊伯峻 編著, 『春秋左傳注(修訂本)』, 中華書局, 1981).
『太平廣記』(李昉 等 編, 『太平廣記』, 中華書局, 1961).
『抱朴子』(葛洪 撰, 四部備要).
『漢書』(班固 撰, 『漢書』, 中華書局, 1962).
『淮南子』(劉安 編, 劉文典 撰, 『淮南鴻烈集解』, 中華書局, 1989).
『孝經』(『小學·孝經』, 保景文化社, 1987).
『後漢書』(范曄 撰, 『後漢書』, 中華書局, 1965).

역주서(譯註書)

김갑수 역, 『장자』(글항아리, 2015).
김기동·전규태 편, 『동선기·배시황전·옥소기연』(서문당, 1984).
김도련 역주, 『주주금석 논어』(현음사, 1990).
김영문·김영식·양중석·염정삼·강민호 역주, 『문선역주』(소명출판, 2010).
김원중 역, 『사기본기』(민음사, 2010).
김원중 역, 『사기열전』(을유문화사, 2002).
김원중 역, 『정사 삼국지·촉서』(휴머니스트, 2018).
김장환 역, 『서경잡기』(예문서원, 1998).
김장환 역, 『열선전』(예문서원, 1996).
김장환 역주, 『세설신어』상(살림, 1996).
김장환 역주, 『세설신어』중(살림, 1997).
김장환 역주, 『세설신어』하(살림, 2000).
김장환·이민숙·박계화·이영섭·박선혜·김선 역, 『태평광기』1(학고방, 2000).
김장환·이민숙·박계화·이영섭·박선혜·김선 역, 『태평광기』7(학고방, 2002).
김장환·이민숙·한재환·연소영·김선 역, 『태평광기』8(학고방, 2002).
김장환·이민숙·이주해·이유진 역, 『태평광기』11(학고방, 2003).
김장환·이민숙·이주해·정민경 역, 『태평광기』19(학고방, 2004).
김학주 역, 『열자』(을유문화사, 2000).

문선규 역, 『신완역 춘추좌씨전』(명문당, 1985).
박삼수 역주, 『왕유시전집』(현암사, 2008).
박헌순 역, 『박세당의 장자 읽기 남화경주해산보1』(유리창, 2012).
박헌순 역주, 『논어집주』(한길사, 2008).
성백효 역주, 『역주 고문진보 전집』(전통문화연구회, 2001).
성백효 역주, 『현토신역 부 안설 맹자집주』(한국인문고전연구소, 2014).
성백효 역주, 『현토완역 고문진보 후집』(전통문화연구회, 1994).
성백효 역주, 『현토완역 서경집전』(전통문화연구회, 1998).
성백효 역주, 『현토완역 소학집주』(전통문화연구회, 1993).
성백효 역주, 『현토완역 시경집전』(전통문화연구회, 1993).
성백효 역주, 『현토완역 주역전의』(전통문화연구회, 1998).
신동준 역주, 『전국책』(인간사랑, 2011).
심의용 역, 『주역』(글항아리, 2015).
안길환 편역, 『신완역 회남자』(명문당, 2001).
안대회 편역, 『선집 한서열전』(까치, 1997).
안동림 역주, 『장자』(현암사, 1998).
이광호·전병수 역주, 『현토완역 대학·중용집주』(전통문화연구회, 2018).
이대형·이미라·박상석·유춘동 역, 『화몽집』(보고사, 2016).
이석명 역, 『회남자』(소명출판, 2010).
이숙인 역, 『열녀전』(예문서원, 1996).
임동석 역주, 『설원』(동문선, 1996).
임동석 역주, 『수신기』(동문선, 1997).
임동석 역주, 『역주 전국책』1(전통문화연구회, 2002).
임동석 역주, 『역주 전국책』2(전통문화연구회, 2004).
정범진 외 역, 『사기본기』(까치, 1994).
정범진 외 역, 『사기세가』(까치, 1994).
정범진 외 역, 『사기열전』(까치, 1995).
정범진 편역, 『앵앵전』(성균관대학교출판부, 1995).
정용수 역주, 『전등신화구해 역주』(푸른사상, 2003).
정태현 역주, 『역주 춘추좌씨전』1(전통문화연구회, 2001).

정태현 역주, 『역주 춘추좌씨전』2(전통문화연구회, 2003).
정태현 역주, 『역주 춘추좌씨전』3(전통문화연구회, 2005).
정태현 역주, 『역주 춘추좌씨전』4(전통문화연구회, 2007).
정태현 역주, 『역주 춘추좌씨전』5(전통문화연구회, 2008).
정태현 역주, 『현토완역 논어집주』(전통문화연구회, 2018).
정하현 역, 『여씨춘추』(소명출판, 2011).
최석기 역, 『대학』(한길사, 2014).
최석기 역, 『중용』(한길사, 2014).
최용철 역, 『전등삼종』(소명출판, 2005).
최웅권·마금과·손덕표 교주, 『17세기 한문소설집 화몽집 교주』(소명출판, 2009).

연구서(硏究書)

김기동, 『이조시대소설론』(정연사, 1959).
김정숙, 『조선후기 재자가인소설과 통속적 한문소설』(보고사, 2006).
김춘택, 『우리나라 고전소설사』(한길사, 1993).
김태준(박희병 교주), 『증보조선소설사』(한길사, 1990).
박일용, 『영웅소설의 소설사적 변주』(월인, 2003).
소인호, 『한국 전기소설사 연구』(집문당, 2005).
소재영·민병삼·김호근 편, 『한국의 딱지본』(범우사, 1996).
양승민, 『한문소설의 통속성』(보고사, 2008).
엄태식, 『한국 전기소설 연구』(월인, 2015).
장효현·윤재민·최용철·심재숙·지연숙, 『교감본 한국한문소설 전기소설』(고려대학교 민족문화연구원, 2007).

연구논문(研究論文)

권도경, 「동선기 연구」(『이화어문논집』18, 이화어문학회, 2000).

김재수, 「동선기 연구 I」(『한국언어문학』33, 한국언어문학회, 1994).

김재수, 「동선기 연구 II」(『논문집』35, 광주교육대학교, 1994).

김정숙, 「운영전과 동선기 속 악인 탄생의 의미」(『한문고전연구』21, 한국한문고전학회, 2010).

문범두, 「동선기 연구」(영남대학교 석사논문, 1987).

박현규, 「동선기의 이본실태와 사상구조」(『순천향어문논집』6, 순천향어문학연구회, 2000).

서혜은, 「고전소설에 나타난 기녀의 정절실현 양상과 그 사회적 의미」(『문학과 언어』25, 문학과언어학회, 2003).

소재영, 「동선기 연구」(『고소설연구』2, 한국고소설학회, 1996).

소재영, 「동선기를 통해 본 17세기 소설의 변모양상」(『어문논집』35, 고려대학교 국어국문학연구회, 1996).

신상필, 「동선기 연구」(성균관대학교 석사논문, 1998).

양승민, 「동선기의 작품세계와 소설사적 위상」(『고소설연구』2, 한국고소설학회, 2001).

엄태식, 「국문필사본 동선기 연구」(『고전과 해석』25, 고전문학한문학연구학회, 2018).

엄태식, 「동선기 전고 연구」(『동방한문학』76, 동방한문학회, 2018).

엄태식, 「최치원의 창작 배경과 서사적 특징」(『고소설연구』30, 한국고소설학회, 2010).

여흔연, 「동선기 연구」(한양대학교 석사논문, 2018).

윤영옥, 「동선기의 국역과 해석」(『한국소설의 전개』, 문창사, 1998).

윤재민, 「동선기의 장르적 성격」(『민족문화연구』44, 고려대학교 민족문화연구원, 2006).

장경남, 「17세기 열녀 담론과 소설적 대응」(『민족문학사연구』47, 민족문학사학회, 2011).

정환국, 「동선기의 지향과 소설사적 의미」(『대동한문학』14, 대동한문학회, 2001).
최재신, 「고대소설에 나타난 기녀 유형 연구」(전북대학교 석사논문, 1991).
한의숭, 「17세기 전기소설의 낭만성과 현실성, 통속성에 대한 논의와 작품의 실제」(『인문연구』 51, 영남대학교 인문과학연구소, 2006).
한의숭, 「경북대본 동선기 해제 및 원문」(『동방학』25, 한서대학교 동양고전연구소, 2012).

저자 약력

엄태식(嚴泰植)

경원대학교 국어국문학과 및 동대학원 졸업
고전번역교육원 연수과정 및 전문과정 수료
조선대학교 국어국문학과 BK 연구교수
한국학중앙연구원 박사후과정
현재 조선대학교 국어국문학과 교수

동선기 역주 및 전고 연구

1판 1쇄 인쇄 2019년 6월 20일
1판 1쇄 발행 2019년 6월 26일

지은이 엄태식
펴낸이 박성복
펴낸곳 도서출판 월인
주　소 01047 서울특별시 강북구 노해로25길 61
등　록 1998년 5월 4일 제6-0364호
전　화 (02) 912-5000
팩　스 (02) 900-5036
홈페이지 www.worin.net
전자우편 worinnet@hanmail.net

ISBN 978-89-8477-673-9 93810

값은 뒤표지에 있습니다.